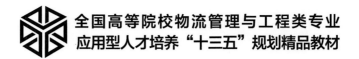

编委会

主　任
刘志学　教育部高等学校物流管理与工程类专业教学指导委员会副主任委员
　　　　华中科技大学教授

编　委（按姓氏汉语拼音排序）
冯　春　西南交通大学教授
黄福华　教育部高等学校物流管理与工程类专业教学指导委员会委员
　　　　湖南商学院教授
李文锋　教育部高等学校物流管理与工程类专业教学指导委员会委员
　　　　武汉理工大学教授
李　燕　江汉大学副教授
李严峰　教育部高等学校物流管理与工程类专业教学指导委员会委员
　　　　云南财经大学教授
刘　丹　教育部高等学校物流管理与工程类专业教学指导委员会委员
　　　　福州大学教授
马　璐　广西民族大学教授
冉文学　云南财经大学教授
王忠伟　教育部高等学校物流管理与工程类专业教学指导委员会委员
　　　　中南林业科技大学教授
谢如鹤　教育部高等学校物流管理与工程类专业教学指导委员会委员
　　　　广州大学教授
徐贤浩　华中科技大学教授
张得志　中南大学副教授
张　锦　教育部高等学校物流管理与工程类专业教学指导委员会委员
　　　　西南交通大学教授
张良卫　教育部高等学校物流管理与工程类专业教学指导委员会委员
　　　　广东外语外贸大学教授
邹安全　湘南学院教授

全国高等院校物流管理与工程类专业
应用型人才培养"十三五"规划精品教材

总主编◎刘志学

物流决策与优化

LOGISTICS DECISION AND OPTIMIZATION

马璐 吕品◎主编
郭仪 张光明◎副主编

中国·武汉

图书在版编目(CIP)数据

物流决策与优化/马璐,吕品主编. —武汉:华中科技大学出版社,2019.1(2025.1重印)
全国高等院校物流管理与工程类专业应用型人才培养"十三五"规划精品教材
ISBN 978-7-5680-4676-3

Ⅰ.①物… Ⅱ.①马… ②吕… Ⅲ.①物流管理-经营决策-高等学校-教材②物流管理-最佳化-高等学校-教材 Ⅳ.①F252

中国版本图书馆 CIP 数据核字(2018)第 249958 号

物流决策与优化
Wuliu Juece yu Youhua

马　璐 吕　品 主编

策划编辑:陈培斌　周晓方
责任编辑:余　涛
封面设计:原色设计
责任校对:曾　婷
责任监印:周治超

出版发行:华中科技大学出版社(中国·武汉)　　电话:(027)81321913
　　　　　武汉市东湖新技术开发区华工科技园　　邮编:430223
录　　排:华中科技大学惠友文印中心
印　　刷:武汉邮科印务有限公司
开　　本:787mm×1092mm　1/16
印　　张:14.25　插页:2
字　　数:355千字
版　　次:2025年1月第1版第6次印刷
定　　价:48.00元

本书若有印装质量问题,请向出版社营销中心调换
全国免费服务热线:400-6679-118　竭诚为您服务
版权所有　侵权必究

总　序

物流业是国民经济和社会发展的基础性、战略性产业。加快发展现代物流业对于促进产业结构调整和提高企业市场竞争力都具有非常重要的作用。进入 21 世纪以来,随着经济全球化的加速推进和信息技术的强力驱动,我国现代物流业发展迅速并呈现出强劲的发展潜力,企业物流管理水平不断提高,物流企业服务能力显著增强,迫切需要大批高素质的物流管理与物流工程专业人才。《物流业发展中长期规划(2014—2020)》指出,要"着力完善物流学科体系和专业人才培养体系,以提高实践能力为重点",对培养既有理论创新思维又有实践应用能力的应用型本科物流专业人才提出了明确要求。

在教育部《普通高等学校本科专业目录(2012 年)》中,物流管理与工程类专业已上升为管理学学科的一级大类本科专业,不仅为全国高校物流管理与物流工程专业的发展带来了崭新的发展机遇,而且对加速培养社会和企业需要的物流本科专业人才提供了重要的发展平台。据最新统计,我国开办物流管理与工程类本科专业的高等学校已达到 524 所,专业布点数有 570 个,其中物流管理专业点 456 个,物流工程专业点 109 个,在校本科生约 10 万人。可见,我国物流高等教育已进入全方位发展新阶段,亟须全面创新物流管理与工程类本科专业人才培养体系,切实提升物流专业人才培养质量,以更好地满足日益增长的现代物流业发展对物流专业人才的需求。

在本科专业人才培养体系中,教材建设是极其重要的基础工程。在教育部高等学校物流管理与工程类专业教学指导委员会的大力支持下,华中科技大学出版社在 2015 年 7 月召开了"全国高等院校物流管理与工程类专业应用型人才培养'十三五'规划精品教材"建设研讨会,来自国内二十多所大学的物流专业资深教授和中青年学科带头人就课程体系、教材定位、教学内容、编著团队、编写体例等进行认真研讨,并达成共识,成立由多位物流管理与工程类专业教学指导委员会委员领衔组成的编委会,组织物流领域的专家学者共同编写定位于应用型人才培养的精品教材。

经多次研讨,编委会力求本套规划教材凸显以下特色:

物流决策与优化

一是充分反映现代物流业发展对应用型物流专业人才的培养要求。在考虑本套教材整体结构时,既注重物流管理学、供应链管理、企业物流管理等核心课程,更强调当今电商物流、冷链物流、物流服务质量等实践趋势;既注重知识结构的完整性,更强调知识内容的实践性,力求实现先进物流管理理论与当代物流管理实践的充分融合。

二是遵循《物流管理与工程类专业教学质量国家标准(征求意见稿)》规范要求。2015年,教育部高等学校物流管理与工程类专业教学指导委员会颁布了《物流管理与工程类专业教学质量国家标准》,对物流管理与工程类本科专业人才的培养目标、培养规格、课程体系、教学条件等提出了明确要求。因此,本套教材从选题到内容组织都力求以《物流管理与工程类专业教学质量国家标准》为指南。

三是强化案例分析教学。应用型本科物流专业人才特别注重实践动手能力的培养,尤其是培养其独立发现问题、分析问题和解决问题的能力,而案例分析教学是实现学生能力提升的有效途径。因此,本套教材的每章都以案例导入,并配备了大量的同步案例和综合案例,力求通过案例教学增强学生独立思考和综合分析能力,学以致用,知行合一。

本套教材由多年从事物流管理与工程类本科专业教学、在本学科领域具有丰富教学经验的专家学者担任各教材的主编。首批教材涵盖《物流管理学》《供应链管理》《企业物流管理》《国际物流学》《物流信息技术与应用》《第三方物流》《运输管理》《仓储管理》《物流系统建模与仿真》《物流成本管理》《采购与供应管理》《物流系统规划与管理》《物流自动化系统》《物流工程》《物流项目管理》《冷链物流》《物流服务质量管理》《电子商务物流》《物流决策与优化》等书目。同时,编委会将依据我国物流业发展变化趋势及其对应用型本科物流专业人才培养的新要求及时更新教材书目,不断丰富和完善教学内容。

为了充分反映国内外最新研究和实践成果,本套教材在编写过程中参考了大量的专著、教材和论文资料,其作者已尽可能在参考文献中列出,在此对这些研究者和实践者表示诚挚的谢意。如果有疏漏之处,我们表示非常抱歉,一旦获知具体信息将及时予以纠正。

应该指出的是,编撰一套高质量的教材是一项十分艰巨的任务。尽管作者们认真尽责,但由于理论水平和实践能力所限,本套教材中难免存在一些疏忽与缺失,真诚希望广大读者批评指正,不吝赐教,以期在教材修订再版时补充完善。

2016 年 5 月 20 日

前　言

物流作为经济的重要组成部分正在全球范围内迅速发展,它已成为我国国民经济的重要产业和新的经济增长点。为了适应物流理论与实践的快速发展,高校需要培养出既掌握物流理论基本知识,又具备实践操作技能的物流人才。通过决策与优化方法的学习,可以培养学生应用数学模型、统计方法等数量研究方法与技术,合理配置物流资源,减少不必要的流通环节,减少物流资源闲置,使各项物流活动实现最佳的协调与配合,以降低物流系统成本,提高物流效率和经济效益。

本书介绍了物流管理中常用的以降低成本、增强企业竞争优势为目的的一些优化方法和工具,侧重于解决现代物流管理中遇到的决策与优化问题。针对物流管理实践中的具体问题建立合适的优化模型,并结合模型的求解算法,利用通用软件(如 LINGO、WinQSB、Excel 等)最终实现模型的具体求解计算,从而为物流管理决策提供依据。本书在编写过程中注重以下特色:理论联系实际,重点突出运用物流优化技术解决实际物流问题的方法,注重解题实例,多方面、多角度地运用例题解决问题,并注重软件的应用,有助于学生理解并提高学习的积极性。"物流决策与优化"课程的学习对于物流管理专业的学生解决实际物流系统中的问题提供了有利的定量分析工具,同时也为学生毕业论文、毕业设计以及参加全国或省区市的物流设计大赛奠定了良好的基础。

本书分为 8 章:第一章介绍物流决策与优化的基本理论知识,包括决策概述、物流管理决策以及物流决策中的优化技术与方法概述等;第二章讲述物流需求预测常用的方法,包括定性和定量预测方法与技术、预测方法的选择和预测结果的处理方法等;第三章重点介绍与物流设施选址相关的内容,包括物流设施选址方法、离散选址模型与连续选址模型等;第四章介绍运输与配送决策的相关知识,重点分析了运输服务商选择的决策方法、运输路线优化决策方法、制定合理行车路线和时间表等,在掌握运输和配送基本模型应用的基础上才能根据实际情况做出正确的运输与配送决策;第五章主要介绍库存决策与优化的基本知识,重点分析了规模经济与周转库存管理,以及不确定性与安全库存管理等决策优化问题;第六章重点介绍了采购管理中的决策与优化,包括采购的流程、确定采购数量的模型与方法、订货模式的确定方法以及采购价格的确定方法等;第七章介绍关于物流成本的相关知识,重点分析了物流成本决策的基本知识、物流成本控制方法等;第八章介绍辅助物流决策与优化可以用到的几款软件,包括常见的 Excel 中的规划求解功能,以及 LINGO、WinQSB、Yaahp 等几款独立的应用软件。

本书由广西民族大学马璐、广西科技大学吕品任主编,广西科技大学郭仪和张光明任副主编,由马璐、吕品负责写作提纲、组织编写和最后的统稿工作。编写分工为:第一章和第五章由马璐编写,第二章由张光明编写,第三章、第四章和第八章由吕品编写,第六章和第七章由郭仪编写。

本书在编写过程中参考了大量文献,已尽可能地列在参考文献中。但其中仍难免有遗漏,这里特向被遗漏的作者表示歉意,并向所有的作者表示诚挚的感谢。

由于时间仓促及作者水平有限,本书错误之处在所难免,敬请读者批评指正。

编　者
2018 年 6 月

目 录

第一章 物流决策与优化概述 / 1

第一节 物流概述 / 1
一、现代物流的发展史 / 1
二、物流的概念 / 2
三、物流的功能 / 3
四、我国现代物流的发展趋势 / 3

第二节 决策概述 / 4
一、决策的概念 / 4
二、决策的特征 / 5
三、决策的原则 / 5
四、决策的过程及其特点 / 6

第三节 物流管理决策 / 8
一、物流管理的概念和目标 / 8
二、物流管理的模式 / 8
三、物流决策 / 9

第四节 物流决策中的优化技术与方法 / 10
一、物流决策中需研究的优化问题 / 10
二、物流决策中常用的数学模型与方法 / 12
三、物流决策建模方法和步骤 / 13

第二章 物流需求预测 / 17

第一节 物流需求预测概述 / 17
一、预测概述 / 17

二、物流需求预测的含义及影响因素　　/ 19
　第二节　物流需求预测的定性方法　　/ 21
　　一、头脑风暴法　　/ 21
　　二、德尔菲法　　/ 23
　　三、主观概率法　　/ 25
　第三节　物流需求预测的定量方法　　/ 26
　　一、移动平均法　　/ 26
　　二、指数平滑法　　/ 28
　　三、回归分析预测法　　/ 31

第三章　物流设施选址决策与优化　　/ 39

　第一节　物流设施选址决策概述　　/ 39
　　一、物流设施选址的意义　　/ 39
　　二、设施选址的基本原则　　/ 40
　　三、设施选址考虑的因素　　/ 40
　　四、设施选址影响因素的权衡　　/ 43
　第二节　物流设施选址模型分类与距离计算　　/ 43
　　一、选址优化模型的分类　　/ 43
　　二、选址问题中的距离计算　　/ 45
　第三节　常见的连续选址模型与方法　　/ 46
　　一、重心法模型　　/ 46
　　二、交叉中值法模型　　/ 49
　第四节　常见的离散选址模型与方法　　/ 51
　　一、覆盖模型　　/ 51
　　二、p-中值模型　　/ 55

第四章　运输及配送中的决策与优化　　/ 61

　第一节　运输及配送决策概述　　/ 61
　　一、运输与配送在物流中的功能与作用　　/ 61
　　二、运输决策的主要内容　　/ 63
　　三、配送决策的主要内容　　/ 64
　第二节　运输决策中常用的方法——AHP 方法　　/ 64
　　一、层次分析法　　/ 64
　　二、层次分析法在运输服务商选择中的应用　　/ 67

第三节　运输线路优化模型——直运与转运模型　/ 70
　　一、多起止点的运输线路规划问题　/ 70
　　二、直运与转运模型　/ 71
第四节　配送路线选择与车辆调度模型　/ 78
　　一、起止点重合的巡回配送问题　/ 78
　　二、TSP 模型及其算法　/ 80
　　三、经典的 VRP 模型　/ 84
　　四、VRP 模型的求解方法　/ 86

第五章　库存管理与控制中的决策与优化　/ 99

第一节　库存管理与控制决策概述　/ 99
　　一、库存的分类　/ 99
　　二、库存的积极作用与消极作用　/ 100
　　三、库存控制概述　/ 101
第二节　常用的库存模型与方法　/ 103
　　一、库存控制方法与模型中的常用符号说明　/ 103
　　二、常用的库存控制策略　/ 103
　　三、库存控制模型的类型　/ 104
　　四、经典 EOQ 模型　/ 105
第三节　规模经济效应与周转库存管理　/ 107
　　一、单产品周转库存管理　/ 108
　　二、多产品周转库存管理——联合订货批量模型　/ 108
第四节　不确定性与安全库存管理　/ 112
　　一、影响安全库存的因素　/ 112
　　二、基于需求不确定性的安全库存管理　/ 113
　　三、基于供应不确定性的安全库存管理　/ 117

第六章　采购管理中的决策与优化　/ 121

第一节　采购管理决策概述　/ 121
　　一、采购的概念　/ 121
　　二、采购的基本程序　/ 122
　　三、采购管理决策变量　/ 124
第二节　采购数量的确定　/ 125
　　一、市场需求预测　/ 125

二、采购数量控制思想 / 126
　　三、经济订货批量模型 / 126
　　四、固定数量法 / 126
　　五、批对批法 / 127
　　六、固定期间法 / 127
　　七、物料需求法 / 127
第三节　订货模式的确定 / 129
　　一、定量订购法 / 129
　　二、定期订购法 / 132
　　三、定量订货法和定期订货法的比较 / 133
第四节　采购价格的确定 / 134
　　一、供应商定价方法 / 134
　　二、价格分析法 / 137

第七章　物流成本管理中的决策与优化 / 144

第一节　物流成本控制概述 / 144
　　一、物流成本的概念 / 144
　　二、影响物流成本的因素 / 145
　　三、物流成本的分类 / 146
　　四、物流成本控制概念 / 148
　　五、物流成本控制的原则 / 149
　　六、物流成本控制的基本程序 / 149
第二节　物流成本控制的基本方法 / 150
　　一、目标成本法 / 150
　　二、标准成本法 / 153
第三节　作业成本法 / 158
　　一、作业成本法概念 / 158
　　二、作业成本法基本原理 / 159
　　三、作业成本法的基本程序 / 160
　　四、作业成本法计算举例 / 162

第八章　物流决策与优化中的软件应用 / 172

第一节　Excel加载宏"规划求解"的应用 / 172
　　一、Excel"规划求解"介绍 / 172

二、应用举例　　　　　　　　　　　　　　　　　　　　　　　/ 175
第二节　LINGO 软件及其应用　　　　　　　　　　　　　　　/ 177
　　一、LINGO 软件介绍　　　　　　　　　　　　　　　　　　/ 177
　　二、应用举例　　　　　　　　　　　　　　　　　　　　　　/ 182
第三节　WinQSB 软件及其应用　　　　　　　　　　　　　　　/ 194
　　一、WinQSB 软件介绍　　　　　　　　　　　　　　　　　　/ 194
　　二、应用举例　　　　　　　　　　　　　　　　　　　　　　/ 196
第四节　Yaahp 软件及其应用　　　　　　　　　　　　　　　　/ 203
　　一、Yaahp 软件介绍　　　　　　　　　　　　　　　　　　　/ 203
　　二、应用举例　　　　　　　　　　　　　　　　　　　　　　/ 205

参考文献　　　　　　　　　　　　　　　　　　　　　　　　　/ 213

第一章
物流决策与优化概述

学习目标

(1) 理解并掌握物流的定义、功能；
(2) 了解现代物流的发展趋势；
(3) 掌握决策的概念、特征及原则；
(4) 掌握物流管理的概念与目标，理解物流管理的两种基本模式；
(5) 掌握物流决策的概念，了解物流决策中常用的优化技术与方法。

第一节 物流概述

一、现代物流的发展史

物流的概念最早出现于美国，它来源于对军事领域后勤的研究，包括军队的转移、住宿和供给。物流的发展大约经历了4个阶段。

(一) 物流概念的产生阶段(20世纪初至50年代)

物流作为研究对象，最早出现在1901年格鲁威尔在美国政府报告《农产品流通产业委员会报告》中，报告提出了配送对成本的影响，从而引起了人们对物流的认识和研究。随着工业化进程的加快和产品的批量化生产与销售，人们开始意识到利用配送降低成本的重要性。当时的学者从商业的角度描述物流，称为实体分配(physical distribution)。第二次世界大战后这种局面有所改变，有些行业的企业已经设置了一些重要部门，掌管采购、运输、存储、分配、保养和废物处理的一体化过程，它们研究如何能够提高效率、降低成本。早期的物流有3个特点：第一，最初建立的实体配送部门的目标仅仅是提高效率、降低成本；第二，制造业内部的实体配送管理被认为是一个分离的组织功能或领域；第三，存储、实体配送只是作为交通运输部门的辅助功能。

(二) 产品物流阶段(20世纪50年代至60年代)

在该阶段,实体分配的概念得到了很大的发展。物流的重要性在企业经营的过程中逐步显现出来,此时企业开始重视物流在产品中的重要作用,形成产品物流。1954年,在美国波士顿工商会议所召开的第26次波士顿流通会议上,鲍尔·D·康柏斯发表了题为《市场营销的另一半》的演讲。他认为,无论是学术界还是实业界,都应该重视市场营销中的物流,并从战略高度来管理物流。这是物流发展的一个里程碑。

(三) 综合物流发展阶段(20世纪60年代至80年代)

1962年,著名管理大师彼得·德鲁克在《财富》杂志上发表了题为《经济领域的黑暗大陆》的文章。这篇文章首次提出物流领域的潜力,具有划时代的意义。企业的决策者对物流的认识提高了,并开始把寻求成本优势和差别化优势的视角转向物流领域,物流成为企业的"第三利润源泉"。从此,企业物流管理领域正式启动。

MRP、MRPII、JIT等先进管理方法的开发和在物流管理中的应用,丰富了物流理论。

(四) 现代物流发展阶段(20世纪80年代至今)

1985年,美国物流管理协会正式将名称 National Council of Physical Distribution Management 更名为 Council of Logistics Management,从而标志着现代物流理念的确立。与此同时,随着科学技术的发展、政策的放开、竞争的加剧,现代物流管理思想进一步发展,一体化物流管理的思想逐步形成。直至20世纪90年代,企业开始把着眼点放在物流活动的整个过程,供应链管理的概念开始出现。供应链的出现,对于企业提高效率、节约成本、提高经济效益具有重大的现实意义,从此,物流管理逐渐扩大到整个供应链范围。

二、物流的概念

到目前为止,人们对物流的概念并没有统一的认识,在此仅介绍中国、美国和日本3个国家对物流概念的描述。

中国对物流(GB/T 18354—2006)的定义:物流是指物品从供应地向接受地的实体流动过程。根据实际需要,将运输、储存、装卸、搬运、包装、流通加工、配送、信息处理等基本功能实施有机结合。

美国物流管理协会关于物流的定义:物流是供应链运作的一部分,是以满足客户要求为目的,对货物、服务和相关信息在产出地和消费地之间实现高效且经济的正向及反向的流动与存储所进行的计划、执行和控制的过程。

日本关于物流的定义:物流是指物质资料从供给者向需要者的移动,是创造时间性、场所性价值的经济活动。从物流的范畴来看,物流包括包装、装卸、保管、库存管理、流通加工、运输、配送等活动。

与物流定义相比,现代物流的概念更强调以下3点。

(1) 现代化技术的广泛应用,全球网络资源的可用性,网络的普及性,为传统物流向现代物流的发展提供了平台。

(2) 服务化物流、绿色物流和逆向物流是现代物流发展的主题。

(3) 信息技术、现代化的设施和管理技术与先进的思想观念相结合,突出物流的系统化、网络化、信息化、服务化、市场化,这是现代物流与传统物流的主要区别。

三、物流的功能

(一) 基本功能

(1) 运输功能。运输是实现物品的空间转移。运输功能是在物流体系的所有动态功能中最核心的功能,是"第三利润源泉"的主要源泉。

(2) 仓储功能。仓储是在特定的场所储存物品的行为。仓储是物流体系中唯一的静态环节,相对于物流体系来说,既有调节的作用,也有增值的作用。

(3) 配送功能。配送是由末端物流节点向最终用户进行的货物运输活动。从某种意义上说,配送实际上可以看作是整个物流体系的一个缩影。

(二) 辅助功能

(1) 包装功能。包装功能可以看作一个动态的过程。它能够起到保护商品、方便流通、促进销售及便于处理的作用。

(2) 装卸搬运功能。在物流的各个环节之间和同一环节之间,都必须进行装卸搬运,加速货物周转,降低作业成本。

(3) 流通加工功能。流通加工不改变商品的基本形态和功能,只是完善商品的使用功能,提高商品的实用价值。

除上面提到的 3 项辅助功能外,采购、设施布局、服务信息处理等也属于物流的辅助功能。

四、我国现代物流的发展趋势

(一) 物流是电子商务的基础

信息化、自动化、网络化、智能化的一流物流服务水平,已成为电子商务下物流企业追求的目标。作为 21 世纪重要经济增长点之一的电子商务,简化了贸易流程,改善了物流系统,从而大幅度地降低交易成本,增加贸易机会,推动了企业业务重组和经济结构的调整。

(二) 物流的网络化、信息化趋势

网络化和信息化是 21 世纪物流发展的趋势之一。现代物流在信息系统的支撑下,借助存储和运输等系统的参与和各种现代物流技术,共同完成一个纵横交错、四通八达的物流网络。物流覆盖面不断扩大,规模经济效益日益明显,社会物流成本不断下降。物流的网络化是物流信息化的必然,是电子商务环境下物流活动的主要特征之一。

(三) 服务化物流、绿色物流和逆向物流将是现代物流发展的主题

服务化物流源于人们收入的提高和消费的多样化、全方位化的发展趋势;绿色物流是指

以降低污染物排放、减少资源消耗为目标,通过先进的物流技术和面向环境的理念,进行网络物流系统的规划、控制、管理和实施;逆向物流在于抑制传统直线型的物流对环境造成危害的同时,设计和建立一个闭环的循环的物流系统,使达到传统物流末端的废旧物质能回流到正常的物流过程中来,是一种全新的物流形态。

第二节 决策概述

一、决策的概念

决策是现代管理的核心。诺贝尔经济学奖获得者赫伯特·西蒙认为"管理就是决策",那么什么是决策呢?

目前关于决策的概念主要是从两方面给予描述的。从狭义上来讲,决策就是领导者为了解决某一问题,从众多的方案中选定某一方案的行为。从广义上来讲,决策是一个管理的过程,是人们为了实现某个或者某些特定的目标,运用科学理论和方法分析目前所处的状态,提出预选方案,借助一些工具,如计算机,从预定的方案中选择出最优的或者较优的方案,并对此方案进行实施和监督的过程。

简单地说,决策就是决策者为了实现一定的目标,根据评定的准则和标准,从两个或两个以上的方案中选择一个最优方案,并组织实施的过程。

对决策定义的理解包括以下几个方面。

1. 决策者

决策者也称决策的主体,可以是个体也可以是群体。决策者受社会、政治、经济、文化和科学等因素的影响,具有特定的知识结构、心理结构。决策者的知识、经验、判断力、价值观、个性甚至个人感情都会直接影响到决策的结果。参与整个决策过程的决策主体实际上可以分为两种:承担分析问题、评价方案的是分析者;提出问题并最后作出决断的是领导者。

由于决策本身就是一个由人来主导的过程,不同的领导者和不同的决策团队所作出的决策很有可能是不同的,因此决策者是整个决策过程中最重要的因素。

2. 具有明确的目标

在进行任何决策之前,都必须要有明确的目标。决策目标的合理性会直接影响决策的成败。决策的目标可以是一个,也可以是相互关联的几个组成的一组。实际中的决策跟理论上的决策有很大不同,实际中的决策不可能总达到最优,使用最少的资源而获取最大的效用一般难以实现。同时,任何一种决策方案都不可能使所有的目标都达到最优,因此,通常情况下可以用"满意解"来代替"最优解"。

3. 可行性方案

决策组织分析得到的决策方案必须为两个或者两个以上,这样才能供领导者来决定较优的方案。如果只提出一个决策方案给决策者,就认为这个决策团队是失败的。

4. 决策准则和标准

决策面临多个可行性方案的选择,不同的方案各具特点,根据不同的方案的特征,选择一定的准则和标准进行评价。

5. 方案收益值

每一种可能方案最终都要采用某种方法得到它的收益值,然后决策者就可以根据收益值和某种决策准则来判断此方案的好坏。

6. 决策的本质

决策实质上就是决策者或管理者基于客观事实的主观判断的过程。本质上,决策是一个连续统一的循环的过程,贯穿于管理活动的始终。

二、决策的特征

决策一般具有以下两个明显的特征。

(1) 决策解决未来的问题,面向尚未发生的事件,因而存在一定的不确定性。这就要求决策者对未来有敏锐的洞察力,决策的行为必须富有前瞻性。当然,决策者也要正确面对决策方案的实施效果与预期的差别,决策者大都希望方案实施的效果符合甚至超越预期,但这往往是很困难的,因为决策所处的环境瞬息万变,当方案开始实施时往往环境就已经不是制定方案时的环境了,因而作出完全正确的决策的可能性是较低的。

(2) 决策具有"不可重复性"。决策多属于一次性的,失败的决策将导致显著的消极后果,损失也是无法挽回的,也就要求决策者必须掌握一定的有关决策科学的基本理论,并正确地运用科学决策的方法和技术。

三、决策的原则

在进行决策的过程中要遵守 6 项基本原则,即可行性原则、满意原则、经济性原则、信息全面化原则、定性分析与定量分析相结合的原则和群体决策原则。

1. 可行性原则

决策的最终目标是为了解决问题、实现目标,那么决策的首要原则就是提供给决策者的每一个方案都必须是可行的。只有在准确地把握好以上几个方面的可行性之后,决策者和决策的实施者才能使整个决策进程处于有意义的状态。

2. 满意原则

满意是指在系统环境下,试图追寻最优解,找到实现目标的最优方案。在现实生活中,决策后因为客观因素的影响,使人们无法得到最优解,只能退而求其次,得到次优解,即求得相对满意解。

3. 经济性原则

经济性原则要求决策者选择能获得最大经济效益的方案。现代社会资源稀缺,在这个条件的约束下,决策者作出的任何选择都应该是以有利于企业实现效益最大化和实现企业价值最大化为目标。这样才能够使企业免受更大的风险,这也是企业生存和发展的基本要求。

4. 信息全面化原则

无论进行什么样的决策,信息都是必不可少的。各种决策技术的作用对象都是信息决策,信息的准确和全面是取得高质量决策必不可少的条件。未经调查,缺乏信息而盲目地作出一些决策,毫无疑问是要失败的。尤其在一个被数据淹没的时代,周围的环境瞬息万变,不注意与时俱进,及时更新信息,对个人、企业乃至国家来说都是极其危险的。因此,在进行决策前,决策者应认真研究解决的问题,运用科学的手段广泛收集信息,以便获得准确、及时、可靠的决策依据。

5. 定性分析与定量分析相结合的原则

传统的决策通常使用定性的决策方法,主要是受到当时社会发展的约束。纯粹的定性分析的方法主观臆断的成分较大,但是如果不注重事物在发展过程中的数量变化、数量表现、数量关系和在数量方面存在的规律,就不可能真正把握事物的内在规律,当然就不能够作出科学的决策。能否在决策中使用定量的科学方法,决定了决策是否是科学的。

当然,定量分析有其反映事物本质可靠和确定的一面,也有其局限和不足的一面。当变量较多、约束条件变化较大时,要取得定量分析的最优结果往往需要耗费较大的人力、时间和资金。当缺乏完善的分析方法和分析数据时,甚至很难得出可靠的结果。另外,有些社会的、政治的、心理的、行为的因素,很难完全对它们量化分析,但它们对于决策也具有举足轻重的影响。因此,在进行定量分析和比较的同时,也不能忽视定性分析的一面。因此,在决策时要尽量将定性分析与定量分析相结合。

6. 群体决策原则

科学技术的飞速发展使得社会、经济、科技等许多问题的复杂程度与日俱增,很多问题的决策已绝非决策者个人和少数几个人所能胜任,因此,实行群体决策是决策科学化的重要组织保证。

群体决策不是靠少数领导"拍脑袋",也不是找几个专家简单讨论一下,或靠少数服从多数来进行决策,而是充分依靠和利用智囊团对要决策的问题进行系统的调查研究,弄清历史和现状,掌握第一手资料,然后通过方案论证和综合评估提出切实可行的方案供决策者参考。群体决策还是需要最终有一个能够作出选择的"决策者",要避免出现各执一词,难以定夺的局面,智囊团的作用在于提出科学化的决策方案,并向决策者建议诸多方案中的较优者,最终还需决策者来定夺,如果决策者百分之百采用智囊团提出的决策,那么这个决策者是不称职的。

四、决策的过程及其特点

作为西方决策理论的重要创始人,美国著名教授西蒙在 1978 年获得了诺贝尔经济学奖。西蒙提出:"从广义的方面来理解决策过程,那么决策过程与管理是同义的。"他认为,在决策中既要重视使用数学模型、计算机技术等定量分析的方法,也要注重心理因素和人际关系等社会因素。

(一) 决策的过程

西蒙认为决策可以分为以下 4 个过程。

1. 情报活动

情报活动就是指明确决策需要解决的问题,确定目标。正确的问题和目标是决策的基础。在进行决策时首先应该确定一个科学的、适合环境的、有针对性的、切中问题要害的决策目标,这就要求事先必须进行详细的调查和收集资料,依靠智囊团或者专家组进行分析,最终找到科学的问题。现代社会情况复杂,环境变化快,对新情况作出及时的反应是比较困难的,决策者在某一时间只能集中精力处理少数重要事项,很难了解所有的情况。因此在实践中,不同的部门都设立了一些专门化的机构,主要从事情报活动。例如,企业设立市场部门,专门了解国内外与本企业相关的新产品、新技术的动态和各种商业情报;政府机关设立政策研究部门,主要了解内外部的发展情况,为政府提供战略性的政策建议等。

2. 设计活动

设计活动也就是确定实现决策的备选方案。在第一阶段顺利完成的基础上,寻求多种解决问题、达到目标的备选方案。在此过程中,决策团队使用头脑风暴法或戈登法来发掘、构想和分析多种可能的方案,其中也可能会使用到数学模型进行定量分析,筛选出若干个可行性方案,只提出一个方案是不可行的。

3. 抉择活动

抉择活动是预测、评估和选择方案的过程。选择方案是指使用某些方法评价各种方案,并且从中选取最满意的方案。这一阶段是复杂的,首先,如果评价方案的准则较多,那么如何兼顾各个准则将是一个比较困难的问题;其次,决策者的偏好也是影响方案选择的重要因素,冒险型的决策者和保守型的决策者作出的选择肯定会有很大的不同。在选定方案后,需组织专业的团队进行方案的论证,因为最初选定的最优方案应用到实际中不一定是最优的。

4. 实施活动

方案的实施和监督是最后一个阶段,也就是反馈的阶段。这一阶段的主要工作是确定方案后组织实施,并监督实施的过程。发现问题、及时调整或者重新进行决策,直到实现决策的目标为止。

(二) 决策的特点

根据决策的过程和决策概念的理解,可以看出决策具有以下几个特点:目标性、可行性、选择性、满意性、过程性、风险性等。

1. 目标性

任何组织决策都必须首先确定组织的活动目标。目标能为组织决策的实施和控制提供依据,因此,确定目标是决策的必要环节。

2. 可行性

决策方案的拟定和选择,不仅要考察采取某种行动的必要性,而且要注意实施条件的限制。例如,一家旅游公司经过市场调查,发现月球旅游是一个潜在的目标市场,但旅游公司就其实力难以实现该项目,因而在现阶段,该决策无可行性。

3. 选择性

如果只有一种方案可供选择,那么很有可能这种方案是错误的。在制定可行方案时,应满足整体详尽性和相互排斥性要求。所谓整体详尽性,是指将各种可能实现的方案尽可能考虑到,以免漏掉可能是最好的方案。所谓相互排斥性,是指可行性的方案尽量相互独立,不要雷同。

4. 满意性

选择活动的方案的原则是满意原则,而非最优原则。最优原则往往只能是理论上的,因为它要求决策者了解全部的信息,并辨别可用的信息,了解其价值,而决策者不可能识别出所有的可能实现的目标方案,因此通常选择在目前环境中足够好的方案。

5. 过程性

决策实际上是一个过程,是一个"决策—实施—再决策—再实施"的连续不断的循环过程。决策过程包括发现问题、确定目标、拟定方案、比较和选择方案、执行方案、反馈检查处理。

6. 风险性

决策无处不在,无时不有。决策具有显著的动态性,决定了在其过程中伴随着风险性。由于各种备选方案都会遇到几种不同的可能情况,出现每一种情况发生的概率有多大,在依据不同的概率拟定的各种方案中,不论选择哪一种方案,都要承担一定的风险。

第三节 物流管理决策

一、物流管理的概念和目标

第一节对物流的概念作了一个简单的阐述,那么物流管理和物流的概念是等同的吗?实际上,物流管理和物流是两个既相关联又有区别的概念。

物流管理是指对原材料、半成品和成品的高效流动进行全面规划、控制和实施的过程,它同时协调物流所涉及的各个企业和部门的利益,最终达到满足客户需求的目的。可以这样认为,物流的外在体现形式就是物流管理的结果,优秀的物流管理可以提高物流的效率,降低物流成本。

物流管理的绩效水平是通过总成本和物流表现来衡量的,物流表现涉及的就是服务水平,一般来说,服务水平越高意味着物流的成本也就越高。这两个目标之间存在着"二律背反"的关系,即一个目标的实现是以牺牲另一个目标的一定利益为代价的。如图1-1所示,物流管理的关键就是要在这两者之间寻求一种均衡。

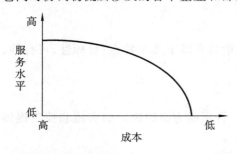

图 1-1 物流成本与物流服务水平关系图

二、物流管理的模式

企业的决策者如何在物流成本与物流服务之间寻找均衡点呢,即企业应该如何制定自己的物流管理的战略目标呢?总的来说,企业物流管理的战略目标必须要为企业总体的战略目标服务,在此基础上对物流管理的各个分目标进行权衡并合理分配,合理分配的方案就构成了企业物流管理的不同模式。

根据企业物流管理所要实现的目标,以及商品本身的特性和对市场需求的准确预测,企业物流管理的基本模式有两种:低成本模式和快速反应模式。

(一)低成本模式

举例来说,对于日常消费品,如洗发水,生产的技术含量较低,进入此类市场的门槛较低,每个家庭都会用到它,而且一年四季的需求量相差不大。面对此类商品的特点,企业除了要为消费者提供高质量的产品,通过各种营销手段扩大销售量以外,要想在激烈的竞争中扩大市场份额,最有效的手段就是降低价格,那么在进行物流决策时,决策者要追求的目标就是降低成本的策略和方案,因而要采取以降低成本为主要目标的物流管理模式。

(二)快速反应模式

如服装类企业,服装本身就是一种季节性很强的商品,尤其是时装,时装主要的销售对象是追求时尚的消费者,此类消费者一般对当季流行的款式和颜色的追求大过时装的价格,过季时装只能打折低价出售。对于此类商品,物流管理决策者的目标是抓住市场的时机,使商品及时上市,快速有效地对市场需求作出反应。也就是说,对于时效性较强的产品,物流管理的模式应该选择快速反应的模式。

物流管理最基本的模式就是上述两种,但是对于不同的企业来说,可能选择两种模式中的某一种,也有可能选择两种模式的综合。如蔬菜物流,要兼顾低成本和快速反应;如果仅仅考虑低成本,由于蔬菜本身不易保存,可能导致蔬菜的不新鲜甚至腐烂;但是如果仅仅考虑快速反应,就可能导致成本过高以致菜价过高,最后影响到蔬菜的销售。又如冰激凌的销售,冰激凌的销售量受季节影响较大,在冰激凌销售的淡季——秋冬季节,企业的物流管理模式应偏向于低成本模式;在冰激凌销售的旺季——春夏季节,应该偏重于快速反应模式。不同企业选择的物流管理模式是不同的,即便是同一企业在不同的外界环境下,选择的模式也有可能是不同的。因此,要将物流管理的模式应用到实践中去,要考虑到企业自身的具体情况,不能生搬硬套,只有符合企业实际情况的模式,才是有效和合理的。

三、物流决策

物流决策实际上就是物流管理决策。物流决策是指在充分调查研究的基础上,根据物流所处的实际环境,借助科学理论和方法分析目前所处的状态,提出预选方案,并在预选方案中选取合理满意者,如选址的方案、运输的方案等。

根据物流实现的功能,物流决策可以分为选址决策、库存决策、运输决策等。

(一)选址决策

选址决策属于管理学中所说的战略决策或者是长期决策。在物流的整个过程中,确定了设施节点后,整个物流的网络也就搭建起来了,其余所有物流的功能都是基于这个网络平台实现的。通常情况下,选址决策确定后,在较长的一段时间内是难以改变的,其原因是物流设施的投资一般较大,不宜改建,而且改建后整个物流网络都会随之发生变化。物流设施选址的决策相比于其他物流管理决策而言,对整个物流管理决策的成败起着最重要的作用,因而属于战略决策的范围。

(二) 库存决策

库存是为了满足生产和客户需求以及改善服务质量防止短缺而存储的各种物料,包括原材料、成品、半成品等。库存涉及生产和流通领域的各个环节。产品库存的费用往往会占到企业自身价值的20%～40%,因而,有效地控制库存费用对降低整个物流系统的成本有着非常重要的作用。库存的规划、存储、移动和计算是整个物流作业的基础,库存的供应能力也是衡量物流服务好坏的重要标准。由于实际的库存是难以快速转化为流动资产的,所以库存也是风险较高的一项投资,因而库存决策是物流决策关注的重点。

(三) 运输决策

运输在整个物流成本中所占的比例较大,它不仅实现了产品的转移,而且实现了产品的流动存储。有效的运输管理能够以较低的成本为顾客提供优质的服务。运输决策是运输管理的前期工作,它包括了运输方式、运输工具、运输线路、运输时间的选择,还包括了承运方的选择、运输人员的选择、客户资源管理等。快速、有效、合理的运输决策是物流管理的关键。

在物流决策中,除了以上了种主要决策外,还有许多其他决策问题,包括设施规模大小的决策、设备拥有台数的决策、停车场内最佳停车位数的决策、配送决策、装箱决策等。

第四节 物流决策中的优化技术与方法

一、物流决策中需研究的优化问题

物流决策中存在大量的优化问题,举例如下。

1. 需求预测

这是所有经济决策的基础。物流系统规划、物流设施(如地域、仓库、设备、车辆等)规模的确定、物流仓储控制等都需有准确的物流需求预测作为基础。

2. 物流网络总体设计

物流网络总体设计包括物流运输网络的设计、节点选址、功能定位、设施布局等。

3. 编制运输计划

从若干出发点向若干需要地运输同一种或多种产品时,存在最经济(费用最少)或最有效(时间和距离最小)的运输计划。

4. 编制配送计划

适当调整客户的订货(如按地区、客户销售量多的地区逐级分层,然后按客户层次不同改变交货期),使发货量最大化、稳定化。通往客户的配送路线要标准化、计划化(以高效率的配送路线为基准,确定巡回服务配送路线,以实施到达客户地点的巡回服务时间表配送方式,称为定时、定线配送),包括时刻表的编制。

5. 运输工具的选择

根据货物的特性(形状、价格、运输批量、交货日期、到达地点等),制定一个各种运输工具(或运输企业)的综合评估指标(经济性、迅速性、安全性、便利性等),从而选择适当的运输工具(或运输公司)。

6. 适当拥有车辆台数的设定

由于日发货量的随机性(波动),运输部门常会出现车辆不足(租车)和车辆闲置(浪费)的现象,需制订企业的最佳车辆拥有台数和车辆更新计划。

7. 物流设施的配置计划

根据企业的功能、要求、条件及规模等因素,制订最佳的设施配置计划。

如配送中心,其业务流程为:收货→验收→收货的整理→保管→上货位→商品搭配→包装→分类→发货前保管→发货。

配送中心首先要接收种类繁多的大量货物,其次对商品的差错、残损和数量进行检验,然后按发货的先后顺序进行整理和保管。该保管工作要适应广大需要者单独订货的要求,而且力求保管的数量最少。当接到发货通知时,立即拣选,按需求者的要求,把各类商品备齐、包装,并按不同方向对货物进行分类、发送。与此同时,还要进行流通加工和信息处理等业务。

配送中心主要内部设施有收货场所、验收场所、分货场所、流通加工场所、保管场所、特殊商品存放场所、配送场所、办公场所(包括信息管理中心)、停车场、配送中心内道路等。

需确定各设施的配置计划。

8. 物流设施的规模设定

正确确定各设施占地面积及数量。

9. 仓储与库存控制

库存物品过剩或者枯竭,是造成企业活动混乱的主要原因。对客户而言,希望实现零库存,而对各企业而言,也希望库存越少越好,但库存不允许缺货,也不允许绝对过剩(总是过剩)。库存具有对不同部门间的需求进行调整的功能,所以,不能只从本企业自身的立场来控制库存量。

10. 物流设施的选址

选址问题可分为很多类型。

规划中的选址:主要考虑物流设施位置(坐标)。

已有配送中心的选择:主要考虑运输费用和运输条件。

单一配送中心的选址:有若干个收货单位,所选择的配送中心应该位于可使运输费用为最小的地方。

若干个配送中心的选择:从若干个工厂,经过若干个配送中心,向若干个客户运送产品的情况下,选择使运输成本最小的配送中心。

11. 物流设施的内部布局设计

例如,根据配送中心的各种设施功能及业务流程,结合区域规模设计各设施的位置,使交叉干扰最小。

二、物流决策中常用的数学模型与方法

物流管理中遇到的许多决策问题需要进行优化定量分析,通常采用数学方法进行描述,可以建立各种各样的数学模型来进行系统或各子系统的效益、功能最优化和评价分析。随着研究对象的不同,采用的模型也不尽相同,而同一对象也可用不同的模型进行优化。

以下是物流管理中常见的问题类型以及相应的可以利用的数学模型及方法。

1. 资源分配型

任何一个生产经营系统,允许使用的资金、能源、原材料、资源、运输工具、台时、工时等都是有限的,环境对生产经营系统也有一定约束,所以,企业是在这些限制条件下进行生产,如何合理安排和分配有限的人力、物力、财力,充分发挥其作用,使目标函数达到最优,这就是资源分配型。通常可以利用的模型有线性规划模型、动态规划模型和目标规划模型。

2. 存储型

为了使生产经营系统得以正常运转,一定量的资源储备是必要的。在保证生产过程顺利进行的前提下,如何合理确定各种所需物资存储数量,使资源采购费用、存储费用和因缺乏资源影响生产所造成的损失的总和为最小,这就是存储型。通常可以利用的模型有库存模型和动态规划模型。

3. 输送型

在一定的输送条件下(如道路、车辆),如何使输送量最大、输送费用最省、输送距离最短,这就是输送型。图论、网络理论、规划理论为解决这类问题提供了有用模型。

4. 等待服务型

由要求服务的客户(如领料的工人、待打印的文件、报修的机器、提货单)和为客户服务的机构(如仓库、维修车间、发货点)所构成的等待系统中,如何最优地解决"客户"和"机构"之间的一系列问题,了解客户到来的规律,确定客户等待时间,寻求使客户等待时间最少而机构设置费用最省的优化方案,这就是等待服务型。通常可以利用的模型有排队模型。

5. 指派型

任务的分配、生产的安排以至于加工顺序问题更是企业中常见的问题,如何以最小费用或最短时间完成全部任务,这就是指派型,数学上称为指派问题和排序问题。通常可以利用的模型有整数规划模型和动态规划模型。

6. 决策型

在系统设计和运行管理中,由于决定技术经济问题的因素愈来愈复杂而又不明确,解决生产技术问题的途径和措施又多样化,因此需要有许多行之有效的决策技术来支持。从各种有利有弊且带风险的替代方案中,对经营管理中的一些重大问题作出及时而正确的抉择,找出所需的最优方案,这就是决策型。决策论为这类问题提供了可以利用的模型。

7. 其他模型与方法

物流系统及物流管理中的问题是很复杂的,除以上介绍的类型外,还有如解释预测型、

投入产出型、布局选址型等;可以利用的其他数学模型及方法也有很多,如网络物流模型、分配集合模型、设施定位模型、车辆路线模型以及 AHP 方法等。

三、物流决策建模方法和步骤

一般来说,建立数学模型的方法可分为两大类:一类是机理分析方法,它是根据对显示对象特征的认识,分析其因果关系,寻找出反映现象内部机理的规律(经济规律),建立的数学模型有明确的经济意义和现实意义;另一类是测试分析方法,它将被研究对象看成一个"黑箱"系统,内部机理无法直接寻找,可以测量(或已知)系统的输入/输出数据,并以此为基础,运用统计分析方法,按照预先确定的准则在某一类模型中寻找一个与数据拟合得最好的模型,这类方法称为系统辨别。有时把两类方法结合起来也是常用的建模方法,即用系统识别确定模型的参数,用机理分析建立模型的结构。

用哪一类方法建立数学模型,主要是根据我们对研究对象的了解程度和建模目的来决定的。若掌握了机理(经济与管理规律)方面的一定知识,模型也要求具体反映内部特征的经济及管理意义,那么应以机理分析方法为主。当然,若需要建模参数的具体数值,则可以用系统识别或其他统计方法得到。若对象的内部机理基本不清楚,模型也不用分析内部特性,譬如仅用来作输出预报,则可以系统辨识方法为主。系统辨识是一门专门科学,需要一定的控制理论和随机过程方面的知识。

数学模型的建立要经过哪些步骤并没有一定的模式,通常与实际问题的性质、建模的目的等有关。机理分析法建模的一般步骤如下。

1. 模型准备

必须非常清楚地了解经济问题的实际背景,明确建模的目的,搜集建模必备的各种信息,如现象、数据等,尽量弄清对象的特征,由此初步确定用哪一类模型,做好建模准备工作。只有情况明,才能方法对,这一步决不能忽视,碰到问题,要虚心向工作人员请教,尽量多地掌握第一手资料。

2. 建模假设

根据经济对象的特征和建模的目的,对问题进行必要的合理的简化,用精确的语言作出假设,这是建模的关键一步。一般来说,一个实际问题不经过简化假设就很难翻译成数学问题,即使能够,也很难求解。不同的简化假设,会得出不同模型。假设做得过分简单或不合理,会导致模型不完善或失败,于是应该做补充假设或修改假设;假设做得过分详细,试图把复杂对象的各方面因素都考虑进去,可能会很难甚至无法建模。通常,作假设的依据,一是出于对问题内在规律的认识,二是来自对数据或现象分析,也可以是二者的综合。作假设时,既要运用与问题有关的经济管理知识,又要发挥洞察力、想象力和判断力,善于分清问题的主次,及时地抓住主要因素,舍弃次要因素,尽量将问题简化(均匀化、线性化),经验在这里也常起到重要作用。

3. 模型构建

根据所作的假设分析研究对象的因果关系,利用这些对象的内在规律和适当的数学工具,构建各个量(常量和变量)之间的等式(或不等式)关系或其他数学结构。这里除需要一些相关学科的知识外,还常常需要较广阔的应用数学知识,以开拓思路。虽然不能要求对数学学科门门精通,但要知道这些学科能解决哪一类问题以及大致上是如何解决的。例如,相似类比法,即根据不同对象的某些相似性,借用已知领域的数学模型,也是构造数学模型的一种方法。建立数学模型时,还应遵循尽量采用简单的数学工具这个原则,因为建立的模型不只是供少数专家欣赏,更是希望能有更多的实际工作者掌握和使用。

4. 模型求解

可以采用解方程、画图形、证明定理、逻辑运算、数值计算等各种数学方法,特别是计算机技术。

5. 模型分析

对模型的解答进行数学上的分析,有时要根据问题的性质分析变量间的依赖关系或稳定情况,有时要根据所得结果给出数学上的预报,有时则可能给出数学上的最优决策和控制,不论哪种情况,常常还要进行误差分析和模型对数据的稳定性或敏感性分析。

6. 模型检验

把数学上分析的结果翻译到实际经济管理问题,并用实际的现象、数据与之比较,检验模型的合理性和适用性。这个过程对于建模的成败是极为重要的,要以极其认真严肃的态度来对待。模型检验的结果若不符合或部分不符合实际,问题一般出在模型的假设上,应该修改、补充假设,重新建模。有些模型甚至要几经反复,才能逐步完善,直到检验结果接近实际。

7. 模型应用

应用的方式应取决于问题的性质、建模的目的以及适用的范围。

应当指出,并不是所有的物流管理决策问题的建模都要经过这些步骤,且有时各步骤之间的界限也不很明显,所以,建模时不应拘泥于形式上的按部就班,可以采取灵活的表述方式。

 本章小结

物流决策实际上就是物流管理决策。物流管理是指对原材料、半成品和成品的高效流动进行全面规划、控制和实施的过程,它同时协调物流所涉及的各个企业和部门的利益,最终达到满足客户需求的目的。本章介绍了物流的概念及功能,现代物流的发展趋势,决策的概念、特征及原则,同时也介绍了物流管理的模式以及物流决策的主要内容。此外,在物流决策活动中,存在着大量的决策优化问题,可以运用多种数学模型与方法来支持决策,因此本章还介绍了物流决策中常用的数学模型与方法、建模方法与步骤,并强调了建模技术与方法在物流决策中的重要地位。

 综合案例

达利的困惑

生产化工产品的达利公司由于长期以来经营不善,被东海集团公司并购重组。东海集团公司发现达利公司存在的主要问题是该公司的物流体系运转不佳,使公司承担了很大包袱。

库存问题

化工产品的需求预测十分困难,特别是新产品或季节性产品的需求预测。从技术角度看,达利公司的生产计划是为库存生产。虽然是按计划做的最小批量生产,但是不同产品所需的生产时间差别很大,不同的质量检测也会延长生产时间,这些情况都只是用简单的高库存来解决。

运输问题

在达利公司的常年生产过程中,始终拥有一个相当规模的运输车队,车队的任务主要是负责最终产品的运输,包括向订货单位送货和向小型客户的产品配送。根据客户的规模和订单大小,送货工作由不同的车辆完成。车队中有大型厢式货车、中型卡车,也有小型厢式货车,其管理采用多项运输效率考核指标,其中最重要的指标是尽可能达到车辆允许的最大载重量。

送货工作中,为中小客户送货占绝大部分,几乎每天都有,但是总量不大,一般以小批量送货为主;每天订货与送货情况变化很大,确定一个较高效率的固定送货路线几乎是不可能的。因此,需要采取人工的方法,确定车辆行车路线和送货顺序。

随着销售量的波动,有时车队一半以上车辆闲置在停车场,有时又需要雇用社会车辆才能满足运输需要,这使得运输成本居高不下。

仓储问题

达利公司实行集中化的库存管理,虽然西南和中部地区有部分库存,但订单的处理主要在中心仓库进行,由中心仓库提供全系列产品,覆盖支持全国的产品需求。达利公司自有车队负责从工厂到仓库的运输,多是由超远距离的运输方案解决。

仓库内配备了单进深、宽通道的可调节托盘货架。货物的堆放基本按照不同客户分区存放,主要的零售商客户均有独立的产品存放区域。但常会出现一边的货架没有位置存放,而另一边却空空的情况。

订单处理问题

达利公司设有三个销售办公室接受汇总订单,一个负责零售市场,一个负责贸易市场,还有一个负责其他产品。一些主要客户通过EDI线路传送订单,而其他客户则通过电话、传真、信函下达订单。许多订单对送货到达时间、送货车辆的类型和大小等有特殊要求,这些要求在人工处理环节往往会出现错误。

很多主要客户会追加货物或增加订单,达利公司每次都要单独派车应对。用户退货相关作业也是由运输和仓储部门负责安排。

东海集团公司业务特征:一是产品类型属于化工类;二是客户订单与达利公司有重合之处;三是在全国有片区仓库;四是用自有运输车队和运输网络系统为企业物流服务。

案例讨论

1. 东海集团公司为什么对达利公司感到困惑?
2. 你有何解决方案?

练习与思考

一、简答题

1. 什么是决策？进行决策时应遵循什么原则？
2. 我国对物流的定义是什么？什么是物流决策？
3. 现代物流与传统物流的区别有哪些？
4. 物流决策中常用的数学模型与方法有哪些？
5. 物流决策建模的主要步骤有哪些？

二、判断题

1. 选择方案的原则是最优原则而非满意原则。（   ）
2. 物流被称为企业的"第三利润源泉"。（   ）
3. 物流的基本功能包括运输、仓储、配送、包装等。（   ）

第二章
物流需求预测

学习目标

(1) 了解预测的概念、方法和基本步骤,理解物流需求预测的含义及其影响因素;

(2) 理解定性预测的含义,掌握头脑风暴法、德尔菲法、主观概率加权平均法等常见的定性预测方法;

(3) 掌握移动平均法、一次和二次指数平滑法、一元和多元线性回归分析等常用的定量预测方法。

第一节　物流需求预测概述

一、预测概述

所谓预测,就是对尚未发生或目前还不确切的事物进行预先的估计和推断,是现时对事物将要发生的结果进行探讨和研究。"凡事预则立,不预则废",自有历史记载以来,人们就试图预测未来。但是,未来并不是靠想入非非或求神问卦就能预测到的,科学的预测是建立在客观事物发展变化规律基础之上的科学推断。预测的实质是充分分析使事物发生变化的原因,探究事物发展变化的规律,根据预测对象的过去和现在估计未来,根据已知预测未知,从而减少对未来事物认识的不确定性,减少决策的盲目性。对于一个决策者来说,预测涉及的因素错综复杂,一旦预测错误,往往会造成严重的后果。因此,预测技术在近几十年日益受到重视,并逐渐发展成为一门独立的、成熟的且应用性很强的科学。它对于长远规划的制定、重大战略问题的决策等都具有重要意义。

(一) 预测的方法

由于预测的对象、时间、范围、性质等不同,预测技术可以有不同的分类方法。例如,预测按范围或层次的不同进行分类,可划分为宏观预测和微观预测。宏观预测是指针对国家或部门、地区的活动进行的各种预测;微观预测是针对基层单位的各项活动进行的各种预测。预测按时间的长短进行分类,可分为长期预测、中期预测、短期预测。如果按照预测方法的性质来分类,一般可分为定性(Qualitative)预测法和定量预测法,其中定量预测法包括时间序列分析(Time Series Analysis)预测法和因果关系分析预测法两类。下面分别介绍以上三类预测方法。

1. 定性预测法

所谓定性,就是确定预测目标未来发展的性质。定性分析大多根据专业知识和实际经验进行,对把握事物的本质特征和大体程度有重要作用。这种预测主要利用判断、直觉、调查或比较分析,对未来作出定性的估计。当历史数据缺乏或历史数据与当前的预测相关度很低时,采用定性预测方法更合适。又如,党和国家方针政策的变化、消费者心理的变化对市场供需变化的影响,均无法量化,只能通过判断分析进行定性预测。总的来讲,这类方法的准确性不高。当我们试图预测新产品是否成功、政府政策是否变动,或预测某项新技术的影响时,由于没有直接的历史数据,定性法可能是唯一的选择。

定性预测方法较多,主要有专家调查预测法、市场调查预测法、主观概率法、领先指标法、预兆预测法、类推法等。

2. 时间序列分析预测法

主要是根据系统对象随时间变化的历史资料(如统计数据、实验数据和变化趋势等),只考虑系统变量随时间的发展变化规律,对其未来作出预测。如果拥有相当数量的历史数据,时间序列的趋势和季节性变化稳定、明确,那么将这些数据映射到未来将是有效的预测方法。该方法的基本前提就是假设未来的时间模式将会重复过去的模式。时间序列定量的特点使得数学和统计模型成为主要的预测工具。

常用的确定性时间序列分析预测法主要包括移动平均法、指数平滑法、差分指数平滑法、趋势外推以及博克斯-詹金斯(Box-Jenkins)方法等。

3. 因果关系分析预测法

系统变量之间存在着某种前因后果关系,找出影响某种结果的一个或几个因素,建立起它们之间的数学模型,然后可以根据自变量的变化预测结果变量的变化。因果预测模型的基本前提就是预测变量的水平值取决于其他相关变量的水平值。例如,如果已知客户服务对销售有积极影响,那么根据已知的客户服务水平就可以推算出销售水平。我们可以说服务水平和销售量之间是"因果"关系。只要能够准确地描述因果关系,因果模型在预测时间序列主要变化、进行中长期预测时就会非常准确。

因果关系预测模型有很多不同形式:统计形式,如回归和计量经济模型;描述形式,如投入-产出模型、生命周期模型和计算机模拟模型。每种模型都是从历史数据中建立预测变量和被预测变量的关系,从而有效地进行预测。这类预测模型的主要问题在于真正有因果关系的变量常常很难找到,即使找到,它们与被预测变量的关系也常常很弱,因而,实际应用时,预测误差可能较大。

除上述预测技术外,近几年在信息领域和人工智能领域广受关注的人工神经网络方法也越来越多地被应用到预测过程中。神经网络法是受生物神经功能的启发而形成的数学预测模型,其特点是模型可以对新的数据进行学习;对不连续的时间序列数据,该方法的预测精度较其他时间序列预测模型更准确;另外,神经网络法特别适合于非线性预测。

(二)预测的步骤

预测是对被预测对象的发展、演变的客观规律的认识和分析过程。预测技术应当包括它所遵循的理论、被预测对象的历史和现状资料与数据、所能采用的计算方法或分析判断方法、预测方法,以及预测结果的评价与检验等要素。不同应用领域的预测问题可能会采用完全不同的预测模型,因此,预测技术既要遵循系统对象本身所属学科的理论,又要遵循预测方法本身的理论。例如,基于数理统计的预测与神经网络等智能技术的预测,理论基础不相同,模型的应用条件也不同。

虽然预测的过程是随着预测目的、预测对象及使用方法的不同而不同的,但总体上可将预测过程大致分为以下几个步骤。

(1)确定预测目的。系统预测不是系统工程的最终目的,它是为系统决策服务的。因此,必须首先根据决策任务要求确定预测目的,包括预测指标、预测对象和预测期限。只有目的明确,才能根据预测目的去搜集数据、选择预测方法和预测精度。这是系统预测一项极为重要的准备工作,它将使得我们的预测工作有的放矢,避免盲目。总之,确定好预测目的是预测成功的开始。

(2)资料收集和数据分析。

(3)建立预测模型。

(4)模型检验与修正。实际的系统受多种确定因素和随机因素的影响,而预测模型不可能考虑所有因素,故预测结果与实际值有一定差距,即会产生预测误差。如果误差太大,就失去了预测的意义。因此,必须对建立的预测模型的有效性和合理性进行检验。一方面要对有关假设进行检验,如对线性关系的假设、变量结构以及独立性等假设进行显著性检验;另一方面要对模型精度即预测误差进行检验,如果预测结果与实际值之间有显著的误差,则说明预测模型不合理。这时就必须对原有的预测模型进行修正或重新设计。若实际情况发生较大变化,则原有的预测方法也必须重新选择。

(5)预测实施与结果分析。运用通过检验的预测模型,使用有关数据预测结果,并运用有关理论和经验对结果进行分析。必要时,还可运用不同的模型同时预测结果并加以分析对比,以便作出更加可靠的判断,为系统决策提供科学依据。

上面列举的预测程序只是一般的步骤,实际工作时,应根据具体情况灵活运用。实际上,要完全达到预测目的,往往需要多次的迭代和修正,因此预测是对客观事物不断认识和深化的动态过程。

二、物流需求预测的含义及影响因素

(一)物流需求预测的含义

物流需求即指对物流服务的需求。对物流服务的需求是指一定时期内社会经济活动对生产、流通、消费领域的原材料、成品和半成品、商品以及废旧物品、废旧材料等的配置作用而产生的对物流在空间、时间和效率方面的要求,涉及运输、储存、包装、装卸搬运、流通加工、配送以及相关的信息处理等多方面的物流活动。

物流需求预测是根据物流市场过去和现在的需求状况以及影响物流市场需求变化的因素之间的关系,利用一定的经验判断、技术方法和预测模型,应用合适的科学方法对有关反映市场需求指标的变化以及发展的趋势进行预测。其目的在于及时准确地掌握市场物流需求情况的变化规律,结合企业的实际状况,采取一定的分析方法,提出切实可行的需求目标,在此基础上制订需求计划,指导诸如原材料或货物的购进、库存的控制、必要设施的配备等企业物流工作的开展。

(二) 物流需求预测的影响因素

物流需求预测结果对企业非常重要。需求的水平和时间将极大地影响生产能力、资金需求和经营的总体框架。因此进行物流需求预测之前,必须先了解物流需求预测的影响因素。物流需求预测一般受到以下几个方面因素的影响。

1. 需求时间和空间特征的影响

物流需求具有时间上的特殊性,表现在物流需求是随时间变化而变化的。物流需求随时间的变化归因于市场销售量的增长或下降、需求模式的季节性变化以及多种因素导致的一般性波动。这种预测一般属于短期预测,常用时间序列分析预测法。

除时间特征外,物流需求还具有空间维度,物流管理者必须知道物流需求量在何处发生。规划仓库位置、平衡物流网络中的库存水平、按地理位置分配运输资源等,都需要知道需求发生的空间位置。因此,所采用的预测技术必须能反映影响这种需求模式的地理性差异。

对需求的地理性特征的处理有两种方式:其一是先进行总需求预测,然后再按地理位置分解预测的需求,这是一种自上而下的预测方法;其二是先对每个地点的需求量单独进行预测,再根据需要进行需求量汇总,这是一种自下而上的预测方法。两种方法所需的预测技术是不同的。

2. 需求变动是否规则的影响

不同的产品种类,可能需要不同的服务水平,因而需要分别管理。不同产品的物流需求随时间变化而变化的模式是不同的。需求的变动可能是规则性的,也可能是不规则的。导致物流需求变动的主要因素有长期趋势变动因素、季节性变动因素、循环变动因素和随机变动因素。如果随机波动占时间序列中变化部分的比例很小,利用常规预测方法就可以得到较好的预测结果。

如果某种产品的需求由于总体需求量偏低,需求时间和需求水平非常不确定,那么需求就是间歇式的,这样的时间序列就是不规则的。刚刚进入生产线或即将退出生产线的产品常常出现这种模式的需求,因为只有少数客户有需求,而且分散在不同的地区,所以每个存储点面对的需求都很低。对这类需求进行预测,通常的预测方法效果不佳。这是物流需求预测的特殊难题。

3. 需求是否独立的影响

物流需求的独立性是指物流需求来自一个一个独立的客户,这些客户多数是独立采购,其采购量只占企业分拨总量的很少一部分。此时的需求就被称为独立需求。在另一种情况下,物流需求是由某一特定的生产计划要求派生出来的,这种需求就不是独立性的,被称为相关需求。例如,从某供应商处购买新轮胎的数量就是汽车厂要生产的新汽车量的一定倍数。这种根本差异也会导致需求预测方法的不同。

对于独立需求预测,很适合利用统计预测方法。多数短期预测模型的基本条件都是需求独立且随机的。对于相关需求,因这种需求模式有很强的倾向性,且不是随机的,通过判断系统随时间发展而呈现出的趋势和规律,就能较好地改进预测结果。

第二节 物流需求预测的定性方法

定性预测是预测者根据自己掌握的实际情况、实践经验、专业水平,对经济发展前景的性质、方向和程度做出的判断。在掌握的数据不多、不够准确或主要影响因素难以用数字描述,无法进行定量预测时,定性预测就是一种有效的预测方法。如新建企业生产经营的发展前景、新产品销售的市场前景,由于缺少历史资料,采用定性预测方法较为合适。另外,政策的变化、消费者心理的变化等因素对市场商品供需变化的影响很难定量化,只能进行定性分析。因此,定性预测是一种不可或缺的物流需求预测方法。下面介绍几种常用的定性预测方法。

一、头脑风暴法

头脑风暴法指围绕某一问题召开专家会议,通过共同讨论进行信息交流和相互诱发,激发出专家们创造性思维的连锁反应,产生许多有创造性的设想,从而进行集体判断的预测方法。它既可以获取所要预测事件的未来信息,也可以把一些问题和影响,特别是一些交叉事件的相互影响分析清楚。

(一)预测的程序

1. 准备阶段

确定所要预测的主题,选择参加会议的专家,将会议的时间、地点、所要预测的主题、可供参考的资料等事宜提前通知与会人员,请大家做好充分的准备。参加会议的专家不宜过多,一般以 5~15 人为宜。

2. 实施阶段

(1)明确问题。预测组织者简要提出所要预测的主题。

(2)讨论问题。各位专家针对所要预测的主题进行发言并讨论,组织者对发言进行记录。

(3)重新表述问题。经过第二阶段的讨论后,大家对预测问题已经有了较深的理解。为使大家对预测问题的表述产生新的理解和认识,组织者对发言记录进行整理和归纳,找出富有启发性和创新性的意见或建议,以供下一轮畅谈时所用。

(4)再次进行畅谈。畅谈是头脑风暴法的创意阶段。各位专家针对所要预测的问题畅所欲言、相互启发,组织者将会议发言记录进行整理。

3. 结果处理阶段

会议结束后的一两天内,组织者应向与会者了解会后的新想法或思路,以补充会议记录。然后将大家的想法整理成若干方案,再根据一般标准,诸如可识别性、创新性、可实施性等标准进行筛选。经过多次反复比较和优中择优,最后确定最佳方案作为最终的预测结果。

4. 提出预测报告

预测报告应介绍预测的组织情况、资料的整理情况、预测结论以及政策建议等。

(二) 运用头脑风暴法时应遵循的基本原则

(1) 选择专家。一般来说,专家小组应由下列人员组成:预测学领域的专家(预测专家)、专业领域的专家(设想产生者)、专业领域的高级专家(分析者)、具有较强逻辑思维能力的专家(演绎者)。选取专家的原则是:如果参加者相互认识,要从同一职位(职称或级别)的人员中选取,领导人员不应参加,以免对参加者造成压力。如果参加者互不认识,可从不同职位(职称或级别)的人员中选取,这时不应宣布参加人员职称,不论成员的职称或级别的高低,都应同等对待。参加者的专业应力求与所论及的决策问题相一致,尽管这并不是专家组成员的必要条件。但是,专家中最好包括一些学识渊博,对所论及问题有较深理解的其他领域的专家。

(2) 延迟评判。对各种意见、方案的评判必须放到最后阶段,此前不能对别人的意见提出批评和评价。

(3) 自由畅谈。创造一种自由发表意见的气氛和环境,使参加者能解除思想顾虑,畅所欲言,激发参加者的积极性。

(4) 禁止批评。不对别人的意见提出怀疑,不能放弃和中止讨论任何一个设想,不管该种设想是否适当和可行。

(5) 探索取长补短和改进的方法。除提出自己的意见外,鼓励参加者对他人已经提出的设想进行补充、改进和综合。鼓励利用别人的灵感加以想象、变化、组合等以激发更多的灵感。

(6) 严格限制预测对象的范围。尽力使参加者把注意力集中于所涉及的问题上,能对所论问题提出具体看法。同时要规定使用统一术语。

(7) 头脑风暴法的组织者最好委托给预测专家担任,这是因为预测专家熟悉头脑风暴法的处理程序和处理方法。当所论及问题涉及的专业面较窄时,组织工作应邀请精通所论及问题的专家与预测专家共同担任。

(三) 头脑风暴法的特点

头脑风暴法是一种直观的预测方法,既有明显的优点,也有难以克服的缺点。

它的优点如下:

(1) 低成本,高效率。通过信息交流,产生思维共振,进而激发创造性思维,能在短期内得到创造性的成果。

(2) 能获取广泛的信息和创意,考虑较多的因素,通过互相启发,集思广益,在大脑中掀起思考的风暴,可提供较全面的预测方案。

它的缺点如下。

(1) 易受权威和名誉的影响。由于专家的地位及声誉的影响,有些专家不敢或不愿当众说出与他人相异的观点。

(2) 易受表达能力的影响。

(3) 易受个人自尊心的影响。有些专家听不进不同意见或不愿意公开修正自己的意见。

(4) 易受多数人的影响。

二、德尔菲法

德尔菲法又称专家调查法,它是在20世纪40年代由奥拉夫·赫尔默和诺曼·达尔基首先创立的。1946年,美国兰德公司为避免头脑风暴法中存在的屈从权威和盲目服从多数的缺陷,首次采用德尔菲法进行定性经济预测。此后,该方法被广泛采用。

德尔菲是古希腊的一个地名,是阿波罗神殿的所在地。传说太阳神阿波罗对未来有很强的预见能力,因此德尔菲就成了一个预卜未来的神谕之地。于是,人们就借用德尔菲来命名此预测方法。

(一) 预测的程序

预测开始之前先要编制调查表。调查表一般根据实际预测问题的要求编制,通常分为目标-手段调查表、事件完成时间调查表、肯定式回答调查表、推断式回答调查表等类型。

调查表制订后就可以开始预测,预测过程中要保证专家能独立地进行判断。经典德尔菲法一般分四轮进行。

第一轮:发给专家的第一轮调查表只提出预测主题。预测领导小组对专家填写后寄回的调查表进行汇总整理,归并同类事件,排除次要事件,用准确术语提出一个事件一览表,并作为第二轮调查表发给每个专家。

例如,美国和加拿大锻造协会就粉末锻件和冷锻件潜在增长趋势的预测,第一轮时专家们共提出150多个应预测事件,领导小组归纳整理为121个。

第二轮:专家对第二轮调查表所列的每个事件做出评价,并阐明理由。领导小组对专家意见进行统计处理。

第三轮:根据第二轮统计材料,专家再一次进行判断和预测,并充分陈述理由。有些预测在第三轮时仅要求持异端意见的专家充分陈述理由,因为他们的依据经常是其他专家忽略的一些外部因素或未曾研究过的问题。这些依据往往对其他成员重新做出判断产生影响。

第四轮:在第三轮统计结果基础上,专家再次进行预测。根据领导小组要求,有的成员要重新做出论证。

通过四轮,专家的意见一般相当接近了。例如,美国制造工程师学会和密歇根大学协作分别组织125名和150名专家对生产管理技术和生产装配技术进行了预测,四轮后的预测结果相当接近,持不同意见的仅占20%。

(二) 预测遵循的基本原则

采用德尔菲法预测时,一般要遵循以下原则。

1. 对德尔菲法做出充分说明

为了使专家全面了解情况,调查表应有前言,说明预测的目的和任务,以及专家的回答在预测中的作用。同时还要对德尔菲法的实质、特点、轮间反馈对评价的作用等做出充分说明,使专家都能了解德尔菲法。

2. 合理设计和编排问题

一是要保证调查中的问题集中并有针对性,避免分散,保证各个事件构成一个有机整体;二是问题的数量及回答的复杂性程度要适中;三是问题的排列要按一定顺序,先综合、后局部,同类问题的排列先简单、后复杂,由浅入深,逐渐引起专家回答问题的兴趣。

3. 避免组合事件

要避免一个事件包含两个问题的情况,例如,对于"以海水中提炼的氘(重氢)为原料的核电站到哪一年可以建成"的预测事件,表面上是对核电站建成日期做出预测,但其前提是专家必须同意采用氘作原料,这就是一个组合事件。如果某位专家不同意采用氘作原料,该问题就难以回答。因而应避免提出"一种技术的实现是建立在某种方法基础上"这类组合事件。

4. 尽量采用明确的、成熟的技术术语

在问题设计时,避免采用一些含糊不清的、主观性强的用语,如"普遍""广泛""正常"等缺乏定量概念的用语应避免使用。

5. 领导小组意见不强加于调查表中

当意见对立的双方对对方的意见都没有给予足够考虑,或者领导小组认为已经存在明显的判断和事实,而双方都没有注意时,领导小组就试图把自己的观点加在调查表中,作为反馈材料供下一轮预测时参考。这样处理势必出现诱导现象,使专家的评价向领导小组意图靠拢,由此得到的预测结果的可靠性是值得怀疑的。

6. 调查表要简洁

调查表是帮助专家做出评价,应使专家把主要精力用于思考问题,而不是理解复杂的调查表。调查表的应答要求,最好是选择或填空,方便专家;表中还应留有足够的地方,供专家阐明意见。

(三) 德尔菲法的主要特点

1. 匿名性

不披露所选择专家的名单,各位专家只与调查人员进行联系,专家间彼此互不联系。这样既不会受权威意见的影响,也不会使应答者在改变自己意见时对是否会影响到自己的威信有所顾虑,各种论点都可以得到充分的发表,保证反馈信息的代表性和客观性。

2. 反馈性

函询过程至少要经过三至四轮,给专家以充分反馈意见的机会。专家从反馈回来的函询表上可以了解到预测意见的发展状况,以及同意或反对各个观点的理由,并依此各自做出新的判断。

3. 收敛性

对每次专家反馈回来的意见进行归纳整理,使专家意见趋于一致。

三、主观概率法

(一) 主观概率法的含义

所谓主观概率是相对于客观概率而言的。概率论这一数学分支从理论上研究随机现象的规律性,里面牵涉到的概率是所谓的客观概率,是一种理论上描述其发生可能性大小的数量指标。但实际经济生活中所遇到的随机现象往往无法或很难从理论上确定其发生可能性的大小,于是,对于某种经济活动,通过专家或相关人员的经验可以给出其发生可能性的大小,也就是主观概率。这样,对于某些由于资料不全或其他原因(如发生的机理不清楚等)无法计算客观概率的事件,利用主观概率来预测其今后发生可能性的方法就是主观概率预测法。当然,主观概率也必须满足客观概率所需符合的三大基本公理,即非负性、规范性和可列可加性,以便使用客观概率的一切计算公式。

常用的主观概率预测法包括主观概率加权平均法和累积概率中位数法。本文主要对主观概率加权平均法进行介绍。

(二) 主观概率加权平均预测法

主观概率加权平均预测法是以主观概率为权数,对各种预测意见进行加权平均,综合求得预测结论的方法。

【例 2-1】 某企业三位销售员预测公司产品下一个季度的销售额。根据个人经验,销售员甲预测最高销售额为 1000 万元,主观概率是 0.3;最可能销售额为 800 万元,主观概率是 0.5;最低销售额为 600 万元,主观概率是 0.2。另外两位销售员乙和丙也根据自己的经验对最高销售额、最可能销售额和最低销售额作出了主观预测,如表 2-1 所示。

表 2-1 销售额预测情况表

销售员	预测销售额/万元		主观概率	期望值/万元
甲	最高销售额	1000	0.3	
	最可能销售额	800	0.5	820
	最低销售额	600	0.2	
乙	最高销售额	1200	0.2	
	最可能销售额	1000	0.6	1000
	最低销售额	800	0.2	
丙	最高销售额	900	0.2	
	最可能销售额	700	0.5	680
	最低销售额	500	0.3	

以主观概率为权数,计算每个人预测的最高销售额、最低销售额和最可能销售额的加权算术平均数,作为个人期望值。

销售员甲的预测期望值为:
$$1000\times0.3+800\times0.5+600\times0.2=820(万元)$$

销售员乙的预测期望值为:
$$1200\times0.2+1000\times0.6+800\times0.2=1000(万元)$$

销售员丙的预测期望值为:
$$900\times0.2+700\times0.5+500\times0.3=680(万元)$$

对于企业决策者来说,如果认为三位销售员经验相当,则可以将上述三个期望销售额的算术平均值作为该产品下一个季度销售额的预测值,或者根据三位销售员的经验丰富程度,求其加权平均值。比如,如果认为甲、丙经验相当,而乙的经验较差,甲、丙二人的经验是乙的两倍(如甲、丙从事销售工作时间是乙的两倍),则可以赋予甲、丙的权重是乙的两倍,即计算以下加权平均值:

$$\frac{4\times820+2\times1000+4\times680}{10}=800(万元)$$

此时,该产品下一个季度的销售额预测值为800万元。

第三节 物流需求预测的定量方法

物流决策者要进行的定量预测一般是与库存控制、运输调度、仓库装卸计划等活动有关的需求预测。常用的定量预测方法主要包括时间序列分析预测和回归分析预测两大类,下面分别对这两类方法进行介绍,其中时间序列分析预测主要介绍移动平均法和指数平滑法两种。

一、移动平均法

移动平均法是一种简单的预测方法。其基本思想是:根据时间序列信息,逐项推移,依次计算包含一定项数的平均值,以消除周期波动或随机波动的影响,揭示出数据序列的长期趋势。因此,当时间序列值由于受周期变动和随机波动的影响,起伏较大,不易显示出事件的发展趋势时,使用移动平均法可以消除这些因素的影响,显示出事件的发展方向与趋势(即趋势线),然后依趋势线分析预测序列的长期趋势。

设有一时间序列 $y_1, y_2, \cdots, y_t$,则按数据点的顺序逐项推移求出 N 个数的平均数,即可得到一次移动平均数:

$$M_t^{(1)} = \frac{y_t + y_{t-1} + \cdots + y_{t-N+1}}{N} = M_{t-1}^{(1)} + \frac{y_t - y_{t-N}}{N}, t \geqslant N \quad (2-1)$$

式中:$M_t^{(1)}$ 为第 t 周期的一次移动平均数;y_t 为第 t 周期的观测值;N 为移动平均的项数。

根据式(2-1)可以看出,当 t 向前移动一个时期,就增加一个近期数据,去掉一个远期数据,得到一个新的平均数,逐期向前移动,所以称为移动平均法。

由于移动平均可以平滑数据,消除循环变动和不规则变动的影响,使长期趋势显示出来,因而可以用于预测。其预测公式为:

$$\hat{y}_{t+1} = M_t^{(1)} \tag{2-2}$$

即以第 t 周期的一次移动平均数作为第 $t+1$ 周期的预测值。

【例 2-2】 某汽车零部件配送中心全年 12 个月的火花塞销售量如表 2-2 所示。试用简单移动平均法预测下一年一月的销售量。

表 2-2　火花塞销售量及移动平均预测值

月份	1	2	3	4	5	6	7	8	9	10	11	12	13
实际销量	423	358	434	445	527	429	426	502	480	384	427	446	
3 个月移动平均预测值				405	412	469	467	461	452	469	455	430	419

解　取 $N=3$，计算 3 个月移动平均预测值，按下式进行预测：

$$\hat{y}_{t+1} = M_t = \frac{y_t + y_{t-1} + y_{t-2}}{3}$$

计算结果列入表 2-2 最后一行。实际数据及预测数据的折线如图 2-1 所示。可见，实际销量的随机波动较大，经过移动平均后，随机波动明显减少，消除了随机波动的干扰。

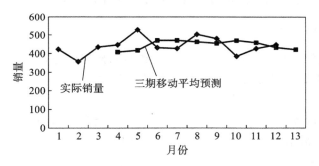

图 2-1　实际销量与预测销量的折线图

当时间序列没有明显的趋势变动时，使用一次移动平均就能够准确地反映实际情况，直接用第 t 周期的一次移动平均数就可预测第 $t+1$ 周期之值。但当时间序列出现线性变动趋势时，用一次移动平均数来预测就会出现滞后偏差。因此，需要进行修正，修正的方法是在一次移动平均的基础上再做二次移动平均，利用移动平均滞后偏差的规律找出曲线的发展方向和发展趋势，然后才建立直线趋势的预测模型。这种方法又称为趋势移动平均法。

设一次移动平均数为 $M_t^{(1)}$，二次移动平均数 $M_t^{(2)}$，其计算公式为：

$$M_t^{(2)} = \frac{M_t^{(1)} + M_{t-1}^{(1)} + \cdots + M_{t-N+1}^{(1)}}{N} = M_{t-1}^{(2)} + \frac{M_t^{(1)} - M_{t-N}^{(1)}}{N} \tag{2-3}$$

再设时间序列 $y_1, y_2, \cdots, y_t, \cdots$，从某时期开始具有直线趋势，且认为未来时期亦按此直线趋势变化，则可设此直线趋势预测模型为：

$$\hat{y}_{t+T} = a_t + b_t T \tag{2-4}$$

式中：t 为当前时期数；T 为由当前时期数 t 到预测期的时期数，即 t 以后模型外推的时间；$\hat{y}_{t+T}$ 为第 $t+T$ 期的预测值；a_t 为截距；b_t 为斜率。a_t、b_t 又称为平滑系数。

根据移动平均值可得截距 a_t 和斜率 b_t 的计算公式分别为：

$$a_t = 2M_t^{(1)} - M_t^{(2)} \tag{2-5}$$

$$b_t = \frac{2}{N-1}(M_t^{(1)} - M_t^{(2)}) \qquad (2\text{-}6)$$

在实际应用移动平均法时,移动平均项数 N 的选择十分关键,它取决于预测目标和实际数据的变化规律。

二、指数平滑法

移动平均法虽然计算简单,但却有两点不足:一是计算移动平均数时,只用到近期数据,没有充分利用时间序列的全部数据信息;二是认为参与计算的所有数据具有相同的重要性,这与实际情况往往并不符合。一般认为,当前的情况对未来的发展变化有更大的影响,而近期数据比远期数据包含了更多当前的信息,从而对未来的预测更有价值。因此,应赋予近期数据较大的权数,赋予远期数据较小的权数。

下面介绍的指数平滑法与移动平均法一样具有对时间序列修匀平滑的作用,但它同时还可以克服移动平均法以上两点不足,是对移动平均法的改进。指数平滑法利用对时间序列由近及远的逐步衰减的加权作为未来发展趋势的预测。根据平滑次数的不同,可分为一次、二次等不同次数指数平滑法,分别适用于对不同类型的时间序列进行预测。

(一) 一次指数平滑法

一次指数平滑法以预测目标的本期实际值和本期预测值为基数,分别给两者以不同的权数,求出指数平滑值,作为确定的预测值。其计算公式为:

$$F_{t+1} = \alpha \cdot x_t + (1-\alpha)F_t \qquad (2\text{-}7)$$

式中:F_t 为对 t 时刻的预测值;F_{t+1} 为 $t+1$ 时刻的一次指数平滑值(即在 t 时刻对下一期的预测值);α 为指数平滑系数($0<\alpha<1$);x_t 为 t 时刻的实际值。

1. 指数平滑系数 α 的选择

如何选择 α 值,是用好指数平滑模型的关键。α 值越大,对近期观测值赋予的权数越大,模型对时间序列的变化越敏感,但 α 过大可能使得预测过于"敏感",结果只会跟踪时间序列产生随机波动,而不是根本性变化。α 值越小,则对近期数据影响越小,历史数据的权数较大,预测更平稳,消除了随机波动性,只反映长期的大致发展趋势,在反应需求水平根本性变化时需要的时滞就越长,预测结果就会过于"平稳"。一般情况下,α 可在 0.1~0.4 之间取值。但是,如果数据模式可能会出现较大的变化,例如,在新产品的导入阶段、产品的衰退期、经济萧条、临时性促销活动等,或者在很少的历史数据或根本没有历史数据的情况下开展预测,这时可选择较高的 α 值(大于 0.5)进行短期预测。如果历史数据充足,则可选择不同的平滑系数分别进行预测,再比较不同预测序列的误差值,使总预测误差最小的平滑系数就是最合适的平滑系数。

2. 初始平滑值 F_0 的确定

当时间序列数据值个数较多时,由于经过多次平滑运算,初始平滑值对指数平滑值影响逐步减弱到极小程度,可以忽略不计。所以一般选用第一期观察值作为初始平滑值 F_0;当时间序列数据值个数较少时,可以选用最初几期的平均数作为初始平滑值,如选前三期的平均值作为初始平滑值 F_0。

【例 2-3】 下列季度的数据代表某产品需求的时间序列,试对今年第三季度需求进行预测,如表 2-3 所示。

表 2-3 预测的历史数据

季度	1	2	3	4
去年	1200	700	900	1100
今年	1400	1000	F_3	

解 先根据经验选定 $\alpha=0.2$。将去年 4 个季度的需求平均值作为以前的预测值,即
$$F_0=(1200+700+900+1100)/4=975$$
从今年第一季度的需求开始预测,直到预测出今年第三季度的需求。
预测过程如下。
今年第一季度的预测需求为:
$$F_1=0.2x_0+(1-0.2)\times F_0=0.2\times1100+(1-0.2)\times975=1000$$
今年第二季度的预测需求为:
$$F_2=0.2x_1+(1-0.2)\times F_1=0.2\times1400+(1-0.2)\times1000=1080$$
今年第三季度的预测需求为:
$$F_3=0.2x_2+(1-0.2)\times F_2=0.2\times1000+(1-0.2)\times1080=1064$$
历史数据与预测结果归纳如表 2-4 所示。

表 2-4 预测结果

季度	1	2	3	4
去年	1200	700	900	1100
今年	1400	1000		
预测值	1000	1080	1064	

(二) 二次指数平滑法

对于呈现出线性趋势的时间序列,在一次指数平滑数列的基础上用同一个平滑系数 α 再进行一次指数平滑,就是二次指数平滑。构成二次指数平滑序列 F_t^2 的递推公式如下。

令初始值 $F_0^2=F_0^1=x_1$(也可取其他值作为初始值),则有:
$$\begin{cases}F_t^1=\alpha x_t+(1-\alpha)F_{t-1}^1\\F_t^2=\alpha F_t^1+(1-\alpha)F_{t-1}^2\end{cases} \tag{2-8}$$

二次指数平滑的目的是对原时间序列进行两次修匀,使得其不规则变动或循环变动尽量消除掉,让时间序列的长期趋势性更能显示出来。对于平滑系数,同样有一个合理选取的问题。其方法与一次指数平滑法一样,先选取原则上较合理的多个 α 值分别计算,得到不同的数列 F_t^1 和群 F_t^2,再根据均方差 MSE 或 MAD 最小原则确定较为合理的 α 值,并得到相应的二次指数平滑值。二次指数平滑法较适用于具有线性趋势的时间序列,线性趋势预测模型为:

$$\hat{Y}_{t+T}=a_t+b_tT \tag{2-9}$$

式中:$\hat{Y}_{t+T}$为第$t+T$期预测值,t为平滑期数,T为t之后的预测期数;模型参数a_t、b_t分别满足下列条件:

$$a_t = 2F_t^1 - F_t^2, \quad b_t = \frac{\alpha}{1-\alpha}(F_t^1 - F_t^2) \tag{2-10}$$

二次指数平滑法预测的基本步骤如下:
(1) 根据所给的观察值资料,用一次指数平滑法公式逐一求出F_t^1;
(2) 以一次指数平滑法值作为新的资料基础,利用二次指数平滑法公式逐一求出二次指数平滑值F_t^2;
(3) 利用观测值最近期F_t^1、F_t^2计算出参数a_t、b_t,并建立线性趋势预测模型;
(4) 通过预测模型,代入T值,求出预测值。

【例2-4】 已知某企业推出的一种新产品在2015年1~12月的销售量(见表2-5),试预测该产品2016年1~4月份各月的销售量。

表2-5 平滑值计算表

序号	月份	销售量Y_t	F_t^1	F_t^2	预测值
1	1	17			
2	2	19	17.00		
3	3	20	17.60	17.00	
4	4	22	18.32	17.18	18.46
5	5	25	19.42	17.52	19.95
6	6	28	21.10	18.09	22.14
7	7	30	23.17	18.99	25.39
8	8	30	25.22	20.24	29.13
9	9	32	26.65	21.73	32.32
10	10	35	28.26	23.21	33.67
11	11	37	30.28	24.73	35.46
12	12	41	32.30	26.40	38.21

解 根据销售量数据,可先绘制散点图,从图中可知该产品销售量数据呈现明显的线性趋势,故可用二次指数平滑法预测。

由于数据波动幅度较小,选用较小的平滑系数$\alpha=0.3$,初始平滑值近似地取第一期观察值,即$F_0^1=F_0^2=17$。分别计算各期F_t^1、F_t^2,并填入表2-5中。由于最近一期一次、二次指数平滑值分别为32.30和26.40,因此计算参数a_t、b_t如下:

$$a_t = 2F_t^1 - F_t^2 = 2 \times 32.30 - 26.40 = 38.20$$

$$b_t = \frac{\alpha}{1-\alpha}(F_t^1 - F_t^2) = \frac{0.3}{1-0.3}(32.30 - 26.40) = 2.53$$

则线性趋势预测模型为:

$$\hat{Y}_{t+T} = a_t + b_t T = 38.20 + 2.53T$$

该产品2016年1~4月份各月销售量的预测值分别为:

$$\hat{Y}_{12+1} = 38.20 + 2.53 \times 1 = 40.73$$

$$\hat{Y}_{12+2} = 38.20 + 2.53 \times 2 = 43.26$$

$$\hat{Y}_{12+3} = 38.20 + 2.53 \times 3 = 45.79$$

$$\hat{Y}_{12+4} = 38.20 + 2.53 \times 4 = 48.32$$

三、回归分析预测法

事物之间的相互关系可以分为确定型的函数关系和非确定型的相关关系,回归分析是研究具有相关关系的两个或多个变量之间的关系,这种关系往往属于因果关系。回归分析预测法是根据事物内部因素变化的因果关系来预测事物未来的发展趋势。根据回归模型中考虑的自变量个数,可分为一元回归分析和多元回归分析;按照变量之间的关系,又可分为线性回归分析和非线性回归分析。非线性回归分析问题可以转化为线性回归分析问题,下面主要介绍线性回归分析。

(一) 一元线性回归分析预测

一元线性回归模型是针对一个自变量和一个因变量之间的近似线性关系,用一元线性方程去拟合,进而用得到的线性方程去预测。一元线性回归预测是最基本、最简单的回归预测方法,也是掌握其他回归预测方法的基础。一元线性回归的数学模型为:

$$y = a + bx + \varepsilon \tag{2-11}$$

式中:y 为预测对象,称为被解释变量(因变量);x 为影响因素,称为解释变量(自变量);a、b 为待定的回归系数;ε 为随机变量。

式(2-11)右边去掉随机变量 ε 后的形式即为被解释变量 y 期望值关于解释变量 x 的理论回归方程,如果该回归方程中的参数 a、b 已知,对于一个给定的 x 值,利用回归方程计算出 y 的期望值。但回归参数 a、b 是未知的,一般通过最小二乘法利用样本数据去估计它们,从而得到可用于预测的样本回归方程。

【例 2-5】 表 2-6 所示的是 1995—2009 年我国城镇居民家庭人均可支配收入和消费性支出的数据。若 2010 年人均可支配收入为 19.396 千元,试预测 2010 年人均消费性支出数额。

表 2-6 我国城镇居民家庭人均可支配收入和消费性支出

序号	年份 t	人均可支配收入 x/千元	人均消费性支出 y/千元
1	1995	4.283	3.538
2	1996	4.839	3.919
3	1997	5.160	4.186
4	1998	5.425	4.332
5	1999	5.854	4.616
6	2000	6.280	4.998
7	2001	6.860	5.309

续表

序号	年份 t	人均可支配收入 x/千元	人均消费性支出 y/千元
8	2002	7.703	6.030
9	2003	8.472	6.511
10	2004	9.422	7.182
11	2005	10.493	7.943
12	2006	11.760	8.697
13	2007	13.786	9.997
14	2008	15.781	11.243
15	2009	17.175	12.265

解 由表 2-6 中的数据可知,人均消费性支出会随着人均可支配收入的增加而增加,二者之间存在明显的正相关关系,因此可以进行回归分析。假设它们之间的理论回归方程为:

$$y = a + bx \tag{2-12}$$

根据最小二乘法原理(具体推导过程详见相关数理统计教材),可以求出回归系数 a、b 如下:

$$b = \frac{\sum xy - n\overline{x}\overline{y}}{\sum x^2 - n\overline{x}^2}, \quad a = \overline{y} - b\overline{x} \tag{2-13}$$

将表 2-6 中的数据代入式(2-13),可得 $b \approx 0.6742$,$a \approx 0.7271$,因此样本回归方程为:

$$\hat{y} = 0.7271 + 0.6742x$$

将 2010 年人均可支配收入 $x = 19.396$ 千元代入上面的样本回归方程,即可计算出 2010 年人均消费性支出的预测值为 13.804 千元。

(二)多元线性回归分析预测

一元线性回归分析预测法讨论的是一个因变量和一个自变量的回归预测问题,这在实践中往往是不适宜的。因为,在实际问题中,因变量一般受多个重要因素的影响,而不是一个。例如,在人均消费性支出和可支配收入的例子中,无形中我们假定了只有可支配收入是影响消费性支出的重要因素,但根据经济理论可知,消费者的财富是另外一个重要因素;对某商品的需求不仅依赖于它本身的价格,还依赖于其替代商品的价格、互补商品的价格和消费者收入水平等因素。因此,在许多情况下,需要考虑一个因变量与多个自变量之间的回归分析,即多元线性回归分析。多元线性回归分析的原理和方法与一元线性回归分析的基本相同。

当预测对象 y 受到多个因素 $x_1, x_2, \cdots, x_m$ 同时影响时,如果这些因素 $x_1, x_2, \cdots, x_m$ 与 y 的关系近似地呈线性关系,则可以建立如下的多元线性回归模型:

$$y = b_0 + b_1 x_1 + b_2 x_2 + \cdots + b_m x_m + \varepsilon \tag{2-14}$$

式中:$b_0, b_1, b_2, \cdots, b_m$ 均为待估计参数;ε 为随机变量。

设来自预测对象 y 和各影响因素 $x_1, x_2, \cdots, x_m$ 的样本数据由下列 n 组数据构成:

$$(y_1; x_{11}, x_{21}, \cdots, x_{m1}), (y_2; x_{12}, x_{22}, \cdots, x_{m2}), \cdots, (y_n; x_{1n}, x_{2n}, \cdots, x_{mn})$$

对应于式（2-14）的样本回归方程可描述为：

$$\hat{y}_i = \hat{b}_0 + \hat{b}_1 x_{1i} + \hat{b}_2 x_{2i} + \cdots + \hat{b}_m x_{mi} \quad i=1,2,\cdots,n \tag{2-15}$$

将 n 组样本数据改写成矩阵形式，令：

$$\boldsymbol{Y} = \begin{bmatrix} y_1 \\ y_2 \\ \vdots \\ y_n \end{bmatrix}, \hat{\boldsymbol{y}} = \begin{bmatrix} \hat{y}_1 \\ \hat{y}_2 \\ \vdots \\ \hat{y}_n \end{bmatrix}, \boldsymbol{X} = \begin{bmatrix} 1 & x_{11} & x_{21} & \cdots & x_{m1} \\ 1 & x_{12} & x_{22} & \cdots & x_{m2} \\ \vdots & \vdots & \vdots & & \vdots \\ 1 & x_{1n} & x_{2n} & \cdots & x_{mn} \end{bmatrix}, \hat{\boldsymbol{B}} = \begin{bmatrix} \hat{b}_0 \\ \hat{b}_1 \\ \vdots \\ \hat{b}_m \end{bmatrix}$$

根据矩阵运算法则，式(2-15)可表示为：

$$\hat{\boldsymbol{y}} = \boldsymbol{X}\hat{\boldsymbol{B}} \tag{2-16}$$

用最小二乘法估计模型参数 $b_0, b_1, b_2, \cdots, b_m$，即满足误差平方和最小，误差平方和的形式为：

$$Q = \sum(y_i - \hat{y}_i)^2 = \sum(y_i - \hat{b}_0 - \hat{b}_1 x_{1i} - \hat{b}_2 x_{2i} - \cdots - \hat{b}_m x_{mi})^2 \tag{2-17}$$

对上式中的回归参数估计量分别求偏导，并令其等于零，得到如下正规方程组：

$$\begin{cases} \sum y_i = n\hat{b}_0 + \hat{b}_1 \sum x_{1i} + \hat{b}_2 \sum x_{2i} + \cdots + \hat{b}_m \sum x_{mi} \\ \sum x_{1i} y_i = \hat{b}_0 \sum x_{1i} + \hat{b}_1 \sum x_{1i}^2 + \hat{b}_2 \sum x_{1i} x_{2i} + \cdots + \hat{b}_m \sum x_{1i} x_{mi} \\ \sum x_{2i} y_i = \hat{b}_0 \sum x_{2i} + \hat{b}_1 \sum x_{1i} x_{2i} + \hat{b}_2 \sum x_{2i}^2 + \cdots + \hat{b}_m \sum x_{2i} x_{mi} \\ \quad\vdots \\ \sum x_{mi} y_i = \hat{b}_0 \sum x_{mi} + \hat{b}_1 \sum x_{1i} x_{mi} + \hat{b}_2 \sum x_{2i} x_{mi} + \cdots + \hat{b}_m \sum x_{mi}^2 \end{cases} \tag{2-18}$$

正规方程组(2-18)的矩阵形式为：

$$\boldsymbol{X}'\boldsymbol{Y} = \boldsymbol{X}'\boldsymbol{X}\hat{\boldsymbol{B}}$$

解这个正规方程组即可得出回归参数的估计值：

$$\hat{\boldsymbol{B}} = (\boldsymbol{X}'\boldsymbol{X})^{-1}\boldsymbol{X}'\boldsymbol{Y} \tag{2-19}$$

多元回归分析的计算量非常大，一般借助于计算机利用常见的统计分析软件如 Excel 或 SPSS 来计算。

【例 2-6】 2001—2008 年某港口的货物吞吐量、国内生产总值、人均月收入的统计数据如表 2-7 所示。如果该地区 2009 年的国内生产总值预计为 451 亿元、人均月收入预计为 1400 元，试预测该港口 2009 年的货物吞吐量。

表 2-7　货物吞吐量、国内生产总值与人均收入的统计数据

序号	年份 t	港口的货物吞吐量 y /万吨	国内生产总值 x_1 /亿元	人均月收入 x_2 /元
1	2001	714	215.8	900
2	2002	736	280.0	880

续表

序号	年份 t	港口的货物吞吐量 y /万吨	国内生产总值 x_1 /亿元	人均月收入 x_2/元
3	2003	645	338.4	950
4	2004	537	321.6	1050
5	2005	595	344.7	1100
6	2006	630	378.5	1150
7	2007	733	409.5	1250
8	2008	980	444.0	1300

解 从表 2-7 可以看出,港口的货物吞吐量随着该地区的国内生产总值和人均月收入的增加而增加,因此,港口吞吐量与这两个因素之间存在线性相关关系,可用二元线性回归方程表示为:

$$y = b_0 + b_1 x_1 + b_2 x_2$$

式中:x_1 为国内生产总值;x_2 为人均月收入。运用 Excel 或 SPSS 的回归分析功能,代入表 2-7 中的样本数据,可求得三个回归参数分别为:

$$b_0 = 330.96, \quad b_1 = 0.2024, \quad b_2 = 0.2761$$

因此,可用于预测的样本回归方程为:

$$y = 330.96 + 0.2024 x_1 + 0.2761 x_2$$

将 2009 年的国内生产总值和人均月收入的预计值代入上述回归方程,即 $x_1 = 451, x_2 = 1400$,即可预测出该港口 2009 年的货物吞吐量为:

$$y = 330.96 + 0.2024 \times 451 + 0.2761 \times 1400 = 808.7824 \approx 809(\text{万吨})$$

(三) 回归模型的检验问题

完整的回归模型检验包括定性检验、统计学检验和计量经济学检验。定性检验主要是检验回归参数估计值的符号和取值范围是否符合相关学科理论或实际表现。如人均可支配收入和消费性支出的案例中,理论和实践经验都表明人均消费性支出是随着人均可支配收入的增加而增加的,如果通过回归分析估计出的回归系数是负值,回归模型就不能通过定性检验。统计学检验是指利用抽样统计相关理论检验样本回归方程的可靠性,具体包括拟合优度检验、回归方程的显著性检验和回归系数的显著性检验三类。计量经济学检验是对标准线性回归模型的假设条件能否得到满足进行检验,具体包括异方差性检验、自相关检验、多重共线性检验等。详细的检验方法可参考统计学或计量经济学教材,本章不再赘述。

本章小结

预测已经成为一门独立的、应用型很强的科学,有特定的方法和步骤。物流需求预测对于物流决策与优化具有重要意义,其影响因素包括物流需求时间和空间特征、需求变动是否规则、需求是否独立等多个方面。

定性预测是预测者根据自己掌握的实际情况、实践经验、专业水平,对经济发展前景的性质、方向和程度做出的判断。常用的定性预测方法有头脑风暴法、德尔菲法、主观概率法等。

物流决策者要进行的定量预测一般是与库存控制、运输调度、仓库装卸计划等活动有关的需求预测。常用的定量预测方法包括时间序列分析预测和回归分析预测两大类。其中时间序列分析预测主要包括移动平均法和指数平滑法,指数平滑法又分为一次指数平滑和二次指数平滑两种;回归分析预测包括一元线性回归预测和多元线性回归预测,回归模型还要经过各种相关检验才能实际应用。

H 商用车有限责任公司区域市场需求预测

H 商用车有限责任公司(简称 H 公司)是从事汽车底盘及商用车生产和销售的企业。西南川渝地区是该公司传统的优势市场,整车需求量占公司产品总销售的 50%。由于商用车产品属于大宗高价值产品,分销渠道建设宜短不宜长。目前,公司在川渝市场的产品分销主要通过分销商来实现。随着市场竞争的激烈,这种分销结构存在的局限性越来越明显:分销商为了获得更多产品数量的代理,往往夸大市场实际需求,"虚假需求"产品订单较多,导致 H 公司承担了较高的库存成本支出和产品滞销风险;而在市场销售的高峰时段,又容易出现运力匮乏、肇事率高、整车物流效率低下等问题,最终影响了客户服务水平,导致企业利润下降。为此,H 公司决策层决定对川渝市场的分销网络进行重构,即在西南地区建立 1 个大型区域分销中心,将一次分销和二次分销方式综合使用,提高公司在川渝地区商用车的整车物流服务水平。

为了合理地确定分销中心的地理位置、规模以及吞吐能力,公司需要准确地把握未来几年目标市场需求量的大小。因此,对公司在川渝地区的商用车需求进行预测,是分销网络改进设计的前提。

H 公司产品销售历史数据

H 公司商用车产品在川渝地区主要的用户对象有专业运输企业、个体运输者、特殊行业用户(如港口、矿山、国防等)。这种用户需求结构决定了公司产品市场与地区的经济发展水平、人口规模、地理位置等因素有密切关系。因此,H 公司将川渝地区的商用车市场划分为 5 个区域(见图 2-2):重庆市场为 A 区;成都、雅安、眉山以及泸州附近区域为 B 区;巴中、南充、广元、广安、达州、德阳、绵阳及附近地区为 C 区;西昌及攀枝花等地区为 D 区;马尔康、甘孜藏族自治州等州市为 E 区。

根据上述市场分区,可对该公司 2001—2010 年 10 年间各类产品在川渝五大销售区域的实际销售数据进行收集整理,为预测未来几年各类产品的需求量提供数据基础。表 2-8、表 2-9 所示的分别是公司的重型卡车和中型卡车在五大区域的销售历史数据。

图 2-2　H 公司在川渝地区的销售区域划分

表 2-8　2001—2010 年 H 公司重型卡车在五大销售区域的销售量　　　　　　　　单位:辆

时间\区域	A	B	C	D	E
2001	125	471	126	58	18
2002	145	503	120	65	20
2003	110	645	152	76	29
2004	198	552	196	86	26
2005	255	595	279	84	35
2006	298	689	307	176	75
2007	371	750	317	113	70
2008	501	647	301	130	50
2009	509	864	328	147	63
2010	750	910	597	244	100

表 2-9　2001—2010 年 H 公司中型卡车在五大销售区域的销售量　　　　　　　　单位:辆

时间\区域	A	B	C	D	E
2001	360	396	154	411	160
2002	318	428	163	290	127
2003	411	478	183	143	122
2004	456	544	217	87	126
2005	551	672	266	120	107
2006	697	793	239	105	133
2007	980	1126	479	90	181
2008	848	859	433	77	146

续表

时间 \ 区域	A	B	C	D	E
2009	1361	1264	543	46	154
2010	1088	989	510	34	138

案例讨论

1. 针对案例企业进行分销网络设计，讨论合适的需求预测期限。
2. 应用指数平滑法预测该公司在接下来的 5~10 年中，重型卡车和中型卡车在五大区域的需求量。
3. 对两类卡车产品进行汇总，预测五大区域未来 5~10 年的卡车需求量。
4. 比较问题 2 和问题 3 的预测结果，讨论哪种结果更适合用作分销网络规划的依据。

练习与思考

一、简答题

1. 物流需求预测的影响因素有哪些？试分别举例说明。
2. 简述德尔菲法预测的基本原理、操作程序及特点。
3. 运用一次移动平均法进行预测时应注意哪些问题？与二次移动平均法相比有哪些不同？
4. 分析比较物流需求预测中的定性预测、时间序列分析预测和回归分析预测各自的特点。物流决策者面临具体预测问题时应如何选择？

二、计算题

1. 某公司的三名统计员对下一个年度的产品销售量分别进行了预测，结果如表 2-10 所示，请采用主观概率法预测该公司下一个年度的产品销售量。

表 2-10 产品销售量预测值

统计员		预测销售量/万台	主观概率
甲	最高销售量	20	0.3
	最可能销售量	18	0.6
	最低销售量	14	0.1
乙	最高销售量	22	0.2
	最可能销售量	18	0.6
	最低销售量	16	0.2
丙	最高销售量	18	0.3
	最可能销售量	16	0.5
	最低销售量	14	0.2

2. 某卡车运输公司必须决定每周所需的卡车和司机的数量。通常的做法是司机在星

期一出发去取货/送货,在星期五回到出发点。对卡车的需求可由该周要运送的货物总量来决定。但为了制订计划,必须提前一周得到有关数据。表 2-11 给出的是过去 10 周中的货运量,试运用一次指数平滑法预测下一周的货运量,运用二次指数平滑法预测未来两周的货运量(提示:为使预测误差尽量小,可根据最早的 4 周数据确定 F_0,同时以 0.1 的递增幅度寻找合适的平滑系数 α 值)。

表 2-11 过去 10 周的货运量

周	货运量/万吨	周	货运量/万吨
10 周	205.6	5 周	226.8
9	234.9	4	265.3
8	189.5	3	203.9
7	151.4	2	239.9
6	119.4	1 周(本周)	250.8

3. 某集团公司近 8 个月物流费用支出和物流收入资料如表 2-12 所示。若公司 9 月份物流费用支出预计为 16 万元,试预测该公司 9 月份的物流收入。

表 2-12 物流费用支出和物流收入

月　份	1	2	3	4	5	6	7	8
物流费用支出/万元	2	3	5	6	7	9	10	12
物流收入/万元	60	80	110	140	160	190	220	250

4. 表 2-13 所示的是 2008—2015 年某物流企业的营业收入、营销费用以及在岗员工数的数据。该企业 2016 年在岗员工预计为 31 名,计划营销费用为 2.5 万元,试预测该企业 2016 年的营业收入。

表 2-13 营业收入、营销费用以及在岗员工数

年　份	2008	2009	2010	2011	2012	2013	2014	2015
营业收入/万元	264	298	235	313	304	289	271	273
营销费用/百元	169	181	160	187	184	178	172	175
在岗员工数/人	29	32	25	34	33	31	30	30

第三章 物流设施选址决策与优化

学习目标

(1) 掌握物流设施选址的意义,设施选择的原则;
(2) 熟悉影响设施选址的经济因素及非经济因素;
(3) 了解并掌握选址模型的分类及距离计算;
(4) 掌握连续选址模型中的重心法模型与交叉中值法模型;
(5) 掌握离散选址模型中的覆盖模型与 p-中值模型。

第一节 物流设施选址决策概述

一、物流设施选址的意义

物流设施是物流系统运行所需的固定资产的统称。设施选址是确定在何处建厂或建立物流配送中心等设施,是指运用科学的方法决定设施的地理位置,使之与企业或组织的整体经营运作系统有机结合,以便有效、经济地达到企业或组织的经营目的。

设施选址恰当与否,对生产力布局、城镇建设、企业投资、建设速度及建成后的生产经营状况都具有重大影响。设施选址对设施建成后的设施布置以及投产后的生产经营费用、产品和服务质量以及成本都具有重要的意义,一旦确定,设施建设完工,一般不能轻易改动。因此,在进行设施选址时,必须充分考虑多方面因素的影响,慎重决策。而且,除新建企业或组织的设施选址问题以外,随着经济的发展,城市规模的扩大以及地区之间的发展差异,很多企业面临着迁址的问题。

设施选址需要进行充分的调查研究与勘察,应科学分析,不能凭主观意愿决定,不能过于仓促,要考虑自身设施和产品的特点,注意自然条件、市场条件、运输条件,应有长远的观点。如果选址不当,会给企业或组织带来意想不到的损失。

二、设施选址的基本原则

物流设施布局的最优方案,是在选定备选地址的基础上建立起数学模型,然后进行优化计算完成的。因此,备选地址的选择是否恰当,对最优方案和计算求解的过程,以及运算成本有直接的影响。备选地址选得过多,会使模型变得十分复杂,计算的工作量也很大,成本高;相反,如果备选地址选得太少,则可能使所得的方案偏离最优解太远,达不到合理布局的目的。由此可见,选择备选地址对于物流设施布局的合理与否是一个关键性的步骤。为使备选点选得恰当,进行备选地址选择时应遵循以下几项原则。

(一) 有利于商品运输合理化

物流设施的选址是商品运输的起点和终点。物流设施的布局是否合理将直接影响运输效益,因此从运输系统的角度考虑,物流选址应设置在交通方便的地方,一般应在交通干线上。

(二) 方便用户

物流设施的服务对象是商品的供需双方,而且主要是商品的需求用户。因此,应使物流中心网点尽量靠近用户,特别应在用户比较集中的地方设置物流网点。尤其对于服务业,几乎无一例外都需要遵循这一原则,如银行储蓄所、邮局、电影院、医院、学校、零售业的所有商店等。许多制造企业也把工厂建到消费市场附近,以降低运费和损耗。

(三) 能集聚人才

人才是企业最宝贵的资源,合适的设施选址将有利于吸引人才。因企业搬迁造成员工生活不便,导致员工流失的事件常有发生。

(四) 有利于节省基建投资

物流设施的基建费用是物流设施布局需要考虑的主要费用之一,为降低基本建设费用,应在地形环境比较有利的位置对物流设施进行选址。

(五) 能适应国民经济一定时期内发展需要

国民经济的不断发展,必然产生生产力布局的变更,生产结构和运输条件也会随之发生变化,这些变化无疑对物流系统的效益产生新的要求和影响。在选择物流网点时,除了考虑当前的情况外,还应对计划区域内的生产发展水平和建设规划进行预测,以使物流设施网点的布局方案对今后一定时期内国民经济的发展有较好的适应能力。

三、设施选址考虑的因素

设施选址对企业或组织的成功起着至关重要的作用,它需要考虑众多复杂的因素,涉及许多方面。影响设施选址的因素可分为两大类:经济因素与非经济因素。

(一) 经济因素

1. 运输条件与费用

对企业来说,运输成本占有较大比重。因此在选址时,如存在铁路、公路、河海及航空运输等多种运输条件时,应分析比较它们的运价、载重能力、运输均衡性等条件,注意缩短运输距离、减少运输环节中的装卸次数,并尽量靠近码头、公路、铁路等交通设施,且尽可能选择和利用现有的或拟建的交通设施。

2. 原料供应条件

某些行业对原料的量和质都有严格要求,这类部门长期以来主要分布在原料产地附近,以降低运费,减少时间延迟,从而得到较低的采购价格。下述企业应该接近原材料或材料产地:

(1) 原料笨重而价格低廉的企业,如砖瓦厂、水泥厂、玻璃厂、钢铁冶炼厂和木材厂等;
(2) 原料易变质的企业,如水果、蔬菜、罐头厂;
(3) 原料笨重,产品由原料中的一小部分提炼而成,如金属选矿厂、制糖厂;
(4) 原料运输不便,如屠宰厂。

但由于技术进步引起单位产品原料消耗的下降,原料精选导致单位产品原料用量、运费的减少,以及工业专业化的发展,使得加工工业向成品消费地转移,运输条件的改善引起单位产品运费的降低,目前工业企业对原料产地的依赖性逐渐呈缩小趋势。

3. 动力、能源的供应条件

对于火力发电、有色金属冶炼、石油化工等行业,动力、能源的消耗在生产成本中的比例达到 35%～60%。对于重型机器、水泥、玻璃造纸等行业,动力、能源的供应量和成本的影响也举足轻重。酿酒工业、矿泉水业、钢铁工业、水力发电厂等必须靠近江河水库。

4. 市场条件

工厂位置接近消费市场的主要目的是节约运费并及时提供服务。因此设施选址时,下列企业应接近消费市场:

(1) 产品运输不便,如家具厂、预制板厂;
(2) 产品易变化或变质,如制冰厂、食品厂;
(3) 大多数服务业,如商店、消防队、医院等。

5. 劳动力条件

劳动力素质对技术密集型和劳动密集型企业产生不同的影响,构成不同的劳动力成本。应考虑地区的人口状况,重点考虑专业技术人员、熟练工人和其他劳动力的来源及其数量、质量是否能满足本企业或组织的需要。要考虑当地条件是否能就近解决这些人员的生活供应和居住问题。同时,还要考虑当地的人事劳动工资政策是否能吸引满足数量和质量要求的劳动力。

6. 建筑成本

建筑成本指土地征用、赔偿拆迁、平整的费用,并注意应尽量少占用农业用地。

(二)非经济因素

1. 政治因素

政治因素是指一个国家的政权是否稳定、法制是否健全、是否存在贸易禁运政策等。这一点的重要性是显而易见的,大多数的企业都不愿意在动乱的国家或地区投资。政治因素是无法量化的指标,主要依靠企业的主观评价。

要了解当地政府的政策、法规。有些地方政府为了鼓励在当地投资建厂,专门划出工业区及各种经济开发区,低价出租或出售土地、厂房、仓库,并在税收、资金等方面提供优惠政策,同时拥有良好的基础设施,营造一个有利的投资环境。另外,要了解当地的有关法律法规,如环境保护方面的法规,不能将污染环境的工厂建在法规不允许的地方。

2. 社会因素

投资建厂要考虑的社会因素包括居民的生活习惯、文化教育水平、宗教信仰和生活水平。

(1) 居民的生活习惯情况。不同国家和地区、不同民族的生活习惯不同,企业的产品一定要适合当地的需要,注意产品的本地化。

(2) 科技、教育发展情况。在文化教育水平高的地区设厂,不仅有利于招收受过良好教育和训练的员工,而且文化教育水平高的地区的氛围也有利于吸引更多的优秀人才;到贫困地区设厂,人工费用低,如果产品的科技含量不高,对劳动力素质要求不高,这是可行的。

(3) 生产技术协作条件。厂址应便于将来同相邻企业和依托城市在科技、信息、生产、修理、公共设施、交通运输、综合利用和生活福利等方面建立广泛的协作关系。

(4) 宗教信仰。到经济不发达的地区建厂,要注意当地居民的开化程度和宗教信仰,如果生产企业的性质与当地的宗教信仰相矛盾,则不仅原料来源和产品销路有问题,招收职工有困难,而且会遭到无端的干涉和破坏。

(5) 生活水平。建厂地方的生活条件和水平决定了对职工的吸引力,人们的住房、交通工具、饮食、衣着以及能耗反映了当地的生活水平。生活水平高的地区,企业付给员工的工资也高,从而产品的成本也高。

(6) 社区情况。了解当地服务行业、商店、加油站和娱乐设施等的状况。

3. 自然因素

(1) 地形地貌条件。地形和面积应能满足工艺过程露天作业的需要和容纳全部建筑物。各类设施对场地外形和面积大小的要求,不仅因设施的性质和类别不同而不同,而且与工艺流程、机械化程度、运输方式、建筑形式、建筑密度等有关。因此,厂区内的地形应有利于车间布置、运输联系及场地排水。场地应预留必要的发展余地,扩建用地应尽可能预留在场外,避免早征迟用。

(2) 气候条件。厂址应具备与企业性质相适应的气候条件,如温度、湿度、降雨量、降雪量、风力风向变化等。特别要考虑高温、高湿、云雾、风沙和雷击地区对生产的不良影响。对于严寒地带,还应考虑冰冻对建筑物基础和地下管线敷设的影响。

(3) 水文地质、工程地质条件。厂址所在地地下水位最好低于地下室和地下构筑物的深度,地下水对建筑物基础最好无侵蚀性。

(4) 给水排水条件。厂址最好靠近水源,保证供水的可靠性,水质、水温、水量应符合生产要求。同时,生产污水应便于经处理后排入附近的江河或城市排污系统。

从以上各项因素看,有的属于经济因素,有的属于非经济因素,在进行比较时要根据项目的具体情况而采取不同的方法。

四、设施选址影响因素的权衡

在作选址比较时,由于影响方案的因素很多,就要根据设施的要求,针对几个主要因素进行分析。有时经济因素是决定方案的关键,但也可能非经济因素起决定性作用,成为方案取舍的关键。在考虑这些因素时,需要注意以下几个方面。

首先,必须仔细权衡所列出的影响因素,决定哪些是与设施选址紧密相关的,哪些虽然与企业经营或经营结果有关,但是与设施位置的关系并不大,以便在决策时分清主次,抓住关键。否则,有时候所列出的影响因素太多,在具体决策时容易分不清主次,难以作出最佳的决策。

其次,在不同情况下,同一影响因素会有不同的影响作用,因此,决不可生搬硬套任何原则条文,也不可完全模仿照搬已有的经验。

最后,还应该注意的一点是,对于制造业和非制造业的企业来说,要考虑的影响因素以及同一因素的重要程度可能有很大的不同。

第二节 物流设施选址模型分类与距离计算

当确定了物流网络层次数、设施所在区域及潜在的地址后,需要应用某种数学方法从备选地址中选择最佳和最满意的地址,并对设施间的产能进行最佳分配。在物流决策中,通常会用到选址优化模型,即通过建立选址问题的数学模型,应用优化方法求出物流设施节点的最佳位置。

一、选址优化模型的分类

在建立一个选址模型之前,首先需确定以下几个问题:
(1) 选址的对象是什么?
(2) 选址的目标区域是怎样的?
(3) 选址目标和成本函数是什么?
(4) 有一些什么样的约束?

根据上述不同的问题,选址模型可以分为相应的类型,不同的类型将建立不同的数学模型,进而选择相应的算法进行求解,就可以得到具体的最佳选址方案。

一般可将选址问题按以下几个方面进行分类。

1. 按设施对象划分

不同的物流设施其功能不同,选址时所考虑的因素也不相同;在决定设施定位的因素中,通常某一个因素会比其他因素更重要。

在工厂和仓库选址中,最重要的因素通常是经济因素。

服务设施(如零售网点)选址时,到达的容易程度则可能是首要的选址要素,在收入和成本难以确定时,尤其如此。

2. 按设施的维数划分

根据被定位设施的维数,选址可以分为体选址、面选址、线选址和点选址。

体选址是用来定位三维物体的,如卡车和飞机的装卸或箱子外货盘负载的堆垛。

面选址是用来定位二维物体的,如一个制造企业内的部门布置。

线选址是用来定位一维物体的,如在配送中心的分拣区域、分拣工人、在传送带按照订单拣选所需要的货品。

点选址是用来定位零维设施的。当相对于设施的目标位置区域而言,设施的尺寸可以忽略不计时,可使用点选址模型。大多数选址问题和选址算法都是基于这种情况的。本章主要介绍的是点选址模型。

3. 按设施的数量划分

根据选址设施的数量,选址问题可以分为单一设施选址问题和多设施选址问题。单一设施选址,无需考虑竞争力、设施之间需求的分配、集中库存的效果、设施成本与数量之间的关系等,而运输成本是要考虑的首要因素。单一设施的选址与同时对多个设施选址是截然不同的两个问题,多设施选址相对比较复杂。

4. 按选址目标区域的离散程度划分

按照选址目标区域的特征,选址分为连续选址和离散选址两类。

连续选址问题是指在一个连续空间内所有的点都是可选方案,需从数量是无限的点中选择其中一个最优的点。这种方法称为连续选址法,常应用于物流设施的初步定位问题。

离散选址问题是指目标选址区域是一个离散的候选位置的集合。候选位置的数量通常是有限的,可能事先已经过了合理分析和筛选。这种模型是较切合实际的,称为离散选址法,常应用于设施的详细选址设计问题。

5. 按目标函数划分

按照选址问题所追求的目标和要求不同,模型的目标函数可分以下几种。

(1) 可行点/最优点。

对于许多选址问题来说,首要的目标是得到一个可行的解决方案,即一个满足所有约束的解决方案。可行方案得到以后,第二步的目标是找到一个更好的解决方案。

(2) 中值问题。

在区域中选择一个或若干个设施位置,使得该位置离各客户的距离(或成本)的合计最小。这种目标通常在企业问题中应用,也称为"经济效益性"。在中值问题中被选择设施的数量往往预先确定,当选择设施数量为 p 时,称为 p-中值问题。

(3) 中心问题。

在区域中选择设施的位置,使得距离(或成本)最大的客户到设施的距离(或成本)最小,也称为最小最大问题。其目标是优化"最坏的"情况,所以称为"经济平衡性"。

(4) 单纯选址问题/选址-分配问题。

如果新设施和已存在设施间的关系(权重)与新设施的位置无关,权重固定,则选址问题称为单纯选址问题,也称为固定权重选址问题。如果这种关系或权重与新设施的位置相关,这些权重本身就成为变量,这种问题称为选址-分配问题,也称可变权重问题。例如,配送中心的选址问题,添加一个新的配送中心,不仅改变了原配送中心的客户分配,同时也改变了配送中心到客户的距离。

6. 按能力约束划分

根据选址问题的约束种类,选址问题可以分为有能力约束的选址问题和无能力约束的选址问题。如果新设施的能力可充分满足客户需求,选址问题就是无能力约束设施选址问题;反之,若各设施具有所能满足需求的上限,就是有能力约束的选址问题。

二、选址问题中的距离计算

选址问题模型中,最基本的一个参数是各个节点之间的距离。一般采用两种方法来计算节点之间的距离:一种是直线距离,也叫欧几里得距离;另一种是折线距离,也叫城市距离,如图 3-1 所示。

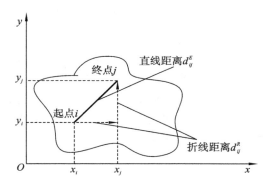

图 3-1 直线距离与折线距离比较

1. 直线距离

当选址区域的范围较大时,网点间的距离常可用直线距离近似替代,或用直线距离乘以一个适当的系数 w 来近似替代实际距离。例如,城市间的运输距离、大型物流园区间的间隔距离等都可用直线距离来近似计算。

区域内两点 (x_i, y_i) 和 (x_j, y_j) 间的直线距离 d_{ij} 的计算公式为:

$$d_{ij} = w_{ij} \sqrt{(x_i - x_j)^2 + (y_i - y_j)^2} \tag{3-1}$$

其中,$w_{ij}(\geqslant 1)$ 称为迂回系数,一般可取定一个常数,其大小要视区域内的交通情况而定。在交通较发达地区,w_{ij} 的取值较小;反之,w_{ij} 的取值较大。例如,在美国,w_{ij} 是 1.2,而在南美洲,w_{ij} 是 1.26。

2. 折线距离

如图 3-1 所示,折线距离也称为城市距离,当选址区域的范围较小且区域内道路较规则时,可用折线距离代替两点间的距离,如城市内的配送问题、具有直线通道的配送中心、工厂及仓库内的布置、物料搬运及设备的顺序移动等问题。

折线距离的计算公式如下:

$$d_{ij} = w_{ij}(|x_i - x_j| + |y_i - y_j|) \tag{3-2}$$

第三节 常见的连续选址模型与方法

连续选址问题指的是在一条路径或一个区域内的任何位置都可以选取作为最为合适的一个或一组位置的最优方案,相应的模型称为连续选址模型。本节主要介绍重心法和交叉中值法模型。

一、重心法模型

重心法是一种模拟方法。这种方法将物流系统中的需求点和资源点看成是分布在某一平面范围内的物流系统,各点的需求量和资源量分别看成是物体的重量,物体系统的重心作为物流网点的最佳设置点,利用求物体系统重心的方法来确定物流网点的位置。重心法模型是选址问题中最常用的一种模型,可解决连续区域直线距离的单点选址问题。

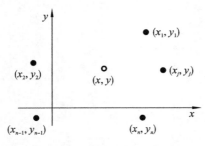

图 3-2 需求点的坐标

1. 问题

设有 n 个货物需求点,如图 3-2 所示,它们各自的坐标已知,可以表示为 $(x_j, y_j)(j=1,2,3,\cdots,n)$,确定物流设施的坐标 (x, y),使总运输费用最小。其中,运输费用是设施与客户之间的直线距离、需求量以及单位运输费率的函数。

2. 建立模型

目标函数为:

$$\min H = \sum_{j=1}^{n} h_j w_j d_j \tag{3-3}$$

其中,

$$d_j = \sqrt{(x-x_j)^2 + (y-y_j)^2} \tag{3-4}$$

式中:H 为总运费;h_j 为从设施到需求点 j 的运送费率(即单位吨公里的运送费);w_j 为需求点 j 的需求量;d_j 为从设施到需求点 j 的距离。

3. 模型求解

该模型求解可以利用 Excel 中的"规划求解"进行,也可以利用下面的公式计算,令

$$\frac{\partial H}{\partial x} = \sum_{j=1}^{n} [h_j w_j (x-x_j)/d_j] = 0 \tag{3-5}$$

$$\frac{\partial H}{\partial y} = \sum_{j=1}^{n} [h_j w_j (y-y_j)/d_j] = 0 \tag{3-6}$$

从式(3-5)和式(3-6)中可分别求得最合适的 x^* 和 y^*,即

$$x^* = \frac{\sum_{j=1}^{n} h_j w_j x_j / d_j}{\sum_{j=1}^{n} h_j w_j / d_j} \tag{3-7}$$

$$y^* = \frac{\sum_{j=1}^{n} h_j w_j y_j / d_j}{\sum_{j=1}^{n} h_j w_j / d_j} \tag{3-8}$$

因式(3-7)和式(3-8)中还含有 d_j，即还含有要求的未知数 x 和 y，而要从两式的右边完全消去 x 和 y，计算起来很复杂，因此采用迭代法来进行计算。

4. 逐步逼近迭代算法(不动点算法)

算法步骤如下：

(1) 确定物流设施的初始地点 (x^0, y^0)；

(2) 利用式(3-3)和式(3-4)，计算距离以及与 (x^0, y^0) 相应的总发送费 H_0；

(3) 利用式(3-7)和式(3-8)，计算物流设施的改善地点 (x^1, y^1)；

(4) 利用式(3-3)和式(3-4)，计算距离以及与 (x^1, y^1) 相应的总发送费 H_1；

(5) 把 H_1 和 H_0 进行比较，如果 $H_1 < H_0$，则返回(3)的计算，再次利用式(3-7)和式(3-8)，计算物流设施的再改善地点 (x^2, y^2)。如果 H_1 与 H_0 相比基本相同，或不能再减小，则说明 (x^2, y^2) 就是最优解。

这样反复计算下去，即可求出最优解 (x^k, y^k)。

由上述步骤可知，应用迭代法的关键是确定物流设施的初始地点 (x^0, y^0)，初始地点的选取方法可以不同，具体做法如下。

(1) 将各需求点之间的重心点作为初始地点，即

$$x^0 = \frac{\sum_{j=1}^{n} h_j w_j x_j}{\sum_{j=1}^{n} h_j w_j} \tag{3-9}$$

$$y^0 = \frac{\sum_{j=1}^{n} h_j w_j y_j}{\sum_{j=1}^{n} h_j w_j} \tag{3-10}$$

(2) 以需求点坐标的均值作为初始地点，即

$$x^0 = \frac{1}{n} \sum_{j=1}^{n} x_j \tag{3-11}$$

$$y^0 = \frac{1}{n} \sum_{j=1}^{n} y_j \tag{3-12}$$

(3) 还可以根据各需求点的位置和商品的需要量的分布情况选取初始地点。

(4) 也可采用任选初始地点的方法。

【例 3-1】 设物流设施选址范围内有 5 个需求点，其坐标、需求量和运输费率如表 3-1 所示。现要设置一个物流设施 S，问该设施的最佳位置为何处？

表 3-1 需求点的需求状况

需求点	坐标	需求量(w_j)	运输费率(h_j)	综合权重($h_j w_j$)
A	(3,8)	2000	0.5	1000

续表

需求点	坐标	需求量(w_j)	运输费率(h_j)	综合权重(h_jw_j)
B	(8,2)	3000	0.5	1500
C	(2,5)	2500	0.75	1875
D	(6,4)	1000	0.75	750
E	(8,8)	1500	0.75	1125

解 第一步,以各需求点之间的重心点作为设施的初始地点(x^0,y^0),即代入式(3-9)、式(3-10)得到:

$$x^0 = \frac{1000\times3+1500\times8+1875\times2+750\times6+1125\times8}{1000+1500+1875+750+1125} = 5.16$$

$$y^0 = \frac{1000\times8+1500\times2+1875\times5+750\times4+1125\times8}{1000+1500+1875+750+1125} = 5.18$$

第二步,以(5.16,5.18)作为设施点S坐标,利用式(3-3)、式(3-4)计算与各需求点的距离以及总运输费用:

$$d_{1S}^0 = [(5.16-3)^2 + (5.18-8)^2]^{1/2} = 3.6$$
$$d_{2S}^0 = [(5.16-8)^2 + (5.18-2)^2]^{1/2} = 4.3$$
$$d_{3S}^0 = [(5.16-2)^2 + (5.18-5)^2]^{1/2} = 3.2$$
$$d_{4S}^0 = [(5.16-6)^2 + (5.18-4)^2]^{1/2} = 1.4$$
$$d_{5S}^0 = [(5.16-8)^2 + (5.18-8)^2]^{1/2} = 4.0$$

$$H_0 = 1000\times3.6+1500\times4.3+1875\times3.2+750\times1.4+1125\times4.0 = 21471$$

第三步,利用式(3-7)、式(3-8),计算物流设施的改善地点(x^1,y^1):

$$x^1 = \frac{1000\times3/3.6+1500\times8/4.3+1875\times2/3.2+750\times6/1.4+1125\times8/4.0}{1000/3.6+1500/4.3+1875/3.2+750/1.4+1125/4.0} = 5.04$$

$$y^1 = \frac{1000\times8/3.6+1500\times2/4.3+1875\times5/3.2+750\times4/1.4+1125\times8/4.0}{1000/3.6+1500/4.3+1875/3.2+750/1.4+1125/4.0} = 5.06$$

以(5.04,5.06)作为设施点S的新坐标,重复上述第二步、第三步,并继续迭代,所得结果如表3-2所示。

表3-2 迭代结果列表

迭代次数	x^k	y^k	总运输H_k
0	5.16	5.18	21471
1	5.04	5.06	21431
2	4.99	5.03	21427
⋮	⋮	⋮	⋮
59	4.91	5.06	21425
60	4.91	5.06	21425

由于H_{59}与H_{60}相同,因此(4.91,5.06)即为近似最优解,在此处设置物流设施最佳。

5. 重心法的优缺点

在连续型模型中,物流设施地点的选择是不加特定限制的,有自由选择的长处。然而,重心法模型的自由度过多也是一个缺点。因为由迭代法计算求得的最佳地点实际上往往很难找到,有的地点很可能在河流湖泊上或街道中间等。此外,迭代计算量较大(虽然逻辑上并不复杂),这也是重心法模型的缺点之一。

重心法选址模型的更大弊病还在于,模型中将运输距离用坐标(两点间的直线距离)来表示,并认为运输费用是两点间直线距离的函数,这与实际情况有较大的差距,在实际运用过程中需要加以修正,这样才能较好地反映问题本身的特点。

二、交叉中值法模型

当网点间距离要求用折线距离计算时,可用如下交叉中值法进行设施选址。

1. 问题

设有 n 个顾客 $p_1, p_2, \cdots, p_n$ 分布在平面上,其坐标分别为 (x_i, y_i),顾客的需求量为 w_i,费用函数为设施与顾客之间的城市距离乘以需求量。确定一个设施 p_0 的位置 (y_0, y_0),使总费用 H(即加权的城市距离和)最小。

2. 建立模型

目标函数为:

$$\min H = \sum_{i=1}^{n} w_i (\mid x_i - x_0 \mid + \mid y_i - y_0 \mid)$$

$$= \sum_{i=1}^{n} w_i \mid x_i - x_0 \mid + \sum_{i=1}^{n} w_i \mid y_i - y_0 \mid = H_x + H_y \tag{3-13}$$

3. 模型求解

由于式(3-13)由两个互相独立的部分 H_x 与 H_y 相加而成,其中

$$H_x = \sum_{i=1}^{n} w_i \mid x_i - x_0 \mid = \sum_{i \in \{i \mid x_i \geqslant x_0\}} w_i (x_i - x_0) + \sum_{i \in \{i \mid x_i \leqslant x_0\}} w_i (x_0 - x_i) \tag{3-14}$$

得到

$$\frac{\mathrm{d} H_x}{\mathrm{d} x_0} = \sum_{i \in \{i \mid x_i \leqslant x_0\}} w_i - \sum_{i \in \{i \mid x_i \geqslant x_0\}} w_i = 0,即$$

$$\sum_{i \in \{i \mid x_i \leqslant x_0\}} w_i = \sum_{i \in \{i \mid x_i \geqslant x_0\}} w_i \tag{3-15}$$

则当 x_0 是最优解时,其两方的权重都为 50%,即 H_x 的最优点 x_0 是在 x 方向对所有的权重 w_i 的中值点。同样可得 H_y 的最优点 y_0 是在 y 方向对所有的权重 w_i 的中值点,即 y_0 需满足:

$$\sum_{i \in \{i \mid y_i \leqslant y_0\}} w_i = \sum_{i \in \{i \mid y_i \geqslant y_0\}} w_i \tag{3-16}$$

由于 x_0、y_0 的取值或者是唯一值,或者是某一范围,故最优的位置也相应可能是一个点,或者是线段,也可能是一个区域。

【例 3-2】 S 超市连锁公司准备在某区域新开办一家超市,主要服务该区附近的 9 个小区居民,如图 3-3 所示。各小区的坐标及需求权重如表 3-3 所示,其中的需求权重由对应小区的居民数目比例确定。试确定一个地点,使顾客到超市的行走距离总和为最小。

解 由于是在同一个城市内进行选址,使用城市距离是合适的,故用交叉中值选址模型

来解决这个问题。

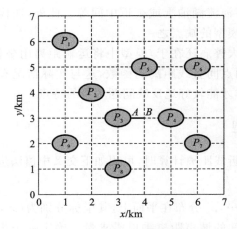

图 3-3　9 个居民小区分布图

表 3-3　9 个居民小区的坐标及需求权重

需求点 P_i	坐标(x_i)	坐标(y_i)	需求权重
1	1	6	6
2	2	4	3
3	3	3	8
4	5	3	8
5	4	5	4
6	6	5	8
7	6	2	6
8	3	1	7
9	1	2	2

确定中值：

$$W_z = \frac{1}{2}\sum_{i=1}^{9} w_i = 52/2 = 26$$

对于 x 方向，由于

$$\sum_{i \in \{i|x_i \leqslant 3\}} w_i = w_1 + w_9 + w_2 + w_3 + w_8 = 26 = w_z$$

$$\sum_{i \in \{i|x_i \geqslant 4\}} w_i = w_5 + w_4 + w_6 + w_7 = 26 = w_z$$

所以 H_x 极小值点为 $3(\mathrm{km}) \leqslant x_0 \leqslant 4(\mathrm{km})$，在这个范围内对于 x 轴方向都是一样的。

对于 y 方向，由于

$$\sum_{i \in \{i|y_i \leqslant 2\}} w_i = 15 < 26 = w_z \qquad \sum_{i \in \{i|y_i \leqslant 3\}} w_i = 31 > 26 = w_z$$

$$\sum_{i \in \{i|y_i \geqslant 4\}} w_i = 21 < 26 = w_z \qquad \sum_{i \in \{i|y_i \geqslant 3\}} w_i = 37 > 26 = w_z$$

所以 H_y 极小值点为 $y_0=3(\mathrm{km})$。

综合考虑 x、y 方向的影响，选出的地址为 $A(3,3)$ 至 $B(4,3)$ 之间的一条线段，如图 3-4 所示。

此时，直接计算点 A 和点 B 的加权距离值并进行比较，发现它们的值相等，说明在实际情况下，可在 A、B 间选一个合适的点作为超市的地址。

$$H_A = \sum_{i=1}^{9} w_i(|x_i-3|+|y_i-3|)$$
$$= 6\times5+3\times2+8\times0+8\times2+4\times3+8\times5+6\times4+7\times2+2\times3$$
$$= 148$$

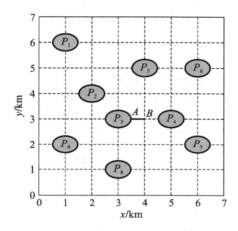

图 3-4　选出地址的坐标示意图

$$H_B = \sum_{i=1}^{9} W_i(|x_i-4|+|y_i-3|)$$
$$= 6\times6+3\times3+8\times1+8\times1+4\times2+8\times4+6\times3+7\times3+2\times4$$
$$= 148$$

在本例中，若 y 方向也是一个范围，则整个可能的选择范围就是一个区域；如果 x 方向也是一个点，则可选的地点就只有一个点了。可见利用交叉中值模型选址时可以为决策者提供更多的选择方案。

第四节　常见的离散选址模型与方法

离散选址问题指的是在有限的候选位置中，选取最为合适的一个或一组位置为最优方案，相应的模型称为离散选址模型。

离散选址模型与连续选址模型的区别在于：它所拥有的候选方案只有有限个元素。对于离散选址问题，目前主要有两种模型，分别是覆盖模型和 p-中值模型。

一、覆盖模型

覆盖模型，是对于需求已知的一些需求点，确定一组服务设施来满足这些需求点的需求。在这个模型中，需要确定服务设施的最小数量和合适的位置。该模型适用于商业物流系统,如零售点的选址、加油站的选址、配送中心的选址问题等,以及公共服务系统等。

根据解决问题的方法不同,覆盖模型又可以分为以下两种不同的主要模型。

集合覆盖模型:用最小数量的设施去覆盖所有的需求点;

最大覆盖模型:在给定数量的设施下,覆盖尽可能多的需求点。

(一) 集合覆盖模型

1. 问题

已知若干个需求点(客户)的位置和需求量,需从一组候选地点中选择若干个位置作为物流设施网点,在满足各需求点服务需求的条件下,使所建的设施点数量最少。

集合覆盖模型的目标是用尽可能少的设施去覆盖所有的需求点,如图 3-5 所示。

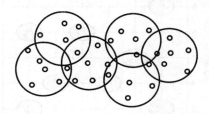

图 3-5 集合覆盖模型

2. 建立模型

设:N——区域中的需求点(客户)集合,$N=\{1,2,\cdots,n\}$;

M——区域中可建设设施的候选点集合,$M=\{1,2,\cdots,m\}$;

d_i——第 i 个需求点的需求量;

D_j——设施点 j 的服务能力;

$A(j)$——设施点 j 可以覆盖的需求点 i 的集合;

$B(i)$——可以覆盖需求点 i 的设施点 j 的集合;

x_j——为 0—1 变量,$x_j=1$,在 j 点建立设施;$x_j=0$,不在 j 点建立设施,$j \in M$;

y_{ij}——节点 i 需求中被分配给设施点 j 的部分(比例)。

则数学模型可以表示为:

$$\min \sum_{j \in M} x_j \tag{3-17}$$

$$\text{s.t.} \sum_{j \in B(i)} y_{ij} = 1, i \in N \tag{3-18}$$

$$\sum_{j \in A(j)} d_i y_{ij} \leqslant D_j x_j, j \in M \tag{3-19}$$

$$x_j \in \{0,1\}, j \in M$$
$$y_{ij} \geqslant 0, i \in N, j \in M \tag{3-20}$$

式(3-17)是最小化设施的数目;式(3-18)保证每个需求点的需要得到满足;式(3-19)是对每个提供服务的服务网点的服务能力的限制;式(3-20)表示变量的 0—1 约束和非负约束,保证一个地方最多只能投建一个设施,而且允许一个设施只提供部分的需求。

3. 模型求解

集合覆盖模型是 NP 难问题,所以当规模较小时,可设计枚举法和隐枚举法(如分枝定界法等)求模型的最优解;当需求点数 n 和可供选择的候选点数 m 较大时,一般仍需设计启发式算法来对模型进行近似求解,可以采用较简单的贪婪算法。

4. 贪婪算法设计思路及步骤

该算法的设计思路是以一个空集合作为初始的解集合,然后在剩下的所有其他候选点中选择一个具有最大满足能力的候选点加入到原来的候选集合中,如此反复,直至全部需求得到满足为止。具体步骤如下。

第一步:初始化。令所有的 $y_{ij}=0, x_j=0, y_i=\sum_{j=M}y_{ij}=0$(已分配的需求),并确定集合 $A(j)$ 和集合 $B(i)$;

第二步:选择下一个设施点。在 M 中选择 $x_j=0$ 且 $A(j)$ 的模为最大的点 j' 为设施点,即 $|A(j')|=\max_{j\in M}\{|A(j)|\}$,令 $x_{j'}=1$,并在 M 集合中剔除节点 j',即 $M=M\backslash\{j'\}$;

第三步:确定节点 j' 的覆盖范围。将 $A(j')$ 中的元素按 $B(i)$ 的模从小到大的顺序指派给 j',直到 j' 的容量为 $D_j=0$ 或 $A(j')$ 为空。

第四步:若 N 或 M 为空,停止;否则,更新集合 $A(j)$ 和集合 $B(i)$,转第二步。

【例 3-3】 在某区域需规划建设若干个农贸市场为将来该区 9 个主要居民点提供服务,除第 6 居民点外,其他各点均有建设市场的条件,如图 3-6 所示。已知市场的最大服务直径为 3 km,为保护该区域的环境,希望尽可能少的建造农贸市场。问应如何规划?

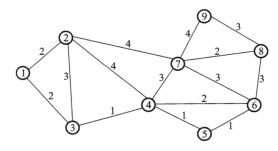

图 3-6 小区居民点位置图

解 $N=\{1,2,3,4,5,6,7,8,9\}, M=\{1,2,3,4,5,6,7,8,9\}$,由图 3-6 求两点间的最短距离。根据最大服务半径为 3 km 的约束及第 6 居民点不适合建市场的要求,可确定集合 $A(j)$ 和 $B(i)$,如表 3-4 所示。值得指出的是本问题没有需求量和容量,故无需考虑约束式 (3-19)。

第一步,初始化。令建设市场的解集合 $S=\Phi$,并确定集合 $A(j)$ 和 $B(i)$。

表 3-4 集合 $A(j)$ 和 $B(i)$

居民点号	$A(j)$	$B(i)$
1	1,2,3,4	1,2,3,4
2	1,2,3	1,2,3
3	1,2,3,4,5,6	1,2,3,4,5
4	1,3,4,5,6,7	1,3,4,5,7
5	3,4,5,6	3,4,5

续表

居民点号	$A(j)$	$B(i)$
6		3,4,5,7,8
7	4,6,7,8	4,7,8
8	6,7,8,9	7,8,9
9	8,9	8,9

第二步,确定一个设施点。因为 $A(3)=\{1,2,3,4,5,6\}$,$|A(3)|=6$ 为最大,故首先选取 $j'=3, S=\{3\}$。

第三步,由于无容量约束,故可依次指派 2,5,1,3,4,6 点归节点 3 服务。

第四步,更新。此时,$N=\{7,8,9\}$,$M=\{1,2,4,5,7,8,9\}$,更新集合 $A(j)$ 和集合 $B(i)$ 如表 3-5 所示。

表 3-5 更新后的集合 $A(j)$ 和 $B(i)$

居民点号	$A(j)$	$B(i)$
1		
2		
3		
4	7	
5		
6		
7	7,8	4,7,8
8	7,8,9	7,8,9
9	8,9	8,9

第五步,再次确定一个设施点。因为 $A(8)=\{7,8,9\}$,$|A(8)|=3$ 为最大,故首先选取 $j'=8, S=\{3,8\}$,并依次指派 9,7,8 三点归节点 8 服务。

第六步,此时,$N=\{\ \}$,$M=\{1,2,4,5,7,9\}$,结束。

因此,最终结果为 $S=(3,8)$,即在 3,8 号居民点建设农贸市场。

(二) 最大覆盖模型

1. 问题

已知若干个需求点(客户)的位置和需求量,需从一组候选地点中选择 p 个位置作为物流设施网点,使得尽可能多的满足需求点的服务。

最大覆盖模型的目标是对有限的服务网点进行选址,为尽可能多的对象提供服务,如图 3-7 所示。

2. 建立模型

设:N——区域中的需求点(客户)集合,$N=\{1,2,\cdots,n\}$;

M——区域中可建设设施的候选点集合,$M=\{1,2,\cdots,m\}$;

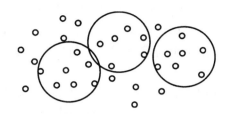

图 3-7 最大覆盖模型

d_i——第 i 个需求点的需求量；
D_j——设施点 j 的服务能力；
p——允许建设的设施的数目；
$A(j)$——设施点 j 可以覆盖的需求点 i 的集合；
$B(i)$——可以覆盖需求节点 i 的设施点 j 的集合；
x_j——为 0—1 变量，$x_j=1$，在 j 点建立设施；$x_j=0$，不在 j 点建立设施，$j \in M$；
y_{ij}——节点 i 需求中被分配给设施点 j 的部分（比例）。

则数学模型可以表示为：

$$\max \sum_{j \in M} \sum_{i=A(j)} d_i y_{ij} \tag{3-21}$$

$$\text{s.t.} \quad \sum_{j \in B(i)} y_{ij} \leqslant 1, i \in N \tag{3-22}$$

$$\sum_{j \in A(j)} d_i y_{ij} \leqslant D_j x_j, j \in M \tag{3-23}$$

$$\sum_{j \in M} x_j = p \tag{3-24}$$

$$x_j \in \{0,1\}, j \in M$$
$$y_{ij} \geqslant 0, i \in N, j \in M \tag{3-25}$$

式(3-21)是尽最大可能对需求提供服务；式(3-22)是需求的限制，服务不可能大于当前的总和；式(3-23)是对每个提供服务的服务网点的服务能力的限制；式(3-24)是问题本身的限制，即最多可能投建的设施数目为 p；式(3-25)表示变量的 0—1 约束和非负约束，保证一个地方最多只能投建一个设施，而且允许一个设施只提供部分的需求。

3. 模型求解

类似于集合覆盖模型，同样可以设计启发式算法来对最大覆盖模型进行近似求解，最常用的算法是 Richard Church 和 Charles Re Velle 设计的贪婪算法，该算法是以一个空集合作为原始的解集合，然后在剩下的所有其他候选点中选择一个具有最大满足能力的候选点加到原来的候选集合中，如此反复，直至达到设施数目的限制或全部需求得到满足为止。

集合覆盖模型要满足所有的需求点，而最大覆盖模型可以只覆盖有限的需求点，两种模型的应用情况取决于服务设施的资源充足与否。

二、p-中值模型

1. 问题

已知需求集合和候选设施位置的数量与位置，试确定 p 个设施的位置，并指派每个需求点到一个特定的设施,使设施和需求点之间的运输费用最低。

p-中值模型是在需求集合确定以及给定数量和候选位置的设施集合的前提下,分别为 p 个设施找到合适的位置并指派每个需求点到一个特定的设施,使之达到在设施与需求点之间的运输费用最低。

p-中值模型的图形表达如图 3-8 所示,图中说明了当 $p=3$ 时的 p-中值模型的一个可行解。这里的物流设施可以是物流园区、物流中心、配送中心、工厂、商场、仓库等,而设施数 p 一般是在物流网络设计中根据实际情况结合设施规模预先确定的。

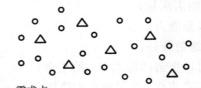
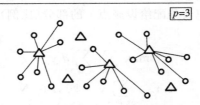

图 3-8 p-中值模型的图形表达

2. 建立模型

设:N——区域中的需求点(客户)集合,$N=\{1,2,\cdots,n\}$;

M——区域中可建设设施的候选点集合,$M=\{1,2,\cdots,m\}$;

d_i——第 i 个需求点的需求量;

c_{ij}——从需求点 i 到设施点 j 的单位运输费用;

p——允许建设的设施的数目;

x_j——为 0—1 变量,$x_j=1$,在 j 点建立设施;$x_j=0$,不在 j 点建立设施,$j\in M$;

y_{ij}——为 0—1 变量,$y_{ij}=1$,表示需求点 i 由节点 j 提供服务;$y_{ij}=0$,表示需求点 i 不由节点 j 提供服务。

则数学模型可以表示为:

$$\min \sum_{j\in M}\sum_{i=N} d_i c_{ij} y_{ij} \tag{3-26}$$

$$\text{s.t.} \sum_{j\in B(i)} y_{ij}=1, i\in N \tag{3-27}$$

$$\sum_{j\in M} x_j = p \tag{3-28}$$

$$y_{ij}\leqslant x_j, i\in N, j\in M \tag{3-29}$$

$$x_j\in\{0,1\}, j\in M$$

$$y_{ij}\in\{0,1\}, i\in N, j\in M$$

式(3-26)是模型的目标函数,即总运费最小;式(3-27)保证每个需求点只有一个设施来提供相应的服务;式(3-28)限制了总的设施数目为 p 个;式(3-29)有效地保证没有设施的地点不会有客户对应。

3. 模型求解

求解一个 p-中值模型需要解决两方面的问题:选择合适设施位置(x 变量);指派客户到相应的设施中去(y 变量)。

因设施点无能力限制约束,所以一旦设施的位置确定之后,再确定每个客户到不同的设施中使总费用最小就十分简单了。

求解 p-中值模型的方法主要有两大类:精确算法和启发式算法。由于 p-中值模型是 NP 难问题,因此精确算法一般只能求解规模较小的 p-中值问题。下面介绍一种求解 p-中值模型的启发式算法——贪婪取走算法(greedy dropping heuristic algorithm)。

贪婪取走算法步骤如下。

第一步:令当前选中设施点数 $k=m$,即将所有的 m 个候选位置都选中。

第二步:将每个客户指派给 k 个设施点中的离其距离最近的一个设施点;求出总运输费用 Z。

第三步:若 $k=p$,输出 k 个设施点及各客户的指派结果,停止;否则,进入第四步。

第四步:从 k 个设施候选点中确定一个取走点,满足:假如将它取走并将它的客户指派给其他最近的设施点后,总运输费用增加量最小。

第五步:从候选点集合中删去取走点,令 $k:=k-1$,转第二步。

【例 3-4】 某饲料公司在某新地区经过一段时间的宣传后,得到了 8 个超市的订单,由于该新地区离总部较远,该公司拟在该地区新建 2 个仓库,用最低的运输成本来满足该地区的需求。经过一段时间的实地调查之后,已有 4 个候选地址,如图 3-9 所示。

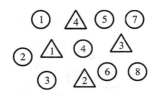

图 3-9 超市及仓库候选点位置

各候选地址到不同超市的运输成本、各个超市的需求量如表 3-6 所示。试选择其中的两个候选点作为仓库地址,使总运输成本最小。

表 3-6 各候选地址到各超市的运输成本及各超市的需求量

超市 i	仓库候选点 j				需求量 d_i
	1	2	3	4	
	单位运输成本 c_{ij}				
1	4	12	20	6	100
2	2	10	25	10	50
3	3	4	16	14	120
4	6	5	9	2	80
5	18	12	7	3	200
6	14	2	4	9	70
7	20	30	2	11	60
8	24	12	6	22	100

解 采用 p-中值贪婪取走启发式算法。

首先,初始化。将所有 4 个候选位置都选中,即 $k=4$,然后将每个需求点分配给离其最近的(c_{ij}最小的)一个候选位置,并计算总费用。第一次指派结果为:$A=(a_1,a_2,\cdots,a_8)=(1,1,1,4,4,2,3,3)$,总运输费用 $Z=\sum_{i=1}^{8}c_{ia_i}d_i=2480$。

分别对删去候选点 1,2,3,4 进行分析,并对各自的增量进行了计算:

若删去候选点 1,则 $(a_1,a_2,\cdots,a_8)=(4,2,2,4,4,2,3,3)$,$Z=3200$,增量为 $3200-2480=720$;

若删去候选点 2,则 $(a_1,a_2,\cdots,a_8)=(1,1,1,4,4,3,3,3)$,$Z=2620$,增量为 140;

若删去候选点 3,则 $(a_1,a_2,\cdots,a_8)=(1,1,1,4,4,2,4,2)$,$Z=3620$,增量为 1140;

若删去候选点 4,则 $(a_1,a_2,\cdots,a_8)=(1,1,1,2,3,2,3,3)$,$Z=3520$,增量为 1040;

因此,移走第 2 个候选点所产生的增量最小,所以第一个被移走的是 2 号候选点。

然后,此时 $k=3$,$(a_1,a_2,\cdots,a_8)=(1,1,1,4,4,3,3,3)$,$Z=2620$,又分别对删去候选点 1,3,4 进行分析,并对各自的增量进行计算:

若删去候选点 1,则 $(a_1,a_2,\cdots,a_8)=(4,4,4,4,4,3,3,3)$,$Z=4540$,增量为 $4540-2620=1920$;

若删去候选点 3,则 $(a_1,a_2,\cdots,a_8)=(1,1,1,4,4,4,4,4)$,$Z=5110$,增量为 2490;

若删去候选点 4,则 $(a_1,a_2,\cdots,a_8)=(1,1,1,1,3,3,3,3)$,$Z=3740$,增量为 1120;

因此,移走第 4 个候选点所产生的增量最小,所以第二个被移走的是 4 号候选点。

最后,此时 $k=2=p$,计算结束。

结果为在候选点 1,3 投建新的仓库,总运输成本为 3740,可以满足所有客户的需求,如图 3-10 所示。

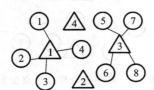

图 3-10 仓库选址及客户指派结果

本章小结

物流设施选址的恰当与否对生产力布局、企业投资、城镇建设,以及建成后的生产经营状况都具有重大意义。因此,企业应该进行充分的调查、研究与勘察,具体分析企业的自身设施、产品特点、资源需求状况和市场条件,慎重进行设施选址决策。设施选址涉及的问题比较多,定量化分析是其中的重要内容。本章在介绍设施选址模型的分类以及距离计算的基础上,重点对几种建模方法及相应的求解算法进行探讨,这些方法包括了常见的连续选址模型和离散选址模型。值得注意的是,设施选址的标准已不仅仅局限在成本或运输距离的最小化,许多定性和定量的因素也影响企业的决策,因此在进行设施选址的综合分析比较时,可根据条件采用定性的、定量的或定性定量相结合的方法。

第三章

物流设施选址决策与优化

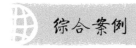

某机电公司的物流节点布局

某机电公司是一家国有大型机电设备公司,计划占领武汉市场。他们首先在武汉市7个区的每个区各设立了一个营业点,可以分别在各区进行市场营销和销售开票等工作。现在考虑开设物流网点,大致有以下3种意见。

第一种意见是一个营业点建一个仓库,这样每个营业点可以独立进行经营销售,管理方便,顾客就近提货也比较方便。但是,这种方案的设立费用高,以平均每个仓库投资50万元计算,6个仓库(总公司现在已有一个仓库投资)要投资300万元。这还只是设立费用,另外还有运行费用。每个仓库运行时,需要10个工作人员,每个人的工资加上办公费用、劳保福利费等平均每年需10万元,新增6个仓库每年就要600万元的运行费用。而且仓库多了,分散库存量大,库存资金占用也就多,库存风险也就大,分散订货、分散运输的损失也就大。

第二种意见是不增建仓库,把原来的仓库加大,全市共用一个仓库。由各个营业点分别销售,总公司统一订货、统一运输、统一储存、统一配送。这个方案只要新增仓库扩建费用50万元,新增5名仓库工作人员,主要承担配送工作。每年增加运行费用50万元,这样就可以减少库存资金占用,减少库存量,降低库存风险,提高库存物资利用率,提高资金利用率和资金周转率,还可以节省订货成本和运输成本等。但是,由于市区范围太大,因此这种方案的缺点:一是送货路程长,送货成本高;二是送货响应慢,影响了顾客购买的积极性。

第三种意见就是采取折中的办法,分别在武昌和汉阳各新建一个仓库,再加上汉口原来的仓库,全公司共用3个仓库对全市实行供货,按长江、汉水自然分成的3个大区分别按大区组织供货和配送。还是总公司统一订货、统一运输、统一储存,但是各个营业点分别销售、分大区配送。这种方案的优势在于,新增设立费用和设立后的运行费用不太高;配送车辆在大区内运行,不用过桥(由于过桥车辆多,堵车现象多,很费时间),所以大大缩短了运输距离、缩短了送货响应时间。分3个仓库储存,库存物资利用率比较高,库存资金占用和库存风险也不高,资金周转率、利用率也比较令人满意。

案例讨论

1. 该机电公司在物流节点的选址时,哪种方案较合适?
2. 物流节点在选址时考虑的影响因素有哪些?
3. 根据本案例,对于企业的选址战略得到了什么启示?

 练习与思考

一、简答题

1. 简述物流设施选址的意义和应当遵守的基本原则。
2. 在设施选址过程中,应该考虑哪些主要因素?
3. 物流设施选址问题如何分类?

4. 物流设施选址决策中常见的模型与方法有哪些？

二、计算题

1. 已知 4 个零售点的坐标和物流需求量如表 3-7 所示，货物的运输费用为 10 元/(吨·千米)，试用重心模型为这 4 个零售点寻找一个最佳的供货中心位置。

表 3-7　4 个零售点的坐标和物流需求量

零售点	需求量/t	横坐标/km	纵坐标/km
1	3	3	3
2	4	11	2
3	2.5	10	7
4	1.2	5	9

2. 试用折线距离求上题中的最佳的供货中心位置。

3. 某地区准备新建 2 个原料仓库以供应该地区 6 个工厂的原料，已有 4 个候选地址。从候选地址到各个工厂的运输成本 c_{ij}、各个工厂的需求量 d_i 都已经确定，试选择其中的两个候选点作为仓库地址，使总运输成本最小。其中

$$c_{ij} = \begin{pmatrix} 12 & 22 & 32 & 8 \\ 3 & 24 & 22 & 24 \\ 5 & 2 & 14 & 4 \\ 7 & 5 & 8 & 9 \\ 3 & 17 & 9 & 27 \\ 8 & 14 & 16 & 17 \end{pmatrix}, d_i = \begin{pmatrix} 120 \\ 200 \\ 90 \\ 120 \\ 210 \\ 100 \end{pmatrix}$$

第四章 运输及配送中的决策与优化

学习目标

(1) 掌握运输与配送在物流中的功能;
(2) 掌握运输决策以及配送决策的主要内容;
(3) 掌握运输决策中常用的方法——层次分析法;
(4) 掌握直运与转运情况下的运输路线优化模型;
(5) 熟悉配送问题与运输问题的区别,了解 TSP 模型及 VRP 模型;
(6) 熟悉用节约里程算法设计配送车辆路线的步骤。

第一节 运输及配送决策概述

一、运输与配送在物流中的功能与作用

(一) 运输在物流中的功能与作用

现代物流的产生与发展,促进了运输业的日臻完善并同时发挥着更重要的作用。在物流体系的所有动态功能中,运输功能是核心之一。

1. 运输在物流中的主要功能

1) 产品转移

物质产品的生产是以满足社会的各种需求为目的的。运输的主要目的是以最少的费用,将恰当的产品,在恰当的时间,运往恰当的地点,并留下良好的印象。只有通过运输将商品从生产地运往消费地,使商品的交易过程能顺利完成,实现物质产品的使用价值,社会各种需求才能得到满足。运输使商品发生转移,改变了产品的地点和位置,增加了产品的价值,创造了产品的空间效用。运输还使产品在规定的时间到达目的地,或者说在需要的时候发生,因而也创造了产品的时间效用。

运输、配送、搬运等环节都有改变物品空间位移的作用,但在物流运作过程中,它们还是有区别的。一般来说,运输主要指在一个较大范围内对物品进行较长距离的空间移动,可以使用车、船、飞机等多种运输工具。配送属于运输中的末端运输,主要指在一个较小范围内对物品进行较短距离的空间移动,一般使用汽车做运输工具。搬运则指在同一场所内,对物品进行以水平移动为主的物流作业,一般使用叉车、牵引车等搬运工具。

2) 产品储存

将产品进行临时储存也是运输的职能之一,即将运输工具作为暂时的储存场所。在运输期间对产品进行临时储存的原因有两个:一是运输中的产品需要储运,但在短时间内又将再次运输,并且装卸货物的费用超过储存在运输工具中的费用;二是仓库空间有限,无法储存产品。这样,企业可以将货物装载于运输工具中,采用迂回路径或间接路径运往目的地。当然,运输工具在迂回路径上所用的时间要长于在直接路径上所用的时间。而且,使用运输工具作为产品的临时储存点的成本很高。但是,考虑到装卸成本或仓库容量有限等限制条件,从总成本或完成任务的角度来分析,这样的方式可能是合理的。

2. 运输在物流中的作用

在现代物流观念未诞生之前,甚至就在今天,仍有不少人将运输等同于物流,其原因是物流中很大一部分责任是由运输担任的,运输在物流中占有重要的地位。

(1) 运输是物流的主要功能要素之一。按物流的概念,物流是"物"的物理性运动,这种运动不但改变了物的时间状态,也改变了物的空间状态。而运输承担了改变物的空间状态的主要任务,是改变空间状态的主要手段。运输再配以搬运、配送等活动,就能圆满完成改变物的空间状态的全部任务。

(2) 运输影响着物流的其他构成因素。例如,选择的运输方式决定着对装运货物的包装要求;使用不同类型的运输工具决定着其配套使用的装卸搬运设备以及接收和发运站台的设计;企业库存储备量的大小,直接受运输状况的影响;发达的运输系统能够适量、快速和可靠地补充库存,以降低储备水平,节约库存成本。

(3) 运输是"第三利润源泉"的主要组成部分。运输是运动中的活动,它和静止的保管不同,要靠大量的动力消耗才能实现这一活动。而运输又承担着大跨度空间转移的任务,所以活动的时间长、距离长、消耗大。消耗的绝对数量越大,其节约的潜力也就越大。

从运费来看,运费在全部物流费中占的比例最高,一般综合分析计算社会物流费用,运输费在其中占接近 50% 的比例。有些产品运费高于产品的生产费,所以节约的潜力是很大的。由于运输总里程大,运输总量巨大,通过体制改革和运输合理化可大大缩短运输吨千米数,从而实现比较大的节约。

(4) 运输能够促进社会分工的发展。随着社会的发展,为了实现真正意义上的社会高效率,必须推动社会分工的发展。而对于商品的生产和销售来说,也有必要进行分工,以达到最高的效率。但是,当商品的生产和销售两大功能分开之后,如果没有一个高效的商品运输体系,那么这两大功能就都不能实现。运输是商品生产和商品销售之间不可缺少的联系纽带。只有有了运输,才能真正实现生产和销售的分离,促进社会分工的发展。

(二) 配送在物流中的功能与作用

配送是物流的基本功能之一,也是与客户满意度和物流运作效率联系最为紧密的重要环节,它直接影响着市场需求量和市场占有率。

配送已成为企业经营活动的重要组成部分。发展配送对于物流系统的完善,流通企业和生产企业的发展,以及整个经济社会效益的提高,都具有重要的作用。在社会再生产运动中,配送有其特殊的功能与作用,集中体现在以下五个方面。

1. 可以降低企业的库存水平

实行高水平的配送方式之后,尤其是采取定时配送方式之后,企业可以依靠配送中心的准时配送而不需保持自己的库存或者只需保持少量安全储备。这就可以实现生产企业的"零库存",同时解放出大量储备资金,从而改善企业的财务状况。此外,发展配送,实行集中库存,库存的总量远低于各企业分散库存的总量,同时加强了调节能力,提高了社会经济效益。集中库存可以发挥规模经济优势,使单位存货成本下降。

2. 完善了输送及整个物流系统

第二次世界大战之后,由于大吨位、高效率运输工具的出现,干线运输在铁路、海运、公路方面都达到了较高水平,长距离、大批量的运输实现了低成本化。但是,干线运输往往还要辅以支线转运,这种支线运输成了物流过程中的一个薄弱环节。这个环节与干线运输相比有着不同的要求和特点,如要求灵活性、适应性、服务性,致使运力往往不能充分利用、成本过高等问题总是难以解决。

3. 有利于提高物流效率,降低物流费用

采用批量进货、集中发货、将多个小批量集中于一起大批量发货,都可以有效地节省运力,实现经济运输,降低成本,提高物流经济效益。

4. 可以简化手续,方便用户采用配送方式

用户只需向一处订购,或和一个进货单位联系就可订购到以往需要去许多地方才能订到的货物,接货手续简化,因而大大减轻了用户工作量,也节省了开支。

5. 可以促进地区经济的快速增长

在市场经济体系中,物流配送把国民经济各个部分紧密地联系在一起。配送中心与交通运输设施一样,是连接国民经济各地区及沟通生产与消费、供给与需求的桥梁和纽带,是经济发展的保障,是拉动经济增长的内部因素,也是吸引投资的环境条件之一。

二、运输决策的主要内容

运输决策是物流决策中的重要内容,不仅影响着物流中的仓储、库存、配送和设施布局等决策,而且对物流系统运作成本、整体效益也具有重要的影响。运输决策包含的范围很广泛。从托运人的角度而言,运输决策的内容主要包括自营运输还是外包运输的选择、运输方式的选择、运输服务商的选择、运输路线的选择等。

(一) 自营运输还是外包运输的选择

考虑使用自营运输还是外包运输,应基于企业自身的运输管理能力和运输业务对企业发展战略的重要性。当运量较小、运输业务不是企业成功的关键因素时,可以将运输业务外包给第三方承担,而专注于发展企业的核心业务。然而,当运量大、客户响应程度重要时,运

输业务对企业发展战略的成功影响非常大,企业应拥有自己的运输车队。

(二)运输方式的选择

选择适当的运输方式是物流运输合理化的重要前提。一般应根据物流系统要求的服务水平和允许的物流成本来决定,是选择一种运输方式还是采用多式联运方式(multimodal transportation)。判断标准主要包括货物的性质、运输时间、交货时间的适用性、运输成本、批量的适用性、运输的机动性及便利性、运输的安全性和准确性等。对于托运人而言,运输的安全性和准确性、费用、运输时间等因素是其关注的重点。

(三)运输服务商的选择

确定了运输任务方案,如果选择运输外包,就需要确定运输服务商;或者在供应商确定运输方式后,选择合适的运输服务商。随着客户需求的变化,运输服务商也逐渐重组,从提供单一的运输方式的服务商发展到提供专门化运输(如包裹递送)、多式联运、运输代理服务等多种不同的运输服务商类型。在选择运输服务商时不同的决策者会有不同的决策标准和偏好,可以在综合考虑运输服务商的服务时间、质量、价格等因素的基础上进行决策。一旦选择合适的运输服务商,可以考虑与符合要求的运输服务商建立长期的战略合作伙伴关系。

(四)运输路线的选择

运输路线的选择是在一定的交通运输网络中,对某种产品在供应地点与需求地点之间的供求关系的建立及具体运输路线所作的规划和选择。这是运输决策中最重要的一类问题。

统一规划有关的运输任务、确定运输方式、运输路线、联合运输方案,设计运输蓝图在满足各点需要的前提下,使总运输费用最小,其中会涉及多个企业、多个品种、多种方式以及多条运输路线的组织规划等问题。通常的做法是根据物流正常运行的节拍,确定各点之间的正常运量,然后统一组织联合运输、配送和准时化供货。

三、配送决策的主要内容

配送决策的主要内容包括配送线路设计以及配送中心的规划决策问题。配送线路设计问题包括合理配送路线制定原则、行车路线和时间表制定方法,即车辆路径规划。

车辆路径是物流配送中最重要的决策任务之一。其决策内容包括:根据客户的运输量、位置分布的特点指派合适的车辆,规划合理的送(取)货顺序(即车辆行驶最佳路径)。车辆路径规划的目标是在满足客户服务水平要求的前提下,使车辆数量最少、总行驶里程最短、成本最低。因此,这是一个多目标决策问题,可以运用运筹学与系统工程等方法来获得最佳方案或满意方案。

第二节 运输决策中常用的方法——AHP方法

一、层次分析法

美国运筹学家 T. L. Saaty 于 20 世纪 70 年代提出的层次分析法(analytical hierarchy process,简称 AHP 方法),是一种定性与定量相结合的决策分析方法。它是一种将决策者对复杂系统的决策思维过程模型化、数量化的过程。应用这种方法,决策者通过将复杂问题分解为若干层次和若干因素,在各因素之间进行简单的比较和计算,就可以得出不同方案的权重,为最佳方案的选择提供依据。这种方法的特点是:思路简单明了,它将决策者的思维过程条理化、数量化,便于计算,容易被人们所接受;所需要的定量数据较少,但能清楚分析问题的本质、包含的因素及其内在关系;可用于复杂的非结构化的问题,以及多目标、多准则、多时段等各种类型问题的决策分析,具有较广泛的实用性。

层次分析法的基本过程大体可以分为如下六个基本步骤。

1. 明确问题

这一个步骤是弄清问题的范围、所包含的因素、各因素之间的关系等,以便尽量掌握充分的信息。

2. 建立层次结构

在这一个步骤中,要求将问题所含的因素进行分组,把每一组作为一个层次,按照最高层(目标层)、若干中间层(准则层)以及最低层(措施层)的形式排列起来。这种层次结构常用结构图来表示,图中要标明上下层元素之间的关系。如果某一个元素与下一层的所有元素均有联系,则称这个元素与下一层次存在完全层次的关系;如果某一个元素只与下一层的部分元素有联系,则称这个元素与下一层次存在不完全层次关系。层次之间可以建立子层次,子层次从属于主层次中的某一个元素,它的元素与下一层的元素有联系,但不形成独立层次。

3. 构造判断矩阵

这一个步骤是层次分析法的一个关键步骤。设判断矩阵 $A=\{a_{ij}\}(i,j=1,2\cdots,n)$,则判断矩阵中的元素 a_{ij} 是针对上一层次某元素(如元素 A_k),两两比较本层次的各元素(如 B_1,B_2,…)之间相对重要性程度而得到的量值。a_{ij} 一般取 1,3,5,7,9 等 5 个等级标度,其意义为:1 表示 B_i 与 B_j 同等重要;3 表示 B_i 较 B_j 重要一点;5 表示 B_i 较 B_j 重要得多;7 表示 B_i 较 B_j 更重要;9 表示 B_i 较 B_j 极端重要。而 2,4,6,8 表示 1,3,5,7,9 两个相邻判断尺度的中间。当 5 个等级不够用时,可以使用这几个数值。

显然,对于任何判断矩阵都应满足

$$\begin{cases} a_{ii}=1 \\ a_{ij}=\dfrac{1}{a_{ji}} \end{cases} \quad (i,j=1,2,\cdots,n) \tag{4-1}$$

一般而言,判断矩阵的数值是根据数据资料、专家意见和分析者的认识,加以平衡后给出的。衡量判断矩阵的标准是矩阵中的判断是否具有一致性。如果判断矩阵存在以下关系:

$$a_{ij}=\dfrac{a_{ik}}{a_{jk}} \quad (i,j,k=1,2,\cdots,n) \tag{4-2}$$

则称它具有完全一致性。但是,因客观事物的复杂性和人们认识上的多样性,可能会产生片面性,因此要求每一个判断矩阵都具有完全的一致性显然是不可能的,特别是因素多、规模大的问题更是如此。为了考察层次分析法得到的结果是否合理,需要对判断矩阵进行一致性检验。

4. 层次单排序

层次单排序的目的是对于上层次中的某元素而言,确定本层次与之有联系的元素重要性次序的权重值。它是本层次所有元素对上一层次而言的重要性排序的基础。层次单排序的任务可以归结为计算判断矩阵的特征根和特征向量问题,即对于判断矩阵 A,计算满足公式(4-3)的特征根和特征向量。

$$AW = \lambda_{max} W \tag{4-3}$$

式中:λ_{max} 为 A 的最大特征根;W 为对应于 λ_{max} 的正规化特征向量,W 的分量 W_i 就是对应元素单排序的权重值。

通过前面的分析,我们知道,当判断矩阵 A 具有完全一致性时,$\lambda_{max} = n$,其中 n 为本层所具有的元素数量。但是在一般情况下,判断矩阵 A 具有完全一致性是不可能的,所以要进行一致性检验。为了检验判断矩阵的一致性,需要计算它的一致性指标:

$$CI = \frac{\lambda_{max} - n}{n - 1} \tag{4-4}$$

式中:当 $CI = 0$ 时,判断矩阵具有完全一致性;反之,CI 越大,则判断矩阵的一致性就越差。

为了检验判断矩阵是否具有令人满意的一致性,则需要将 CI 与平均随机一致性指标 RI(见表4-1)进行比较。一般而言,1 或 2 阶判断矩阵总是具有完全一致性的。对于 2 阶以上的判断矩阵,其一致性指标 CI 与同阶的平均随机一致性指标 RI 之比,称为判断矩阵的随机一致性比例,记为 CR(见式(4-5))。一般的,当 $CR < 0.1$ 时,我们就认为判断矩阵具有令人满意的一致性;否则,当 $CR \geq 0.1$ 时,就需要调整判断矩阵,直到满意为止。

$$CR = \frac{CI}{RI} \tag{4-5}$$

表 4-1 平均随机一致性指标 RI

阶数	1	2	3	4	5	6	7	8	9	10	11	12	13	14	15
RI	0	0	0.58	0.9	1.12	1.24	1.32	1.41	1.45	1.49	1.52	1.54	1.56	1.58	1.59

5. 层次总排序

利用同一层次中所有层次单排序的结果,就可以计算针对上一层次而言的本层次所有元素的重要性权重值,这一过程就称为层次总排序。层次总排序需要从上到下逐层顺序进行。

若在层次结构中,最高层为 A 层;第二层为 B 层,有 m 个元素,它们关于最高层 A 层的相对重要性排序权值分别为 $b_1, b_2, \cdots, b_m$;B 层的下一层为 C 层,设 C 层有 n 个元素,它们关于 B 层中任一元素 B_j 的层次单排序的权值分别为 $C_1^j, C_2^j, \cdots, C_n^j$,则 C 层中各元素对于最高层 A 层的层次总排序如表 4-2 所示。

表 4-2 层次总排序表

层次 B / 层次 C	B_1 a_1	B_2 a_2	$\cdots$	B_m a_m	B 层次的总排序
C_1	b_1^1	b_1^2	$\cdots$	b_1^m	$\sum_{j=1}^{m} b_j c_1^j$
C_2	b_2^1	b_2^2	$\cdots$	b_2^m	$\sum_{j=1}^{m} b_j c_2^j$
$\vdots$	$\vdots$	$\vdots$	$\vdots$	$\vdots$	$\vdots$
C_n	b_n^1	b_n^2	$\cdots$	b_n^m	$\sum_{j=1}^{m} b_j c_n^j$

显然，

$$\sum_{i=1}^{n}\sum_{j=1}^{m}b_j c_i^j = 1 \tag{4-6}$$

即层次总排序为归一化的正规向量。

6．一致性检验

为了评价层次总排序的计算结果的一致性，类似于层次单排序，也需要进行一致性检验。为此，需要分别计算下列指标：

$$\text{CI} = \sum_{j=1}^{m} b_j \text{CI}_j \tag{4-7}$$

$$\text{RI} = \sum_{j=1}^{m} b_j \text{RI}_j \tag{4-8}$$

$$\text{CR} = \frac{\text{CI}}{\text{RI}} \tag{4-9}$$

在式(4-7)中，CI 为层次总排序的一致性指标，CI_j 为与 B_j 对应的 C 层次中判断矩阵的一致性指标；在式(4-8)中，RI 为层次总排序的随机一致性指标，RI_j 为与 B_j 对应的 C 层次中判断矩阵的随机一致性指标；在式(4-9)中，CR 为层次总排序的随机一致性比例。

同样，当 CR<0.1 时，则认为层次总排序的计算结果具有令人满意的一致性；否则，就需要对本层次的各判断矩阵进行调整，从而使层次总排序具有令人满意的一致性。

在层次分析法中，最根本的计算任务是求解判断矩阵的最大特征根及其所对应的特征向量。这些问题可以用线性代数知识去求解，并且能够利用计算机求得任意高精度的结果。但事实上，在层次分析法中，判断矩阵的最大特征根及其对应的特征向量的计算，并不需要追求太高的精度。这是因为判断矩阵本身就是将定性问题定量化的结果，允许存在一定的误差范围。因此，可以选用方根法这种近似算法求解判断矩阵的最大特征根及其对应的特征向量。

方根法的计算步骤如下。

(1) 计算判断矩阵 A 中每一行元素的乘积：

$$M_i = \prod_{j=1}^{n} a_{ij} \quad (i=1,2,\cdots,n) \tag{4-10}$$

(2) 计算 M_i 的 n 次方根：

$$\overline{W_i} = \sqrt[n]{M_i} \quad (i=1,2,\cdots,n) \tag{4-11}$$

(3) 将向量 $\boldsymbol{W} = [\overline{W_1}, \overline{W_2}, \cdots, \overline{W_n}]^{\text{T}}$ 归一化：

$$W_i = \frac{\overline{W_i}}{\sum_{i=1}^{n} \overline{W_i}} \quad (i=1,2,\cdots,n) \tag{4-12}$$

则 $\boldsymbol{W} = [W_1, W_2, \cdots, W_n]^{\text{T}}$ 即为所求的特征向量。

(4) 计算最大特征根：

$$\lambda_{\max} = \sum_{i=1}^{n} \frac{(AW)_i}{nW_i} \tag{4-13}$$

二、层次分析法在运输服务商选择中的应用

【例 4-1】 某行业核心企业欲寻找运输服务供应商来承担其产成品送达经销商的运输

业务,该企业根据自身和行业情况,决定采用时间(T)、质量(Q)、成本(C)、服务(S)、柔性(F)五项作为评估供应商的准则。共有3个候选运输服务供应商。层次结构图如图4-1所示。

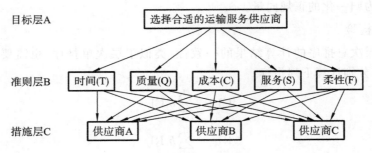

图 4-1　层次结构图

经过企业领导层和专家组的讨论,并结合实际情况得出该企业对这五项准则的相对权重,用判断矩阵表示(见表4-3)。

表 4-3　准则层元素对目标层的判断矩阵

	T	Q	C	S	F
T	1	1/3	1/3	1	2
Q	3	1	2	3	3
C	3	1/2	1	5	5
S	1	1/3	1/5	1	1
F	1/2	1/3	1/5	1	1

$$\lambda_{\max} = 5.188772$$

$CR = 0.0421 < 0.1$,判断矩阵具有令人满意的一致性

$$W = [0.121, 0.363, 0.338, 0.095, 0.083]^T$$

3个候选运输服务供应商A、B、C的基本资料如表4-4所示。其中,供货时间是指途中运输所需的天数;费用是指运输服务供应商向此企业索取的服务费用;质量是指每100件物品到达经销商时的完好产品数;服务是指100件物品中,由于拼车等情况没有按时送达的物品数量(即数据越小,服务质量越好)。

表 4-4　运输服务供应商 A、B、C 的基本资料

供应商	供货时间/天	成本/元	质量	服务
A	3	380	97	7
B	7	365	100	2
C	5	370	98	5

根据表4-4可得3个运输服务供应商A、B、C分别相对于时间(T)、质量(Q)、成本(C)、服务(S)的判断矩阵如下。

（1）措施层元素对时间（T）准则的判断矩阵为

$$\begin{bmatrix} T & A & B & C \\ A & 1 & 5 & 3 \\ B & 1/5 & 1 & 1/3 \\ C & 1/3 & 3 & 1 \end{bmatrix}$$

$$\lambda_{\max_T} = 3.0385$$

$CR_T = 0.0332 < 0.1$，判断矩阵具有令人满意的一致性

$$\boldsymbol{W}_T = [0.637, 0.105, 0.258]$$

（2）措施层元素对质量（Q）准则的判断矩阵为

$$\begin{bmatrix} Q & A & B & C \\ A & 1 & 1/3 & 1/2 \\ B & 3 & 1 & 2 \\ C & 2 & 1/2 & 1 \end{bmatrix}$$

$$\lambda_{\max_Q} = 3.0092$$

$CR_Q = 0.0079 < 0.1$，判断矩阵具有令人满意的一致性

$$\boldsymbol{W}_Q = [0.163, 0.540, 0.297]$$

（3）措施层元素对成本（C）准则的判断矩阵为

$$\begin{bmatrix} C & A & B & C \\ A & 1 & 1/3 & 1/2 \\ B & 3 & 1 & 2 \\ C & 2 & 1/2 & 1 \end{bmatrix}$$

$$\lambda_{\max_C} = 3.0092$$

$CR_C = 0.0079 < 0.1$，判断矩阵具有令人满意的一致性

$$\boldsymbol{W}_C = [0.163, 0.540, 0.297]$$

（4）措施层元素对服务（S）准则的判断矩阵为

$$\begin{bmatrix} S & A & B & C \\ A & 1 & 1/5 & 1/3 \\ B & 5 & 1 & 3 \\ C & 3 & 1/3 & 1 \end{bmatrix}$$

$$\lambda_{\max_S} = 3.039$$

$CR_S = 0.033 < 0.1$，判断矩阵具有令人满意的一致性

$$\boldsymbol{W}_S = [0.105, 0.637, 0.258]$$

除此之外，根据专家小组结合过去合作历史及 A、B、C 三家供应商的规模、生产能力及其在行业中所处水平做出 A、B、C 对于柔性准则判断矩阵如下：

$$\begin{bmatrix} F & A & B & C \\ A & 1 & 1 & 1/3 \\ B & 1 & 1 & 1/5 \\ C & 3 & 5 & 1 \end{bmatrix}$$

$$\lambda_{\max} = 3.029$$

CR＝0.025＜0.1，判断矩阵具有令人满意的一致性
$$W=[0.185,0.156,0.659]$$

最后作层次总排序，如表 4-5 所示。

表 4-5　层次总排序表

准则 单排序权值 供应商	T	Q	C	S	F	总排序权值
	0.121	0.363	0.338	0.095	0.083	
A	0.637	0.163	0.163	0.105	0.185	0.217
B	0.105	0.540	0.540	0.637	0.156	0.464
C	0.258	0.297	0.297	0.258	0.659	0.319

从层次总排序的计算结果可见，三家候选供应商的优先次序依次为 B、C、A。核心企业应优先考虑企业 B 为其运输服务的供应商。

第三节　运输线路优化模型——直运与转运模型

一、多起止点的运输线路规划问题

多点间运输线路规划问题是指起始点或目的点不唯一的运输调配决策问题，常见于以下两种运输网络之中。

（一）直接运输网络

采用直运模式时，货物直接从供应商处运达买方所在地，如图 4-2 所示。在直接运输网络中，每一次运输的线路都是指定的，物流管理者只需要决定运输的数量并选择运输方式。要做出这一决策，物流管理者必须在运输费用和库存费用之间进行权衡。

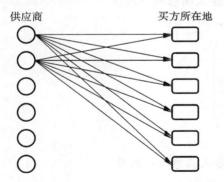

图 4-2　直接运输网络

直接运输网络的主要优势在于无须中介仓库，而且在操作和协调上简单易行。运输决策完全是地方性的，一次运输决策不影响别的货物运输。同时，由于每次运输都是直达的，从供应商到买方所在地的运输时间较短。

如果买方的需求量足够大，并足以使每个供应商对每个地区的最优补货批量接近于卡车的最大装载量，这种情况下直接运输网络就是非常有效的。但如果买方需求量很小，采用直接运输网络的成本就会很高。如果直接运输网络中采用整车承运商，由于每辆卡车的固定成本相对较高，故要求从供应商到每个买方的运货批量必须很大，这就会导致库存水平提高。相反，如果选择零担承运商，尽管库存量较少，但却要花费较高的运输费用和较长的运输时间。如果采用包裹承运商，运输成本会非常高。而且，由于每个供应商必须单独运输每批货物，因此供应商的直接运输将导致较高的货物接收成本。

（二）带中转的运输网络（通过配送中心发运）

随着经济的发展，各地区之间不断蓬勃发展的商贸活动对物流行业提出了更高的要求。原先买卖双方简单的小范围点对点运输已越来越显得不合时宜了，对于很多跨地区运输乃至全球范围的运输活动而言，运输中转是不可或缺的，它有助于整合资源，降低成本，实行有效调度，以满足现实要求。

在带中转的运输系统中，供应商并不直接将货物运送到买方，而是先运到配送中心，再由配送中心将相应的货物送至买方手中，如图 4-3 所示。在这种运输网络中，配送中心是供应商和买方之间的中间环节，它发挥两种不同作用：一方面保管货物；另一方面则起着转运点的作用。当供应商和买方之间的距离较远、运费高昂时，建立配送中心（通过货物保存和转运）有利于降低物流成本。这是因为每个供应商都将配送中心管辖范围内所有买方的进货送至该配送中心，因此通过配送中心可以获得规模经济效应；同时由于配送中心更靠近最终目的地，因此降低了运输成本。

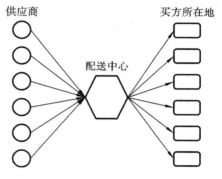

图 4-3 带中转的运输网络

二、直运与转运模型

以上两种情况均可利用运筹学中的运输问题模型进行运输决策优化。

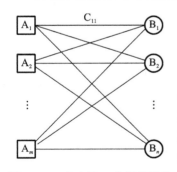

图 4-4 m 个产地、n 个销售地的直运问题示意图

（一）直运问题模型

图 4-4 给出了 m 个产地、n 个销售地的直运问题的示意图。该运输问题一般可描述为：设有某种物资需要从 m 个产地 $A_1, A_2, \cdots, A_m$ 运到 n 个销地 $B_1, B_2, \cdots, B_n$，其中每个产地的生产量为 $a_1, a_2, \cdots, a_m$，每个销地的需求量为 $b_1, b_2, \cdots, b_n$。设从产地 A_i 生产和运送单位数量到销地 B_j 的成本（成本可以包括生产、库存和运输，一般为了简化只考虑运输成本）为 c_{ij}（$i=1, 2, \cdots, m; j=1, 2, \cdots, n$）。问如何调运或如何在不同的产地与销地之间分配运输量才能使总成本最小？以上数据可以汇总于如表 4-6 所示的产销表和单位成本表中。

表 4-6 产销表和单位成本表

产地＼销地	B_1	B_2	$\cdots$	B_n	产量
A_1	c_{11}	c_{12}	$\cdots$	c_{1n}	a_1
A_2	c_{21}	c_{22}	$\cdots$	c_{2n}	a_2

续表

产地＼销地	B_1	B_2	⋯	B_n	产量
⋮	⋮	⋮		⋮	⋮
A_m	c_{m1}	c_{m2}	⋯	c_{mn}	a_m
销量	b_1	b_2	⋯	b_n	

设 x_{ij} 为从产地 A_i 到销地 B_j 的运输量，则其数学模型为：

$$\min z = \sum_{i=1}^{m}\sum_{j=1}^{n} c_{ij} x_{ij}$$

$$\text{s.t.} \begin{cases} \sum_{j=1}^{n} x_{ij} \leqslant a_i, & i=1,2,\cdots,m \\ \sum_{i=1}^{m} x_{ij} = b_j, & j=1,2,\cdots,n \\ x_{ij} \geqslant 0 \end{cases} \quad (4\text{-}14)$$

该模型可以直接利用 LINGO 软件求解，具体程序如例 4-2 所示。

【例 4-2】 设有 3 个产地和 4 个销地的运输问题，其产量、销量及单位成本如表 4-7 所示，试求总成本最小的运输方案以及总运费。

表 4-7　3 个产地 4 个销地的运输问题数据表

	B_1	B_2	B_3	B_4	产量
A_1	6	2	6	7	30
A_2	4	9	5	3	25
A_3	8	8	1	5	21
销量	15	17	22	12	

LINGO 程序：

```
MODEL:
1]! 3 Warehouse, 4 Customer Transportation Problem;
2]sets:
3]  Warehouse /1..3/: a;
4]  Customer  /1..4/: b;
5]  Routes( Warehouse, Customer) : c, x;
6]endsets
7]! Here are the parameters;
8]data:
9]  a=30, 25, 21;
10] b=15, 17, 22, 12;
11] c=6, 2, 6, 7,
```

```
12]      4,  9,  5,  3,
13]      8,  8,  1,  5;
14]enddata
15]! The objective;
16][OBJ] min=@ sum( Routes: c * x);
17]! The supply constraints;
18]@ for( Warehouse(i): [SUP]
19]    @ sum( Customer(j): x(i,j))<=a(i));
20]! The demand constraints;
21]@ for( Customer(j): [DEM]
22]    @ sum( Warehouse(i): x(i,j))=b(j));
END
```

在上述程序中,第16行表示运输问题中目标函数,第18～22行表示约束条件。

由于LINGO软件中采用集、数据段和循环函数的编写方式,因此更便于程序推广到一般形式使用,如只需修改运输问题中产地和销地的个数,以及参数 a、b、c 的值,就可以求解任何运输问题。所以,从程序通用性的角度来看,推荐大家采用LINGO软件来求解运输问题。

(二) 转运问题模型

转运问题(transshipment problem)与上述运输问题的区别在于不是将工厂生产出的产品直接送到顾客手中,而是要经过某些中间环节(如仓库、配送中心等)。图4-5所示的是一个三层级(即有一个中间环节)的转运问题。

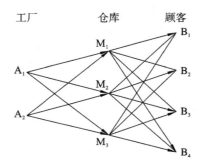

图4-5　2个工厂、3个仓库及4个顾客的转运问题

对于一个一般的转运问题,设有 m 个产地、n 个销地和 l 个中间环节,a_i 表示第 i 个工厂的产量,b_k 表示第 k 个顾客的需求量,c_{ij}^1 表示工厂到仓库的运费单价,c_{jk}^2 表示仓库到顾客的运费单价,x_{ij}^1 表示工厂到仓库的运量,x_{jk}^2 表示仓库到顾客的运量,则转运问题的数学表达式为:

$$\min \left(\sum_{i=1}^{m} \sum_{j=1}^{l} c_{ij}^1 x_{ij}^1 + \sum_{j=1}^{l} \sum_{k=1}^{n} c_{jk}^2 x_{jk}^2 \right) \quad (4-15)$$

$$\text{s.t.} \quad \sum_{j=1}^{l} x_{ij}^1 \leqslant a_i \quad i=1,2,\cdots,m (运出量 \leqslant 生产量) \quad (4-16)$$

$$\sum_{i=1}^{m} x_{ij}^{1} = \sum_{k=1}^{n} x_{jk}^{2} \quad j = 1, 2, \cdots, l(\text{运入量} = \text{运出量}) \tag{4-17}$$

$$\sum_{j=1}^{l} x_{jk}^{2} = b_{k} \quad k = 1, 2, \cdots, n(\text{运入量} = \text{需求量}) \tag{4-18}$$

$$x_{ij}^{1} \geqslant 0, x_{jk}^{2} \geqslant 0 \tag{4-19}$$

该模型可以利用软件工具求解,如 LINGO、Excel 规划求解,下面通过两个例题来演示。

【例 4-3】 根据图 4-5,设有两个工厂 A、B,产量分别为 9、8 个单位;四个顾客 1、2、3、4 需求量分别为 3、5、4、5;还有三个仓库 x、y、z。其中工厂到仓库、仓库到顾客的运费单价分别如表 4-8 所示。试求使总运费最少的运输方案以及总运费。

表 4-8 工厂到仓库、仓库到顾客的运费单价

	A	B	1	2	3	4
x	1	3	5	7	—	—
y	2	1	9	6	7	—
z	—	2	—	6	7	4

说明:其中"—"表示两地无道路通行。

该模型可以直接利用 LINGO 软件求解,具体程序如下。

```
MODEL:
1]! 2 plants, 3 warehouses and 4 customers
2]    Transshipment Problem;
3]sets:
4]   Plant    /A, B/ : produce;
5]   Warehouse /x, y, z/;
6]   Customer /1..4/ : require;
7]   LinkI ( Plant, Warehouse) : cI, xI;
8]   LinkII ( Warehouse, Customer) : cII, xII;
9]endsets
10]! Here are the parameters;
11]data:
12]  produce=9, 8;
13]  require=3, 5, 4, 5;
14]  cI  =1, 2, 100,
15]       3, 1,   2;
16]  cII=5, 7, 100, 100,
17]       9, 6,   7, 100,
18]       100, 6,  7,   4;
19]enddata
20]! The objective;
21][OBJ] min=@ sum(LinkI: cI * xI)+ @ sum(LinkII: cII * xII);
```

```
22]! The supply constraints;
23]@ for( Plant(i):[SUP]
24]    @ sum( Warehouse(j): xI(i,j)) <=produce(i));
25]! The warhouse constraints;
26]@ for( Warehouse(j):[MID]
27]    @ sum( Plant(i): xI(i,j))=@ sum( Customer(k): xII(j,k)));
28]! The demand constraints;
29]@ for( Customer(k):[DEM]
30]    @ sum( Warehouse(j): xII(j,k))=require(k));
END
```

在上述程序中,由第14、15行定义的cI是工厂到仓库的运费,由16~18行定义的cII是仓库到顾客的运费。我们的目标是求最小运费,因此当两点无道路时,认为是运费无穷大。为了便于计算,只要取较大的数值就可以了,这里的取值为100。程序的第21行表示目标函数(式(4-15)),第23、24行表示约束条件(式(4-16)),第26、27行表示约束条件(式(4-17)),第29、30行表示约束条件(式(4-18))。

LINGO软件的计算结果(仅保留非零变量)如下。

```
Global optimal solution found at iteration:    9
Objective value:                        121.0000
    Variable           Value         Reduced Cost
    XI( A, X)         3.000000         0.000000
    XI( A, Y)         6.000000         0.000000
    XI( B, Y)         3.000000         0.000000
    XI( B, Z)         5.000000         0.000000
    XII( X, 1)        3.000000         0.000000
    XII( Y, 2)        5.000000         0.000000
    XII( Y, 3)        4.000000         0.000000
    XII( Z, 4)        5.000000         0.000000
```

即工厂A向仓库x、y、z分别运输3、6、0个单位,工厂B向仓库x、y、z分别运输0、3、5个单位,仓库x向顾客1运输3个单位,仓库y向顾客2、3分别运输5、4个单位,仓库z向顾客4运输5个单位,总运费为121个单位。

下面我们再来看一个带中转的运输问题的案例,并演示Excel规划求解在其中的应用。

【例4-4】 天通公司有2个磁芯生产基地,以前从生产基地直接运输给4个客户的运输路程如表4-9所示(单位为公里),所需的最小运输总成本为755400元。现在为了企业的发展,公司近期与某物流公司签订了3年的合作协议,获得了该物流公司3个配送中心的部分使用权,并由这3个配送中心全权负责2个磁芯基地的产成品运输工作。具体的仓库分布情况、客户分布情况和各地之间的路程(单位为公里)都已在表4-10与表4-11中列出,运输成本是每公里每吨0.4元,每个配送中心的年处理能力是5500吨。

天通公司希望通过此次合作能将公司物流水平提高到一个新的台阶,在提升自身竞争力的同时适当地控制一下日益增长的运输成本。

表 4-9 天通产品生产基地与客户之间运距及供需情况表

	客户1	客户2	客户3	客户4	供应量/吨
生产基地1运距/公里	342	453	127	234	4000
生产基地2运距/公里	234	256	134	43	6000
需求量/吨	2000	3000	1500	3500	

表 4-10 天通产品生产基地与配送中心之间运距及供需情况表

	配送中心1	配送中心2	配送中心3	供应量/吨
生产基地1运距/公里	200	150	150	4000
生产基地2运距/公里	200	200	160	6000
处理能力/吨	5500	5500	5500	

表 4-11 天通产品配送中心与客户之间运距及供需情况表

	客户1	客户2	客户3	客户4	处理能力/吨
配送中心1运距/公里	45	35	25	45	5500
配送中心2运距/公里	25	20	30	40	5500
配送中心3运距/公里	20	25	35	45	5500
需求量/吨	2000	3000	1500	3500	

分析该案例可以知道,由于配送中心全权负责产成品运输工作,供应商只需发货给配送中心,配送中心再发货给客户,因此这是一个典型的转运问题。

利用 Excel 进行规划求解,具体处理如下。

(1) 在 Excel 中建立已知数据表,如图 4-6 所示。其中区域 C2:E3 的数据来源于表 4-10,区域 F2:I3 的数据来源于表 4-9,区域 F4:I6 的数据来源于表 4-11。

	A	B	C	D	E	F	G	H	I	J	K	L
1		运距	配送中心1	配送中心2	配送中心3	客户1	客户2	客户3	客户4	供应量(吨)		
2		生产基地1	200	150	150	342	453	127	234	4000		
3		生产基地2	200	200	160	234	256	134	43	6000		
4		配送中心1				45	35	25	45	5500		
5		配送中心2				25	20	30	40	5500		
6		配送中心3				20	25	35	45	5500		
7		需求量(吨)	5500	5500	5500	2000	3000	1500	3500			
8												

图 4-6 在 Excel 中建立已知数据表

(2) 在 Excel 中构建出决策变量、约束方程及目标函数所在区域,如图 4-7 所示,并进行相应的单元格的设置。其中区域 C10:I14 为决策变量所在区域,区域 K10:K14 以及 C16:I16 为约束方程单元格设置所在区域,区域 D18 为目标函数单元格设置所在区域,它们的具体单元格设置如表 4-12 所示。

第四章
运输及配送中的决策与优化

图 4-7 在 Excel 中构建出决策变量、约束方程及目标函数

表 4-12 图 4-7 中单元格的设置

单元格设置	扩展工作表的公式
K10（K11～K14 单元格设置与此类似）	SUM(C10:I10)
C16（D16～I16 单元格设置与此类似）	SUM(C10:C14)
D18	SUMPRODUCT(C2:I6,C10:I14) * 0.4

（3）进入 Excel 规划求解参数设置界面，进一步确认目标单元格，并选择最小值选项；确认可变单元格，即决策变量单元格；添加约束，K10:K14＝J10:J14（即满足供应量限制），C16:I16＝C15:I15（即满足需求量要求），C10:I14≥0（即满足决策变量非负的要求）。此外，由于供应地不能直接发给客户，配送中心之间也不需要彼此移库运输，所以在约束中还需要添加 C13:C14＝0，D12＝0，D14＝0，E12＝E13＝0，F10:I11＝0。设置完毕后，采用线性模型，单击"求解"按钮，这样我们就能得到最后的结果，如图 4-8 所示，最小运输成本是 752000 元，比以前的直运模式节省了 3400 元。

图 4-8 转运问题 Excel 规划求解的结果

（三）模型的变通使用——直运与转运相混合的情况

对于天通公司的运输方案优化决策问题我们来做进一步的研究，看看是否还有更经济

的方案。考虑到一下子将运输工作全部移交给第三方物流公司可能出现的衔接问题,天通公司决定合作前 3 个月为衔接期,在此期间运输工作部分交由物流公司负责。也就是说,生产基地既可以通过配送中心发货给客户,也可以直接发货给客户,这是一个直运与转运相混合的情况。

在这种情况下,同样可以利用 Excel 规划求解,将转运情况下的相关约束进行调整,由于允许供应方直接发货给客户,所以在上述步骤(3)的约束条件中删掉 F10:I11=0,其他设置不变,单击"求解"按钮,其结果如图 4-9 所示。

	A	B	C	D	E	F	G	H	I	J	K	L
1		运距	配送中心1	配送中心2	配送中心3	客户1	客户2	客户3	客户4	供应量(吨)		
2		生产基地1	200	150	150	342	453	127	234	4000		
3		生产基地2	200	200	160	234	256	134	43	6000		
4		配送中心1				45	35	25	40	5500		
5		配送中心2				25	20	30	40	5500		
6		配送中心3				20	25	35	45	5500		
7		需求量(吨)	5500	5500	5500	2000	3000	1500	3500			
8												
9		运量	配送中心1	配送中心2	配送中心3	客户1	客户2	客户3	客户4	供应量(吨)	约束	
10		生产基地1	0	3000	1000	0	0	0	0	4000	4000	
11		生产基地2	0	0	1000	0	0	1500	3500	6000	6000	
12		配送中心1	5500	0	0	0	0	0	0	5500	5500	
13		配送中心2	0	2500	0	0	3000	0	0	5500	5500	
14		配送中心3	0	0	3500	0	0	0	0	5500	5500	
15		需求量(吨)	5500	5500	5500	2000	3000	1500	3500			
16		约束	5500	5500	5500	2000	3000	1500	3500			
17												
18		目标	min	484600								

图 4-9　直运与转运混合问题 Excel 规划求解的结果

现在我们发现在直运与转运混合的情况下,也就是不完全由配送中心负责运输工作时运输成本更低,仅为 484600 元。因此,天通公司决策层最后表示,将生产基地 1 的货物全部交由物流公司的配送中心 2 和配送中心 3 运作(配送中心 2 运作 3000 吨,配送中心 3 运作 1000 吨);生产基地 2 的货物部分交由配送中心 3 运作(配送中心 3 运作 1000 吨),余下的 5000 吨由基地自有的运输车辆分别送到客户 3 和客户 4,各 1500 吨和 3500 吨。

第四节　配送路线选择与车辆调度模型

一、起止点重合的巡回配送问题

配送是运输中一个重要的直接与消费者相连的环节。配送是将货物从物流环节点送达收货人的过程。配送是在集货、配货基础上,完全按用户要求,包括种类、品种搭配、数量、时间等方面的要求所进行的运送,是"配"和"送"的有机结合形式。

巡回配送问题一般定义为:从起始点出发对一系列货点和(或)卸货点,组织适当的行车路线,使车辆有序地通过它们,在满足一定的约束条件(如货物需求量、发送量、交发货的时间、车辆容量限制、行驶里程限制、时间限制等)下,达到一定的目标(如路程最短、费用最小、时间尽量少、使用车辆尽量少等),最后回到起始点。

巡回配送路线选择问题,也称为"送奶路线"(milk run),是现实中十分普遍的一种调配问题,特别是对于有大量服务对象的配送问题。配送路线合理与否对配送速度、成本、效益影响很大,特别是多用户配送路线的确定更为复杂。采用科学的、合理的方法来确定配送路线,是配送活动中非常重要的一项工作。解决此类问题时,核心问题是对配送路线进行安排以及对配送车辆进行调度。车辆运行路线和时间安排,是配送路线选择问题的延伸,它受到的约束条件很多,例如:

(1) 每个停留点规定的提货数量和送货数量;
(2) 所使用的多种类型车辆的载重量和载货容积;
(3) 车辆在路线上休息前允许的最大行驶时间;
(4) 停留点规定的在一天内可以进行的提货时间;
(5) 可能只允许送货后再提货;
(6) 司机可能只在一天的特定时间进行短时间的休息或进餐等。

这些约束条件大大地使问题复杂化,甚至使人们难以去寻找最优化的解。国外有文献将其分为两类问题来研究:车辆路径问题(vehicle routing problem,VRP)和车辆调度问题(vehicle scheduling problem,VSP)。一般认为,当不考虑时间要求,仅从空间位置考虑车辆路线的安排和车辆调度时,称为VRP问题;考虑时间要求安排线路时,称为VSP问题;同时考虑空间和时间要求时,称为VRSP问题。但也有学者认为可以不区分两者,而把VSP问题看成是有时间约束的VRP问题,因此在VRP的基础上加上与时间有关的修饰词即可,如VRP with Time Windows。

对于VRP问题,目前有许多种标准进行分类,如表4-13所示。

表4-13 VRP问题的分类

分类原则	子问题	分类原则	子问题
任务特征	纯装问题	车场数目	单车场问题
	纯卸问题		多车场问题
	装卸混合问题	车辆种类	单车型问题
任务性质	对弧服务问题(CPP)		多车型问题
	对点服务问题(TSP)	车辆归属	车辆开放问题
	混合服务问题		车辆封闭问题
载货状况	单车单任务问题	优化目标	单目标问题
	单车多任务问题		多目标问题

按任务特征分,有纯装问题或纯卸问题(pure pick up or pure delivery,车辆在所有任务点装货或卸货,即集货或送货问题)和装卸混合问题(combined pick up and delivery,每项任务有不同的装货点和卸货点,即集货、送货一体化问题)。

按任务性质分,有对弧服务问题(如中国邮递员问题)和对点服务问题(如旅行商问题)以及混合服务问题(如交通车线路安排问题)。

按车辆载货状况分,有满载问题(运货量不小于车辆容量,完成一项任务需要不只一辆车)和非满载问题(货运量小于车辆容量,多项任务用一辆车)。

按配送中心(或货场、车场等)数目分,有单配送中心问题和多配送中心问题。

对于配送车辆不需要加以区别的情况,称为同类问题(homogeneous)或单车型问题,否则称为异类问题(heterogeneous)或多车型问题。

按车辆对车场的所属关系分,有车辆开放问题(车辆可以不返回其发出车场)和车辆封闭问题(车辆必须返回其发出车场)。

按优化目标数来分,有单目标问题和多目标问题。

更多的,可以按以下约束条件分类。

对于被分配到一条线路的配送车辆移动距离需满足不超过车辆运距上限的限制条件,称为具有距离约束的车辆路径问题(distance constrained vehicle routing problem)。此外,对于移动费用或移动时间满足上限约束的情况,仍然称为具有距离约束的车辆路径问题。若没有移动距离(时间、费用)的约束,仅需满足装载量约束的问题,称为装载量约束的车辆路径问题。

对于车辆在任意两点间的移动费用无方向区别时,则称为对称车辆路径问题;反之,称为非对称车辆路径问题。

对于移动费用满足任意两点间的费用小于经过第三点费用之和,称为满足三角不等式问题。

通常的配送问题可以设两点之间的最小费用(最短距离、最短时间)为该两点之间的移动费用,因此可以假设满足三角不等式,但由于拥挤、单行道、交叉口左右转时间的差异,未必能够是对称问题。

对于所有客户的需求量相同的情况,称为等需求问题(equal demand),否则称为非等需求问题(unequal demand)。

对于需求点的作业时间有一定要求时,即需满足客户点指定的时间范围内开始和结束,则称为具有时间窗约束的车辆路径问题(vehicle routing problem with time window constraints)。具有时间窗约束的车辆路径问题与一般的车辆路径问题的最大差别,在于到达客户位置比给定时间窗早的情况下,产生了等待;而如果到达时间比给定时间窗晚时,产生了延误。两种情况由于破坏了时间窗约束,使得实施成为不可能。

实际中,常常允许有少许的延误,为此,也有将超出时间窗的部分作为罚函数添加到目标函数的做法。或者,当比时间窗的最早时间更早到达情况下,代替在客户地点的等待采用惩罚项添加到目标函数。

对于不是绝对不允许破坏时间窗约束,而是采用相应于超出时间窗程度的罚函数的处理方法,称为柔性时间窗约束(soft time window constraint)。通常意义上的时间窗约束称为刚性时间窗约束。可以将刚性时间窗约束看作为对于柔性时间窗约束采用非常大的罚值的情况。

二、TSP 模型及其算法

TSP 问题——旅行售货员问题(traveling salesman problem),可描述如下。

在一个由 n 个顶点构成的网络中,要求找出一个包括所有顶点的具有最小耗费(如最短距离或最短时间代价)的环路。

可以用多种方法把 TSP 表示成整数规划模型。这里介绍的一种建立模型的方法,是把该问题的每个解(不一定是最优的)看作是一次"巡回"。

在下述意义下,引入 0—1 整数变量: $x_{ij} = \begin{cases} 1, \text{巡回路线是从 } i \text{ 到 } j, \text{且 } i \neq j \\ 0, \text{其他情况} \end{cases}$,其目标是

使 $\sum_{i=1}^{n}\sum_{j=1}^{n}c_{ij}x_{ij}$ 为最小。

这里有两个明显的必须满足的条件：访问点 i 后必须要有一个即将访问的点；访问点 j 前必须要有一个刚刚访问过的点。于是，数学模型可以表示如下：

$$\min z = \sum_{i=1}^{n}\sum_{j=1}^{n}c_{ij}x_{ij}$$

$$\text{s.t.} \begin{cases} \sum_{i=1}^{n}x_{ij} = 1, j = 1,2,\cdots,n \\ \sum_{j=1}^{n}x_{ij} = 1, i = 1,2,\cdots,n \\ x_{ij} = 0 \text{ 或 } 1, i,j = 1,2,\cdots,n \end{cases}$$

显然，它是一个指派问题的整数规划模型。但以上两个条件对于 TSP 来说并不充分，仅仅是必要条件。例如，图 4-10 所示的情况，模型中两个约束条件都满足，但它显然不是 TSP 的解，它存在两个子巡回。

这里，我们将叙述一种在原模型上附加充分的约束条件以避免产生子巡回的方法。把额外变量 $u_i(i=2,3,\cdots,n)$ 附加到问题中，可把这些变量看作是连续的（虽然这些变量在最优解中取普通的整数值）。现在附加下面形式的约束条件 $u_i - u_j + nx_{ij} \leq n-1, 2 \leq i \neq j \leq n$。为了证明该约束条件有预期的效果，必须证明：①任何含子巡回的路线都不满足该约束条件；②全部巡回都满足该约束条件。其中①可以用反证法得以证明；②可以采用构造法得以证明（证明过程可以查阅运筹学相关书籍，本书略）。这样我们把 TSP 转化成了一个混合整数规划问题，其模型如下：

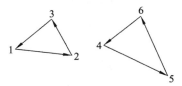

图 4-10 含两个子巡回的可行解

$$\min z = \sum_{i=1}^{n}\sum_{j=1}^{n}c_{ij}x_{ij}$$

$$\text{s.t.} \begin{cases} \sum_{i=1}^{n}x_{ij} = 1, j = 1,2,\cdots,n \\ \sum_{j=1}^{n}x_{ij} = 1, i = 1,2,\cdots,n \\ u_i - u_j + nx_{ij} \leq n-1, 2 \leq i \neq j \leq n \\ x_{ij} = 0 \text{ 或 } 1, i,j = 1,2,\cdots,n \\ u_i \geq 0 \text{ 或 } i = 2,3,\cdots,n \end{cases}$$

对于小规模问题，经典的整数规划求解方法还是有效的，此时可利用 LINGO 软件辅助模型求解，代码如下。

!旅行售货员问题;
model:
sets:
  city / 1..5/: u;
  link(city, city):

```
        dist,    !距离矩阵;
            x;
endsets
    n=@size( city);
data:    !距离矩阵,它并不需要是对称的;
    dist=@qrand(1);    ! 随机产生,这里可改为你要解决问题的数据;
enddata
    !目标函数;
    min=@sum( link: dist *x);

    @FOR(city( K):
        !进入城市 K;
        @sum(city( I)| I # ne#K: x( I, K))=1;

        !离开城市 K;
        @sum( city( J)| J # ne#K: x( K, J))=1;
);

    !保证不出现子巡回;
    @for(city(I)|I # gt#1:
        @for( city( J)| J#gt#1 #and# I#ne#J:
            u(I)-u(J)+n*x(I,J)<=n-1);
    );

    !限制 u 的范围以加速模型的求解,保证所加限制并不排除掉 TSP 问题的最优解;
    @for(city(I)|I#gt#1:u(I)<=n-2 );
    !定义 X 为 0—1 变量;
    @for(link:@bin( x));
end
```

计算的部分结果为:

Global optimal solution found at iteration: 77
    Objective value: 1.692489

Variable	Value	Reduced Cost
N	5.000000	0.000000
U(1)	0.000000	0.000000
U(2)	1.000000	0.000000
U(3)	3.000000	0.000000
U(4)	2.000000	0.000000

第四章

运输及配送中的决策与优化

U(5)	0.000000	0.000000
DIST(1, 1)	0.4491774	0.000000
DIST(1, 2)	0.2724506	0.000000
DIST(1, 3)	0.1240430	0.000000
DIST(1, 4)	0.9246848	0.000000
DIST(1, 5)	0.4021706	0.000000
DIST(2, 1)	0.7091469	0.000000
DIST(2, 2)	0.1685199	0.000000
DIST(2, 3)	0.8989646	0.000000
DIST(2, 4)	0.2502747	0.000000
DIST(2, 5)	0.8947571	0.000000
DIST(3, 1)	0.8648940E-01	0.000000
DIST(3, 2)	0.6020591	0.000000
DIST(3, 3)	0.3380884	0.000000
DIST(3, 4)	0.6813164	0.000000
DIST(3, 5)	0.2236271	0.000000
DIST(4, 1)	0.9762987	0.000000
DIST(4, 2)	0.8866343	0.000000
DIST(4, 3)	0.7139008	0.000000
DIST(4, 4)	0.2288770	0.000000
DIST(4, 5)	0.7134250	0.000000
DIST(5, 1)	0.8524679	0.000000
DIST(5, 2)	0.2396538	0.000000
DIST(5, 3)	0.5735525	0.000000
DIST(5, 4)	0.1403314	0.000000
DIST(5, 5)	0.6919708	0.000000
X(1, 1)	0.000000	0.4491774
X(1, 2)	0.000000	0.2724506
X(1, 3)	0.000000	0.1240430
X(1, 4)	0.000000	0.9246848
X(1, 5)	1.000000	0.4021706
X(2, 1)	0.000000	0.7091469
X(2, 2)	0.000000	0.1685199
X(2, 3)	0.000000	0.8989646
X(2, 4)	1.000000	0.2502747
X(2, 5)	0.000000	0.8947571
X(3, 1)	1.000000	0.8648940E-01
X(3, 2)	0.000000	0.6020591
X(3, 3)	0.000000	0.3380884

X(3, 4)	0.000000	0.6813164
X(3, 5)	0.000000	0.2236271
X(4, 1)	0.000000	0.9762987
X(4, 2)	0.000000	0.8866343
X(4, 3)	1.000000	0.7139008
X(4, 4)	0.000000	0.2288770
X(4, 5)	0.000000	0.7134250
X(5, 1)	0.000000	0.8524679
X(5, 2)	1.000000	0.2396538
X(5, 3)	0.000000	0.5735525
X(5, 4)	0.000000	0.1403314
X(5, 5)	0.000000	0.6919708

然而,当 n 较大(大于 30)时,该混合整数线性规划问题的规模会很大,从而给求解带来很大问题。TSP 已被证明是 NP 难问题,目前还没有发现多项式时间的算法。此时可以通过启发式算法获得近似最优解。下面介绍两种启发式算法:最近邻点法和最近插入法。

这两种算法是由 Rosen Krantz 和 Stearns 等人在 1977 年提出的用于解决 TSP 问题的算法。

最近邻点法比较简单,但是它得到的解并不十分理想,有很大的改善余地。由于该算法计算快捷,但精度低,可以作为进一步优化的初始解。最近邻点法包括四个步骤:

(1) 从零点开始,作为整个回路的起点;
(2) 找到离刚刚加入到回路的上一个顶点最近的一个顶点,并将其加入到回路中;
(3) 重复步骤(2),直到 V 中所有顶点都加入到回路中;
(4) 将最后一个加入的顶点和起点连接起来。

最近插入法比最近邻点法复杂,但是可以得到相对比较满意的解。最近插入法也包括四个步骤:

(1) 找到离起始点 v_1 最近的节点 v_k,形成一个子回路(subtour), $T=\{v_1,v_k,v_1\}$;
(2) 在剩下的节点中,寻找一个离子回路中某一节点最近的节点 v_k;
(3) 在子回路中找到一条弧 (i,j),使得 $c_{ik}+c_{kj}-c_{ij}$ 最小,然后将节点插入 v_i 和 v_j 之间,用两条新的弧 (i,k) 和 (k,j) 代替原来的弧 (i,j),并将节点 v_k 加入子回路中;
(4) 重复步骤(2)和(3),直到所有的节点都加入子回路中。

WinQSB 软件提供了 3 种启发式算法(最近邻点算法、最近插入算法、两两交换改进算法)和 1 种精确算法(分支定界法)。

三、经典的 VRP 模型

经典 VRP 可描述如下:有多个货物需求点(或称顾客),已知每个需求点的需求量及位置,至多用 m 辆汽车从配送中心(或中心仓库)送货,每辆汽车载重量一定,安排汽车路线,要求每条路线不超过车辆载重量和每个需求点的需求必须且只能由一辆车来满足,目标是使运距最短或者运输费用最少。

一般情况下，基本形式的 VRP 具有以下假设：

(1) 单一物流中心，多部车辆配送，m 为车辆总数，所有车辆的集合为 $K=\{1,2,\cdots,m\}$；
(2) 车辆为单一车种，即视为相同的载重量，且有容量限制，载重量为 Q；
(3) n 为顾客总数，所有客户的集合为 $V=\{1,2,\cdots,n\}$；
(4) 每个需求点由一辆车服务，每个客户点 i 的货物需求量为 q_i，不超过车辆的载重容量；
(5) 无时间限制的配送问题；
(6) 客户的位置和需求量均为已知；
(7) 配送的货物视为同一种商品，便于装载。

记：

$$y_{ijk}=\begin{cases}1,\text{第 }k\text{ 辆车从点 }i\text{ 到点 }j, i\neq j,\\ 0,\text{否则}\end{cases} \quad i=0,1,\cdots,n, j=0,1,\cdots,n$$

0 代表配送中心

$$x_{ik}=\begin{cases}1,\text{需求点 }i\text{ 由车辆 }k\text{ 送货},\\ 0,\text{否则}\end{cases} \quad i=1,2,\cdots,n, k=1,2,\cdots,m$$

c_{ij} 为节点 i 到节点 j 的最短距离（最少运费、最短时间等），它只与运输距离有关，与货物重量无关。巡回配送的目标是使总运输距离（运费、时间）为最短，即

$$\min z=\sum_{i=0}^{n}\sum_{j=1}^{n}\sum_{k=1}^{m}c_{ij}y_{ijk}$$

此外，还必须满足以下约束。

每辆车辆所运送的货物量不超过其载重量：

$$\sum_{i=1}^{n}q_i x_{ik} \leqslant Q, k=1,2,\cdots,m$$

每个需求点必须有且只需有一辆车送货：

$$\sum_{k=1}^{m}x_{ik}=1, i=1,2,\cdots,n$$

若客户点 j 由车辆 k 送货，则车辆 k 必从某点 i 到达点 j：

$$\sum_{i=0}^{n}y_{ijk}=x_{jk}, j=0,1,\cdots,n, k=1,2,\cdots,m$$

若客户点 i 由车辆 k 送货，则车辆 k 送完该点的货后必到达另一个点 j：

$$\sum_{j=0}^{n}y_{ijk}=x_{ik}, i=0,1,\cdots,n, k=1,2,\cdots,m$$

因此，VRP 可以表示为如下整数规划模型

$$\min z=\sum_{i=0}^{n}\sum_{j=1}^{n}\sum_{k=1}^{m}c_{ij}y_{ijk}$$

$$\text{s.t.} \sum_{i=1}^{n}q_i x_{ik} \leqslant Q, k=1,2,\cdots,m$$

$$\sum_{k=1}^{m}x_{ik}=1, i=1,2,\cdots,n$$

$$\sum_{i=0}^{n}y_{ijk}=x_{jk}, j=0,1,\cdots,n, k=1,2,\cdots,m$$

$$\sum_{i=0}^{n} y_{ijk} = x_{ik}, i=0,1,\cdots,n, k=1,2,\cdots,m$$

$$\sum_{i\in s}\sum_{j\in s} y_{ijk} \leqslant |s|-1, s\subseteq V, 2\leqslant |s|\leqslant n-1, k=1,2,\cdots,m$$

$|s|$ 为集合 S 中所含点的个数

$$x_{ik}\in\{0,1\}, i=1,\cdots,n, k=1,2,\cdots,m$$

$$y_{ijk}\in\{0,1\}, i,j=0,1,\cdots,n; k=1,2,\cdots,m$$

四、VRP 模型的求解方法

国内外对配送车辆优化调度问题做了大量而深入的研究,例如,早在 1983 年,Bodin、Goden 等人在他们的综述文章中列举过 700 余篇文章;最近国内外还不断有新的成果产生。VRP 的求解方法非常丰富,究其实质,可将求解方法分成精确算法和启发式算法两大类。

(1) 精确算法。

精确算法指可求出其最优解的算法,主要有分枝定界法(branch and bound approach)、割平面法(cutting planes approach)、网络流算法(network flow approach)和动态规划方法(dynamic programming approach)。

(2) 启发式算法。

由于 VRP 问题是 NP 问题,精确算法的计算量一般随问题规模的增大呈指数增长,因此,在实际中,其应用范围十分有限。利用经验法则寻求近似算法是必要和现实的,为此,专家们主要把精力花在构造高质量的启发式算法上。最早提出的启发式算法有节约算法、扫描算法等。目前,绝大部分这方面的研究成果是对启发式算法的设计或改进,出现了现代启发式算法(metaheuristics algorithm),如遗传算法(genetic algorithm)、模拟退火算法(simulated annealing)、禁忌算法(tabu search algorithm)等人工智能方法,其特点是适合更大规模、复杂 VRP 模型的求解。

下面介绍两种经典的启发式算法。

(一) 节约法(saving method)

节约法也称为节约里程法(Clarke-Wright 法,C-W 法),是在 1964 年由 Clarke-Wright 提出的。该算法能灵活处理许多现实的约束条件,如能同时确定车辆数及车辆经过各站点的顺序。由于其简单性和一定程度的实用性,成为广泛使用的求解 VRP 模型的近似算法。

算法遵循古典近似优化原理的"贪婪算法",其思路如下。设只有两个收货点 P_1、P_2,如图 4-11 所示。最简单的方法是分别配送,距离为 $2c_{01}+2c_{02}$,若用一辆车改为单线配送,则距离为 $c_{01}+c_{02}+c_{12}$(c_{ij} 为 P_i 到 P_j 的最短距离),节约运距为

$$(2c_{01}+2c_{02})-(c_{01}+c_{02}+c_{12})=c_{01}+c_{02}-c_{12}\geqslant 0$$

称 $c_{01}+c_{02}-c_{12}$ 为 P_i 到 P_j 的"节约里程",记为 s_{12}。

对于多个点,如图 4-12 所示,已知有两条配送路径,距离分别为 a 和 b,若 $c_{0i}+c_{0j}-c_{ij}>0$,则采用并线配送后,运送距离为 $a+b-(c_{0i}+c_{0j}-c_{ij})$。其中 $c_{0i}+c_{0j}-c_{ij}$ 为合并后的节约里程,即

$$s_{ij}=c_{0i}+c_{0j}-c_{ij}$$

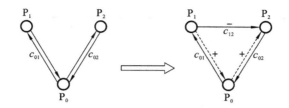

图 4-11　由分别配送改为巡回配送的节约的里程

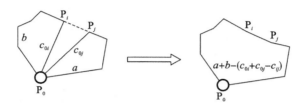

图 4-12　两条配送线路并线后的节约里程

因此，C-W 算法采用两条配送路径合并为一条配送路径的思想，降低了总运输距离。算法先求出任意两点间的"节约里程"，并按从大到小的排序，先合并节约里程大的路径，在合并时检验车辆的载重量和总运距约束。

注意到在线路合并时，只有在两条不同线路上并且直接与配送中心相连接的点对才能合并，即每个点最多只能合并两次，以及在同一路径内的两点不能再合并，因此在合并线路时，还需对这些条件进行检验。

节约里程算法主要步骤如下。

第一步：确定距离方阵。

第二步：计算节约方阵。

第三步：将客户划归到不同的配送路线。

第四步：排定每辆车的送货顺序。

节约算法可以方便地编制成程序，当节点规模不大时，也可通过手工方式完成计算，这时通常利用节约矩阵或表格的形式进行。下面通过一个具体的实例来说明其步骤。

【例 4-5】　当当公司配送中心的经理收到了来自 13 个不同客户的订单。配送中心的位置、每个客户的坐标以及每位客户的订单规模如表 4-14 所示。配送中心一共有 4 辆卡车，每辆卡车的载重量是 200 单位。经理认为，送货成本与卡车的总行程，即两点之间的距离高度相关。因此，经理希望获得总行驶距离最小的方案。如何分配客户？如何确定车辆行驶路线？

表 4-14　客户的坐标及订单的规模

	X 坐标	Y 坐标	订单规模
配送中心（DC）	0	0	
客户 1（C1）	0	12	48
客户 2（C2）	6	5	36
客户 3（C3）	7	15	43

续表

	X 坐标	Y 坐标	订单规模
客户 4(C4)	9	12	92
客户 5(C5)	15	3	57
客户 6(C6)	20	0	16
客户 7(C7)	17	−2	56
客户 8(C8)	7	−4	30
客户 9(C9)	1	−6	57
客户 10(C10)	15	−6	47
客户 11(C11)	20	−7	91
客户 12(C12)	7	−9	55
客户 13(C13)	2	−15	38

解 第一步：确定距离方阵。

确定距离方阵就是要确定配送中心、13 个客户中任意两点之间的距离。在这里，我们用两点之间的距离代替两点之间运输成本。坐标系中 A、B 两点之间的距离 $\text{Dist}(A,B)$ 可以用公式表示为（假定 A、B 两点的坐标分别为 (x_A, y_A)，(x_B, y_B)）

$$\text{Dist}(A,B) = \sqrt{(x_A - x_B)^2 + (y_A - y_B)^2}$$

每两个客户之间的距离以及他们与配送中心的距离如表 4-15 所示。接下来，我们用任意两点之间的距离来计算节约方阵。

表 4-15 当当公司的距离矩阵

	DC	C1	C2	C3	C4	C5	C6	C7	C8	C9	C10	C11	C12	C13
DC	0													
C1	12	0												
C2	8	9	0											
C3	17	8	10	0										
C4	15	9	8	4	0									
C5	15	17	9	14	11	0								
C6	20	23	15	20	16	6	0							
C7	17	22	13	20	16	5	4	0						
C8	8	17	9	19	16	11	14	10	0					
C9	6	18	12	22	20	17	20	16	8	0				
C10	16	23	14	22	19	9	8	4	8	14	0			
C11	21	28	18	26	22	11	7	6	13	19	5	0		
C12	11	22	14	24	21	14	16	12	5	7	9	13	0	
C13	15	27	20	30	28	22	23	20	12	9	16	20	8	0

第二步：在送货线路初始可行方案的基础上，计算节约方阵。

节约方阵是指将两个客户的订货放在一辆卡车上联合配送时节约的累积。节约可按照距离、时间或者金钱来计算，当当公司的经理按照距离建立了节约方阵。送货线路依其所经过地点的顺序不同来确认，如"配送中心—客户 x—配送中心"这一行程始于配送中心，送货给客户 x，然后再回到配送中心。节约 $S(x,y)$ 表示的含义是将两个行程，即配送中心—客户 x—配送中心和配送中心—客户 y—配送中心合二为一：配送中心—客户 x—客户 y—配送中心，而节约的距离。可以用公式计算如下：

$$S(x,y) = \text{Dist}(DC, x) + \text{Dist}(DC, y) - \text{Dist}(x, y)$$

根据表 4-15，经理计算出 $S(1,2) = 12 + 8 - 9 = 11$。当当公司送货线路的节约方阵如表 4-16 所示。利用节约方阵可以将客户划归到不同配送线路中。

表 4-16　当当公司送货路线的节约方阵

	Rout.	C1	C2	C3	C4	C5	C6	C7	C8	C9	C10	C11	C12	C13
C1	1	0												
C2	2	11	0											
C3	3	21	15	0										
C4	4	18	15	28	0									
C5	5	10	14	18	19	0								
C6	6	9	13	17	19	29	0							
C7	7	7	12	14	16	27	33	0						
C8	8	3	7	6	7	12	14	15	0					
C9	9	0	2	1	4	6	7	8	0					
C10	10	5	10	11	12	22	28	29	16	8	0			
C11	11	5	11	12	14	25	34	32	16	8	32	0		
C12	12	1	5	4	5	12	15	16	14	10	18	19	0	
C13	13	0	3	2	8	12	12	11	12	15	16	18	0	

第三步：合并配送路线，将客户划归到不同的配送路线。

当当公司的经理力图在将客户划归到不同车辆或不同的配送线路中使节约最大化。这种划分是一个重复进行的过程。最初每一客户被划分到各自独立的运输线路中去。如果两条配送线路上的运输总量不超过卡车的最大载重量，则二者的合并就是可行的。在反复进行的过程中，当当公司的经理总是试图使节约最大的两条线路合并成一条新的可行的线路。这一过程一直持续到不能再合并时为止。

首先，最大的节约 34 来自线路 6 和线路 11 的合并，而且这种合并是可行的。因为总运量为 16+91=107，小于 200，因此这两个客户被划归为一条线路，如表 4-17 所示。从而节约 34 在下一步中也就无需再考虑了。

下一个最大的节约是将客户 7 和客户 6 合并为一条线路以后的节约 33，由于合并后的运量为 107+56=163，小于 200，所以这一合并也是可行的。因此，客户 7 被添加到线路 6 中去，如表 4-18 所示。

表 4-17　当当公司送货线路第一次合并后的节约方阵

	Rout.	C1	C2	C3	C4	C5	C6	C7	C8	C9	C10	C11	C12	C13
C1	1	0												
C2	2	11	0											
C3	3	21	15	0										
C4	4	18	15	28	0									
C5	5	10	14	18	19	0								
C6	6	9	13	17	19	29	0							
C7	7	7	12	14	16	27	33	0						
C8	8	3	7	6	7	12	14	15	0					
C9	9	0	2	1	1	4	6	7	8	0				
C10	10	5	10	11	12	22	28	29	16	8	0			
C11	6	5	11	12	14	25	34	32	16	8	32	0		
C12	12	1	5	4	5	12	15	16	14	10	18	19	0	
C13	13	0	3	2	2	8	12	12	11	12	15	16	18	0

接下来最大的节约是合并客户 10 和线路 6 得到的节约 32（我们无需考虑合并客户 7 和客户 11 的节约 32，因为二者都已经安排在线路 6 中了）。但是这一合并却不能进行，因为客户 10 的 47 个单位的货物如果添加到线路 6 已有的货物中去，那么总运量将超过卡车的最大载重量 200。下面是将客户 5 或客户 10 添加到线路 6 中去，得到的节约 29，但由于最大载重量的限制，这些合并都是不可行的。

表 4-18　当当公司送货路线第二次合并后的节约方阵

	Rout.	C1	C2	C3	C4	C5	C6	C7	C8	C9	C10	C11	C12	C13
C1	1	0												
C2	2	11	0											
C3	3	21	15	0										
C4	4	18	15	28	0									
C5	5	10	14	18	19	0								
C6	6	9	13	17	19	29	0							
C7	6	7	12	14	16	27	33	0						
C8	8	3	7	6	7	12	14	15	0					
C9	9	0	2	1	1	4	6	7	8	0				
C10	10	5	10	11	12	22	28	29	16	8	0			
C11	6	5	11	12	14	25	34	32	16	8	32	0		
C12	12	1	5	4	5	12	15	16	14	10	18	19	0	
C13	13	0	3	2	2	8	12	12	11	12	15	16	18	0

下面的最大节约是合并线路 3 和线路 4 得到的节约 28，这是可行的。这两条线路合二为一，如表 4-19 所示。

表 4-19 当当公司送货路线第三次合并后的节约方阵

	Rout.	C1	C2	C3	C4	C5	C6	C7	C8	C9	C10	C11	C12	C13
C1	1	0												
C2	2	11	0											
C3	3	21	15	0										
C4	3	18	15	28	0									
C5	5	10	14	18	19	0								
C6	6	9	13	17	19	29	0							
C7	6	7	12	14	16	27	33	0						
C8	8	3	7	6	7	12	14	15	0					
C9	9	0	2	1	1	4	6	7	8	0				
C10	10	5	10	11	12	22	28	29	16	8	0			
C11	6	5	11	12	14	25	34	32	16	8	32	0		
C12	12	1	5	4	5	12	15	16	14	10	18	19	0	
C13	13	0	3	2	2	8	12	12	11	12	15	16	18	0

反复进行上述过程，已经合并的线路不再考虑，将剩余的没被合并的线路依次合并，最后，线路合并的结果是客户被划分为四条线路：{1,3,4}，{2,9}，{6,7,8,11}，{5,10,12,13}，即由四辆卡车为这些客户送货。下一步将排定每辆车的送货顺序。

第四步：排定每辆车的送货顺序。

排定线路内的送货顺序，使所有车辆的总行驶距离最短。经理的目标是尽量缩短每辆车必需的行程，因为改变送货顺序对行驶距离有显著影响。让我们看一下为客户 5、10、12、和 13 服务的情况，如果送货顺序为客户 5、10、12、13，这时运距为 15＋9＋9＋8＋15＝56（从表 4-15 中得到距离数据）；但如果送货顺序为客户 5、10、13、12，那么卡车的行程为 15＋9＋16＋8＋11＝59。

每条线路内送货顺序的决定，实际上是 TSP 问题，可应用前面介绍的方法求解。如以为客户 5、10、12、13 送货的卡车为例，最近邻点法得到的最终线路为（配送中心、客户 12、客户 13、客户 10、客户 5、配送中心），线路长度为 59，而最近插入法得到的最终线路是（配送中心、客户 5、客户 10、客户 12、客户 13、配送中心），线路长度为 56。

当当公司的经理最终排定每辆车的送货顺序如表 4-20 和图 4-13 所示，送货总距离是 170。

表 4-20 当当公司运用节约法最终得到的送货行程安排

卡车	送货行程	行程长度	每辆卡车装载量
1	DC,2,9,DC	26	93
2	DC,1,3,4,DC	39	183

续表

卡车	送货行程	行程长度	每辆卡车装载量
3	DC,8,11,6,7,DC	49	193
4	DC,5,10,12,13,DC	56	197

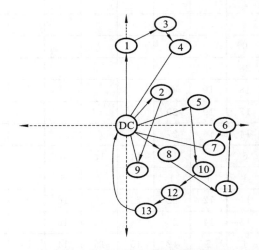

图 4-13　节约法最终送货线路安排图

C-W 算法计算速度较快,但 C-W 算法求解结果有时可能与最优解相差较大。

(二)扫描法(sweep algorithm)

扫描法是 Gillett 和 Miller 在 1974 年首先提出的。扫描法在 VRP 求解模式中属先分群再求解路径的算法,在其考虑总距离成本时,一般皆能得到不错的结果,是最为简便、常用的方法之一。其原理是,先以配送中心为原点,将所有需求点的极坐标算出,然后依角度大小以逆时针或顺时针方向扫描,若满足车辆装载容量即划分为一群,将所有点扫描完毕后在每个群内部用 TSP 算法求出车辆行驶路径。

扫描法基本步骤如下:

(1) 以配送中心为原点,将所有客户需求点的极坐标计算出来。

(2) 以零角度为极坐标轴,按顺时针或逆时针方向,依角度大小开始扫描。

(3) 将扫描经过的客户点需求量进行累加,当客户需求总量达到一辆车的载重量限制且不超过载重量极限时,就将这些客户划分为一群,即由同一辆车完成送货服务。接着,按照同样的方法对其余客户划分新的客户群,指派新的车辆。

(4) 重复步骤(3),直到所有的客户都被划分到一个群中。

(5) 在每个群内部用 TSP 算法求出车辆行驶最短路径。

其分派车辆的过程可以通过手工计算或直接在图纸上完成,也可以利用计算机程序求解,计算速度快、计算准确。该方法的缺点是,对有时间窗的 VRP 问题处理得不好。

下面应用扫描法对例 4-5 进行求解。

解　扫描法求解问题的步骤如下。

第一步:建立极坐标。

参考表 4-14 中的数据信息,在图 4-14 上描述出各客户点的坐标位置。然后,以配送中心为极坐标原点,向右的水平线为零角度线。

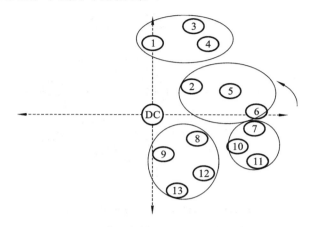

图 4-14　应用扫描法确定的多车辆路径

第二步:扫描划分客户群。

以零角度线为起始位置,按逆时针方向进行扫描,将扫描经过的客户需求量进行累加,将既不超重又能最大限度地利用车辆装载量的客户划分为一组,由一辆车提供取货服务。

如图 4-14 所示的客户位置分布,客户 6 首先被扫描,其需求量是 16;按逆时针方向依次扫描,经过客户 5、客户 2,这时的客户需求总量=16+57+36=109,如果再增加下一个客户 4,就会超过 200 的极限,所以,客户 6、5、2 由第一辆车完成服务,这样就得到第 1 条线路。

同样的方法,客户 4、3、1 被相继扫描,它们的累计需求量=92+43+48=183,不超过车辆载重极限,这样就得到第 2 条线路。接着,客户 9、13、12、8 相继被扫描,它们的需求量累计=57+38+55+30=180,没有超出车辆载重极限,这样就得到第 3 条线路。最后得到的是由客户 10、11、7 组成的第 4 条线路,累计需求量为 194。

这样的客户群划分可以满足当当公司由 4 辆载重量为 200 的货车按照不超载的原则,完成 13 家客户需求任务的要求。

第三步:确定每辆车的最佳路径。

即要确定上面得到的四个客户群的最佳行车路线,这实际上是 TSP 问题,同样可应用第 4.4.2 小节中介绍的方法求解,求解结果如表 4-21 所示。

表 4-21　当当公司运用扫描法最终得到的送货行程安排

卡车	送货行程	行程长度	每辆卡车装载量
1	DC,1,3,4,DC	39	183
2	DC,2,5,6,DC	43	109
3	DC,10,11,7,DC	44	194
4	DC,8,12,13,9,DC	36	180

因此,当当公司的经理最终排定每辆车的送货顺序如表 4-21 和图 4-15 所示,送货总距离是 162。显然,与节约法相比,扫描法得到的方案更优,总行程缩短了 8 单位,说明在满足

客户需求的前提下总成本更低。

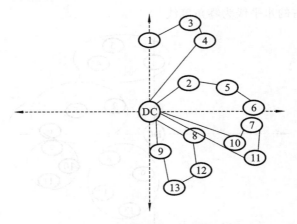

图 4-15　扫描法最终送货线路安排图

以上我们通过一个例子介绍了扫描法的应用方法和过程。实际上，对于车辆路径问题，经常需要考虑一些更实际的限制条件。例如，在客户需求点既有送货的要求，又有一定的取货要求；使用的多部车辆可能具有不同的容积和载重量；或者，客户对送/取货时间有特殊的限制等。增加这些限制条件后，问题的复杂性大大增加，甚至无法寻找到问题的最优解。所以，通常需要根据问题及所建模型的具体情况寻找并利用不同的启发式方法来辅助得到满意解。

 本章小结

运输和配送是物流系统中两个重要的组成部分。运输的本质是创造时间和空间的效应。配送是多种物流活动的有机结合，具有提高物流经济效益、优化、完善物流系统，改善物流服务，降低成本等功能。运输与配送既有联系，又有区别。运输主要涉及长距离干线运输，其基本原理是规模经济和距离经济，运输决策主要包括运输方式的选择、运输服务的选择、运输线路及运输量的优化等；配送主要涉及短距离支线运输，服务人群为终端消费者，配送决策的内容主要为配送线路设计、车辆行程安排等。

本章介绍了运输及配送决策的主要内容，运输和配送决策中常用的建模技术与方法。通过本章的学习，可以掌握如何利用层次分析法来选择满意的运输服务商，以及如何在直运及转运的情况下进行合理的调运；可以了解配送问题的分类、相应的模型及算法，了解目前求解 VRP 问题常见的启发式算法的思路，并掌握几种基本的启发式求解方法。

 综合案例

京东商城：看得见的包裹

2011 年 6 月 5 日中午 1 点，上海的张先生在京东商城下单购买了一台笔记本电脑和一个无线路由器。几乎同一时间，北京的于小姐在京东商城下了一个包括几本书和一个瑜伽

第四章

运输及配送中的决策与优化

铺巾的订单。

购买笔记本电脑的张先生在京东商城订单跟踪页面看到,10分钟后该订单进入生产流程,而在第二天早上8点,张先生就收到了产品。而于小姐的订单则在下单的同时被分成两个子订单。订单跟踪页面显示,10分钟后,其中图书子订单进入了库房生产流程,而瑜伽铺巾订单却显示缺货,暂时不能出库。第二天中午,家住北京北苑家园的于小姐收到了图书,而另一个子订单直到6月10日才进入北京一号库,准备出库。

于小姐和张先生的这两张订单分别代表了京东商城最擅长的3C、百货以及新增图书品类。两个订单生产速度以及送货速度也反映了一个发展中的电子商务企业在供应链管理上的优势和不足。解读京东商城供应链可以看到,供货、系统、数据、仓储、配送是一个综合的相互作用、不断升级的体系,而累积数据的时间和经验也直接决定着系统对于整个供应链的管理效率。京东商城将物联网应用融入其配送环节,也是其优化供应链的一个尝试。

1. 历史数据决定仓储位置

京东商城的每个库房都分三个大部分,最前面的是收货区,中间的是仓储区,后面的是出库区。在收货区,厂家送来的货进行质量抽查后,每个商品都要贴上条形码作为识别这个商品的"身份证"。然后,商品全部在仓储区上架入库,在货架上,每个架位都有编号,在上架时,理货员会扫描货物的商品条形码与货位进行关联,并上传到系统。这样,订单在生产时,取货员只要根据系统记录的货位去相应货架上取货,不用核对商品的名称。

"理论上来说,用户订单一次性打包配送是成本最低的方式。"姜海东介绍,不过并非所有的商品都可以打包成一个订单,如大型家电和床上用品就不能一起配送,即使仓储在同一个库房,系统也会自动分成两个订单。

2. 可视的包裹运输

通过GIS系统,物流管理者在后台可以实时看到物流运行情况,同时,车辆位置信息、车辆的停留时间、包裹的分拨时间、配送员与客户的交接时间等都会形成原始的数据。这些数据经过分析之后,可以给管理者提供更多有价值的参考。

以前,用户可以在自己的页面上观察到订单每个时间分别到达什么位置。近日,京东商城上了一套GIS系统之后,用户可以在京东页面上看到自己订单的实时移动轨迹。这个GIS系统来自于京东商城CEO刘强东的创意。大多数用户经常询问订单配送了没有,目前到哪了,什么时候能到等。实际上,客服人员根本无法知道每一张订单到达的具体位置和到达时间。因此,与其让用户打电话来问,还不如让用户自己实时地看,这样就减少了用户的麻烦,提升了用户体验。在刘强东的提议下,京东商城开始开发GIS系统,半年后投入使用。

在于小姐订单页面的地图上,记者看到一个包裹标志在地图上以一条红色的轨迹移动着。包裹的红色线条沿着五环移动,包裹将要经过的线路是一条红色的虚线,已经经过的线路是红色的实线。

到达立水桥分站之后,包裹标志停止了。第二天一大早,打开地图,又可以看到包裹开始移动起来。记者看到包裹在地图上运行,甚至可以看到包裹转过的一个路口。于小姐根据包裹的移动情况,准确地计算出送达自己手中的时间。

京东商城在电子商务企业中第一个使用GIS系统,这使用户感到很新奇。GIS系统是物联网的典型应用,是一种可视化物流的实现。这种可视化物流可以消除用户线上线下的心理差距。用户可以实时感知到自己的订单,提升了用户体验。

3. 销售预测的关键

"京东涉足电子商务累积了大量的数据,通过对这些数据的计算,能够预测每个地区某个产品的销售表现。根据历史数据的预测来针对每个库房进行备货。而这些数据则来源于商品的点击率、浏览量、搜索率等。"

"对于电商企业来讲,采购进来的商品,既不能库存时间太长,也不能很快断货,库存时间长会占用资金,而用户下单后缺货则会影响用户体验。"姜海东指出,预测销售,根据销售量来备库,是电子商务企业供应链核心的能力。

姜海东强调,电子商务企业供应链的完善是一个系统工程。前台网站搭建起来非常迅速,但是与后台的库存管理、物流配送关联起来,就是一个巨大的工程。因此,用户往往会发现,在北京、上海、广州这样有自建库房和自己的物流队伍的地区,用户从下单到收单的过程就更快,体验会更好。

案例讨论

1. 与传统运输过程相比较,试分析京东商城运输及配送过程的创新之处。
2. 试分析 GIS 系统对传统的包裹运输产生的影响。

练习与思考

一、简答题

1. 运输在物流中的功能和作用是什么?
2. 在物流中,运输决策的内容主要包括哪些方面?
3. 简述用扫描法设计行车路线的步骤。
4. 什么叫做 TSP？什么叫做 VRP？
5. VRP 有哪些类型？

二、计算题

1. 试计算矩阵 H 的最大特征值与特征向量,并验证 H 是否符合一致性。

$$H = \begin{bmatrix} 1 & 1 & 9 & 3 \\ 1 & 1 & 4 & 5 \\ 1/9 & 1/4 & 1 & 7 \\ 1/3 & 1/5 & 1/7 & 1 \end{bmatrix}$$

2. 某商品有 3 个生产基地和 3 个需求地。各生产基地能供应的生产量分别如下:A1 为 10 t,A2 为 7 t,A3 为 5 t;各需求地的需求量分别如下:B1 为 6 t,B2 为 8 t,B3 为 8 t。从生产基地到需求地的产品单位运价如表 4-22 所示。如何规划运输方案才能使总运输费用最低?

表 4-22 从生产基地到需求地的产品运价表

生产基地 \ 需求地	B1	B2	B3
A1	1	10	5
A2	9	2	4
A3	12	7	3

3. 某批发中心每天要为城区 21 个零售店客户送货，客户的位置信息和需求信息如表 4-23 所示。一年按 250 个营业日考虑；该地区公路网完善，没有河流、湖泊或其他需要绕行的障碍。目前公司有 5 辆送货车，每辆车可装 500 箱货物。要求：

(1) 用扫描法确定所需的运货卡车数量；

(2) 确定每辆卡车的最佳运输路线及客户服务顺序。

表 4-23 客户位置信息及货运需求量数据

客户序号	坐标		需求量/箱	客户序号	坐标		需求量/箱
	X	Y			X	Y	
1	7.5	28.5	120	12	11.0	40.0	90
2	10.0	9.0	200	13	32.0	40.0	80
3	12.0	24.0	120	14	7.5	18.0	50
4	13.0	30.0	150	15	5.0	13.5	160
5	13.5	34.0	50	16	23.0	8.0	100
6	17.5	16.5	90	17	27.0	8.0	140
7	23.0	38.5	140	18	36.0	8.0	50
8	23.0	16.5	60	19	32.0	4.0	90
9	23.5	75.0	110	20	32.5	22.0	150
10	27.0	33.5	180	21	31.5	13.0	80
11	29.0	28.0	30				
仓库	15.0	35.0		总计			2240

4. 某网上销售公司现收到 12 个客户的订货请求，客户的位置及订货规模如表 4-24 所示。该公司送货部门有 5 辆卡车，卡车最大装载量均为 225 件。试用节约法为该公司设计合理的运输方案，并说明每种方案的车辆行驶总路程。

表 4-24 客户位置及订货规模

站点	X 坐标	Y 坐标	订单规模（件）
配送中心	0	0	
顾客 1	−12	0	74
顾客 2	−5	6	55
顾客 3	−15	7	68
顾客 4	−12	9	109
顾客 5	−3	15	81
顾客 6	0	20	41
顾客 7	2	17	74
顾客 8	4	7	52
顾客 9	6	1	80

续表

站点	X 坐标	Y 坐标	订单规模(件)
顾客 10	6	15	69
顾客 11	7	20	103
顾客 12	9	7	75

5. 某区域的一个配送中心 P_0 负责 8 个客户点 $P_1,\cdots,P_8$ 的每天货物配送任务,配送中心及客户的位置和各点之间的距离如图 4-16 所示。配送中心共有 6 辆车,其中 4 辆车的载重为 4 t,另外 2 辆车的载重为 6 t。各车辆每天最大运输距离不能超过 45 km。若某天这 8 个客户的货物需求量如表 4-25 所示,试用节约法编制这天的配送计划。

表 4-25　客户的货物需求量

客户	P_1	P_2	P_3	P_4	P_5	P_6	P_7	P_8
需求/t	2	1.5	2.5	3.6	1.2	1.3	1.2	2.2

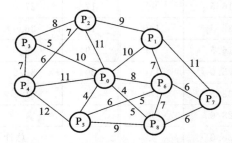

图 4-16　配送中心与客户位置示意图

第五章 库存管理与控制中的决策与优化

学习目标

(1) 理解库存的四种分类角度,库存的积极作用与消极作用;
(2) 熟悉库存控制的内容及库存控制的作用;
(3) 掌握经典的 EOQ 模型;
(4) 理解规模经济效应与周转库存的关系,掌握联合订货批量模型;
(5) 理解供应链的不确定性与安全库存关系,掌握安全库存的确定方法。

第一节 库存管理与控制决策概述

库存以原材料、在制品、半成品、成品等形式存在于供应链的各个环节。库存成本是物流成本的主要来源,库存策略的改变会在很大程度上影响供应链整体盈利水平和响应能力。因此,库存也是供应链的一个重要驱动要素。狭义的库存是指在仓库中处于暂时停滞状态、用于未来的、有经济价值的物资。广义的库存还包括处于制造加工状态和运输状态的物资。

一、库存的分类

库存按不同的标准有不同的划分方法。

(一)从生产过程角度划分

库存从生产过程角度可分为原材料库存,在制品库存,维护、维修、作业用品库存,包装物和低值易耗品库存,产成品库存。

(1) 原材料库存,是指企业通过采购和其他方式获得的,用于制造产品并构成产品实体的物品,以及供生产消耗但不构成产品实体的辅助材料、修理用配件、燃料以及外购半成品等的库存。其作用是支持企业内制造或装配过程。

(2) 在制品库存,是指已经经过一定的生产过程,但尚未全部完工或在销售以前还需要进一步加工的中间产品和正在加工中的产品。

(3) 维护、维修、作业用品库存,是指用于维护和维修设备而储备的配件、零件、材料等。维护和维修设备的需求和时间的不确定性导致维护、维修、作业用品库存。

(4) 包装物和低值易耗品库存,是指企业为包装产品而储备的各种包装容器、材料等,以及因价值低、易损耗等而不能作为固定资产的各种物资的储备。

(5) 产成品库存,是指已经完成制造并等待装运,可以对外销售的制成品的库存。

(二) 从生产经营角度划分

库存从生产经营角度可分为经常库存、安全库存、季节性库存、促销库存、积压库存。

(1) 经常库存,是指在正常的经营环境下为满足日常的需要而建立的库存。这种库存随着每日的需要而不断减少,当库存降低到某一水平时,就要进行再生产来补充库存,也称为周转库存或循环库存(cycle inventory)。

(2) 安全库存(safety inventory),是指为了应付超出预期的客户需求与供应能力变化而保存的额外库存,它与三个因素有关:一是客户需求变化的程度,变化程度越大,所需安全库存越大;二是订货的提前期和提前期的变化,提前期越大,所需安全库存也越大;三是客户服务水平,服务水平越高,库存水平也越高。因此在确定安全库存时,客户需求与供货提前期的变化对安全库存是有决定性影响的。

(3) 季节性库存,是指为了满足特定季节中出现的特定需要而建立的库存,或指季节性出产的原材料在出产的季节大量收购而建立的库存。

(4) 促销库存,是指为了对应企业的促销活动产生的预期销售增加而建立的库存。

(5) 积压库存,是指因物品品质变坏不再有效用的库存或因没有市场销路而卖不出去的商品库存。

(三) 根据物品需求的重复程度划分

根据物品需求的重复程度,库存分为单周期库存和多周期库存。

单周期库存也称为一次性订货,这种需求的特征是偶发性和物品生命周期短,很少重复订货;多周期库存需求是在一段时间内需求重复发生,库存需要不断补充。多周期库存根据物品需求之间的相关性又分为独立需求库存和相关需求库存两种。

(四) 根据需求的相关性划分

根据需求的相关性,库存分为独立需求库存和相关需求库存。

所谓独立需求库存指的是需求变化独立于人的主观控制能力之外,因而其数量与出现的概率是随机的、不确定的、模糊的。相关需求库存的需求数量和需求时间与其他变量存在一定的相互关系,可以通过一定的数学关系推算得出。

二、库存的积极作用与消极作用

(一) 积极作用

1. 防止断档

制造型企业维持一定量的成品库存,可以随时应付市场销售的变化,客户可以很快采购到他们所需要的物品,从而缩短了客户的订货提前期,加快了社会生产的速度,也使得制造型企业能更多地争取客户。

2. 维持生产的稳定

企业按销售订单与销售预测来安排生产计划,并制订原材料采购计划,下达采购订单。由于采购物品需要一定的提前期,但这个提前期存在一定的风险,有可能所订的原材料被延期交货,影响到生产的顺利进行。为了消除这种因为延期交货而导致的生产中断,企业有必要维持原材料的库存。

3. 增加生产计划的柔性

库存能减轻生产系统要尽量生产出产品的压力,也就是说,生产提前期宽松了。在制订生产计划时,就可以通过加大生产批量使生产流程更加有条不紊地进行,并降低生产成本。生产准备完成后,若生产批量比较大的话,将能使昂贵的生产准备成本得以分摊。

4. 降低物流成本

签订一份订单需要一定的成本,这些成本一般包括人员工资、电话费、打字费、邮费,有时还包括采购人员的差旅费。每张订单的订货量越大,所要签订的订单数就越少,同时,大订单对降低运输费用也有好处——运输的数量越多,单位数量的货物运输成本越低。

5. 储备功能

在价格下降时大量储存是减少损失以及应对灾害的需要。

(二) 消极作用

(1) 占用大量资金,影响企业现金流。

(2) 提高了企业的产品成本与管理成本,也就是企业为持有库存所需花费的成本,其主要包括占用资金的利息、储存保管费、保险费、库存物品价值损失费用。

(3) 掩盖企业生产经营中存在的问题。库存会掩盖企业决策缓慢、订单处理延迟、在制品堆积等一系列问题,造成企业不能及时发现改进,管理水平不能有效提高。

总之,存储作业一方面表现为生产和物流过程中利用规模经济降低成本;另一方面则通过备货,尽可能多的随时满足顾客需求,提高顾客服务水平。因此,本教材将在后续的小节中以周转库存和安全库存为重点,分析库存管理与控制的方法以及合理降低库存的策略。首先,第二节介绍常用的库存控制模型与方法;其次,由于生产或采购的批量大于需求量而产生的平均库存为周转库存。周转库存是用于满足连续两次补货之间所发生的需求的平均库存,其目的是为了利用规模经济优势。第三节从规模经济效应与周转库存管理的关系角度,介绍了其控制方法以及合理降低周转库存的管理策略。最后,在供需关系完全可以预测的情况下,只需要周转库存即可应对。然而供应链中存在多种不确定性,主要来自三个方面:供应商的不确定性、生产者的不确定性和顾客需求的不确定性。这些不确定性影响供应与需求的匹配,持有安全库存就是为了应对实际需求超过预测值时导致的短缺。第四节将从不确定性与安全库存管理的角度,介绍了减少安全库存的管理策略。

三、库存控制概述

库存控制是指用尽量少的人力、物力、财力等企业资源,将库存物资控制在保障供应的最合理的数量范围内所进行的有效管理措施。

（一）库存控制的内容

库存控制的内容主要包含以下三个方面的问题。
(1) 库存基准的问题，即应维持多少库存，如最低库存量、最高库存量。
(2) 订购量的问题，即必须补充多少库存。
(3) 订购点或订货周期的问题，即何时必须补充库存。

（二）库存控制有效性的制约因素

(1) 需求的不确定性，偶发的大批量需求会使库存管理受到挑战。
(2) 订货周期，其波动会制约库存控制。
(3) 运输。
(4) 资金。
(5) 管理水平，是库存控制的直接约束条件。

（三）库存控制的作用

库存控制的作用主要表现在以下三个方面。
(1) 平衡供需关系，维持生产稳定。
使库存物资的种类及数量满足生产的需要，使生产能够正常进行。
(2) 降低库存成本。
使库存物资的数量保持在合理的水平，将管理库存物资的费用控制在合理的范围。
(3) 规避风险。
防止库存物资数量过多，超出了市场或生产需要的上限，导致物资积压甚至过期损坏或失去原有价值，造成企业的经济损失。

（四）库存控制的参数与类型

1. 库存控制的参数

库存控制涉及一系列相关因素，直接有关的参数有四个。
订货点（ROP 或 R）：发出订货要求时的库存量。
订货批量（Q）：每次订货的物品数量。
订货周期（T）：相邻两次订货的时间间隔。
订货提前期（LT 或 L）：货物从订购到交付之间的时间间隔。

2. 库存控制的类型

库存控制主要有定量控制和定期控制两种基本类型。
定量控制：强调选择固定订购批量。
定期控制：强调选择固定订货周期。

第二节 常用的库存模型与方法

一、库存控制方法与模型中的常用符号说明

常用的库存控制方法与模型主要用于解决三个问题,即确定库存检查周期,确定订货量,以及确定订货点(何时订货)。在介绍库存控制模型之前,先简略介绍几个常见的名词。

1. 订货批量 Q

库存系统根据需求,为补充某种物资的库存量而向供货厂商一次订货或采购的数量。

2. 报警点 s

报警点又称订货点(ROP)。该点库存量和提前订货时间是相对应的,当库存量下降到这一点时,必须立即订货,当所订货物尚未到达入库之前,库存量应能按照既定的服务水平满足提前订货时间的需求。

3. 安全库存量 SS

安全库存量又称保险储备量或缓冲库存。由于需求量 D 和订货提前期 L 都可能是随机变量,因此,提前订货时间的需求量 D_L 也是随机变量,其波动幅度可能大大超过其平均值。为了预防和减少这种不确定性而造成的缺货,必须准备一部分库存,这部分库存称为安全库存量。只有当出现缺货情况时,才动用安全库存量。

4. 最高库存量 S

在订货提前期可以忽略不计的库存模型中,S 是指每次到货后所达到的库存量。当存在提前订货时,S 是指发出订货要求后库存应该达到的数量 OUL(order up to level),由于此时并未实际到货,所以该最高库存量又称名义库存量。

5. 平均库存量 $\bar{Q}$

平均库存量是指库存保有的平均库存量。在确定型库存决策中,只需要周转库存即可保证正常的生产或销售顺利进行,此时的平均库存就是周转库存,即 $Q/2$;而当需要备有安全库存以预防产品短缺时,此时的平均库存量为

$$\bar{Q} = \frac{1}{2}Q + \text{SS}$$

6. 订货间隔期或订货周期 T

订货间隔期或订货周期是指两次订货的时间间隔或订货合同中规定的两次进货之间的时间间隔。

7. 记账间隔期 r

记账间隔期是指库存记账制度中的间隔记账所规定的时间,即每隔 r 时间,整理平时积欠下来的发料原始凭据,进行记账,得到账面结存数以检查库存量。

二、常用的库存控制策略

目前常用的库存策略基本上可以分为两种,即定量订购和定期订购。

(一) 定量订购

泛指通过公式计算或经验求的报警点 s 和每次订货量 Q,并且每当库存量下降到报警点 s 时,就进行订货的库存策略。通常使用的有 (Q,s) 制、(S,s) 制、(r,S,s) 制等。

1. (Q,s) 制库存控制策略

采用这种策略需要确定订货批量 Q 和报警点 s 两个参数。(Q,s) 属于连续监控(又称连续盘点制),即每发料一次就结算一次账,得出一个新的账面数字并与报警点 s 进行比较,当库存量达到 s 时,就立即以 Q 进行订货,库存管理工作量大。

2. (S,s) 制库存控制策略

这种策略是 (Q,s) 制的改进,需要确定最大库存量 S 及报警点 s 两个参数。(S,s) 制属于连续监控,每当库存量达到或低于报警点 s 时,就立即订货,使订货后的库存量达到最大库存量 S,因此,每次订货的数量 Q 是不固定的。

3. (r,S,s) 制库存控制策略

这种策略需要确定记账间隔期 r、最大库存量 S 和报警点 s 三个参数。(r,S,s) 制属于间隔监控,即每隔 r 时间记账一次,根据账面情况进行控制,管理工作量较小。当检查实际库存量高于报警点 s 时,不采取订货措施;只有当库存等于或低于报警点 s 时,才立即订货,使订货后库存量为最大库存量 S,因而每次实际订购批量也是不同的。

(二) 定期订购

即每经过一段固定的时间间隔 T(也称为订购周期)就补充订货使库存量达到某种水平的库存策略。常用的就有 (T,S) 制库存控制策略。

(T,S) 制库存控制策略需要确定订购间隔 T 和最大库存量 S 两个参数,属于间隔监控制,即每隔 T 时间检查库存并进行订货,使库存量恢复到最大库存量 S 水平,每次的实际订货量 Q 根据剩余库存量来确定。订货间隔期 T 一旦确定下来,在相当长时间内不再变动,库存管理的工作量较小,但是需要维持较高的安全库存量。

三、库存控制模型的类型

(一) 确定型与随机型库存控制模型

凡需求量 D、订货提前期 L 为确定已知的存储问题所构成的库存控制模型为确定型。凡上述两者之一或全部为随机变量的存储问题所构成的库存控制模型为随机模型。

确定型库存模型又可分为需求不随时间变化和需求随时间变化两种类型;同样,随机型库存控制模型也可根据需求量是否随时间变化分为两类。

事实上,所谓绝对的确定型是不存在的。在实际库存问题中,D 和 L 多多少少总会有一些波动。一般地,设随机变量 X 的均值为 $\bar{x}$,标准差为 σ_x,只要变异系数 $C_X = \dfrac{\sigma_x}{\bar{x}}$ 小于 0.2,随机变量 X 就可以当作确定型变量来对待。实际中,如生产企业按物资消耗定额核定的物资需求量,基本建设工程中按设计预算得到的物资需求量,有固定可靠供销关系的物资的提

前订货时间等,都可使用这个原则进行分析处理。

(二) 单周期与多周期库存控制模型

有的物资必须购进后一次全部供应或售出,否则就会造成经济损失,这类存储问题的模型称为单周期库存控制模型,如报纸、年历等时令性物品以及防洪、防冻性物资构成的模型。单周期需求订货模型也称为一次订货模型。

有的物资多次进货多次供应,形成进货—供应消耗—再供应消耗,周而复始地形成多周期特点的存储问题的模型称为多周期库存控制模型。

(三) 动态与静态库存控制模型

当随着时间的变化,货物的需求、货物的单价等主要影响库存决策的因素会发生变化时,则称这类存储问题为多阶段库存控制模型或动态库存控制模型。

当各周期的各种参数,如需求量、采购、订货和存储费用等,都不发生变化或变化很小时,则可将这类问题看成是静态库存控制模型。

(四) 单级与多级库存控制模型

单级库存控制模型是研究单个物流节点的物资库存决策,其目标是在一定的时期内使单个仓库的库存成本达到最小。而多级库存控制模型主要研究供应链中连续多个物流仓库物资供需存储模型,其目标是使整个供应链的效率(成本、时间等)达到最优。

四、经典 EOQ 模型

经济订货批量(economic order quantity,EOQ)最早由哈里斯(F. Harris)在 1915 年建立模型,并确定最优解,即最优批量。1934 年,威尔逊(R. H. Wilson)重新得出哈里斯的公式,即经济订货批量公式。经济订货批量模型从经济的角度来确定最优的订货量,从根本上改变了人们对库存问题的传统认识,是对库存理论研究的一个重大突破。

1. 模型建立的假设条件

只考虑一种产品需求,且需求是已知的常数,即需求是均匀的,年需求量用 D 表示,单位时间需求率用 d 表示;订货提前期(lead time,LT)已知,且为常数;一次订货量无最大最小限制;每次的订货成本与订货批量无关;单位购买成本与批量无关,即无数量价格折扣;库存维持费是库存量/订货量的线性函数;不允许发生缺货;补充率可无限大,全部订货一次交付。

与订货有关的固定成本是不随订货批量大小变化却在每次订货时都要发生的所有成本的总和,包括发出订单、运输货物、接收货物等活动发生的成本。每次发生的订货成本用 S 表示。总订货成本与订货的次数有关。在总需求一定的前提下,每次订货的批量越大,订货的次数就越少,总的固定订货成本就越小。

库存持有成本(holding cost)是指一定时期(通常为 1 年)内持有单位产品库存所支付的成本。它包括资金成本、实际仓储成本和产品陈旧化带来的成本。单位产品每年的库存持有成本用 H 表示,也可以通过库存持有成本比率 h 和库存价值 C 来表示,即 $H=hC$。其中 h

表示将价值 1 元的库存物资持有 1 年的成本。库存持有成本随订货批量 Q 的增加而增加。

2. 经济订货批量的确定

在以上假设条件下，库存量的变化如图 5-1 所示。系统的最大库存量为 Q，最小库存量为 0，不存在缺货。库存按固定需求率减少。当库存降到订货点(reorder point, ROP)时，就按固定订货量 Q 发出订货。经过一个固定的订货提前期 LT，刚好库存为 0 时，新的一批订货 Q 到达，库存量立即达到 Q。

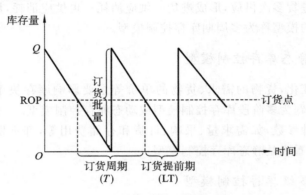

图 5-1　库存量随时间变化图

若年总需求量为 D，每次订货成本为 S，单位购买成本为 C，单位产品年库存持有成本为 H，每次的订货批量为 Q，则

$$年订货成本\ C_R = \frac{S \cdot D}{Q}$$

$$年库存持有成本\ C_H = \frac{H \cdot Q}{2}$$

$$年购买成本\ C_P = C \cdot D$$

年总成本 TC，即为年订货成本、年库存持有成本和年购买成本之和：

$$\mathrm{TC} = \frac{S \cdot D}{Q} + \frac{H \cdot Q}{2} + C \cdot D$$

用图 5-2 表示各项成本随订货批量变化的情形，并反映各项成本之间的关系。总成本曲线(TC)为库存持有成本曲线(C_H)、订货成本曲线(C_R)和购买成本曲线(C_P)的叠加。库存总成本最低时对应的订货批量即为最优订货批量。

为求出此订货批量，可将库存总成本函数对 Q 求一阶导数，并令其等于 0，即

$$\frac{\mathrm{d(TC)}}{\mathrm{d}Q} = \frac{1}{2} \times H - \frac{S \cdot D}{Q^2} = 0 \tag{5-1}$$

由式(5-1)求出 Q，即为最优订货批量(EOQ)：

$$Q^* = \sqrt{\frac{2D \cdot S}{H}} \tag{5-2}$$

最优订货批量实际上是年订货成本与库存持有成本相等时的订货批量，即图 5-2 中 C_R 曲线和 C_H 曲线交叉点对应的订货批量。

按最优订货批量(EOQ)订货，年订货次数 n 为

$$n = \frac{D}{Q^*} \tag{5-3}$$

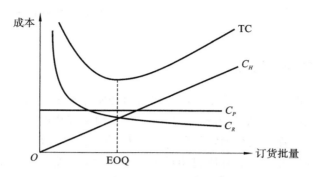

图 5-2 各成本随订货批量变化图

若订货提前期为 L，单位时间需求为 d，则订货点 ROP 为

$$\text{ROP} = d \cdot L \tag{5-4}$$

年总成本为

$$\text{TC} = \sqrt{2 \cdot D \cdot S \cdot H} + C \cdot D \tag{5-5}$$

【例 5-1】 某零售商的计算机月需求量为 100 台。每次订货的固定订货成本为 4000元。每台计算机的进价为 2000 元，零售商的库存持有成本为每台每年 60 元。求该零售商每次应该订购的最优批量。

解 $D = 100 \times 12$ 台 $= 1200$ 台，$S = 4000$ 元，$H = 60$ 元/(台·年)，$C = 2000$ 元/台，根据式(5-2)计算最优订货批量为

$$Q^* = \sqrt{\frac{2D \cdot S}{H}} = \sqrt{\frac{2 \times 1200 \times 4000}{60}} \text{ 台} = 400 \text{ 台}$$

根据式(5-5)计算库存总成本为

$$\text{TC} = (2000 \times 100 \times 12 + \sqrt{2 \times 100 \times 12 \times 4000 \times 60}) \text{ 元} = 2424000 \text{ 元}$$

若已知订货提前期 $L = 3$ 周，一年按 52 周计算，则订货点为

$$\text{ROP} = \frac{100 \times 12}{52} \times 3 \text{ 台} \approx 69 \text{ 台}$$

年订货次数为

$$n = \frac{D}{Q^*} = \frac{100 \times 12}{400} \text{ 次} = 3 \text{ 次}$$

在实际运作中，由于 EOQ 模型得出的最优经济批量通常不是整数，或与供应商提供的供货批量不等，或不满足运输批量的要求，所以，常常需要根据实际情况对经济订货批量进行调整。例 5-1 中，若每次订货成本为 $S = 5000$ 元，则零售商的经济订货批量为 $Q = 447$ 台。如果整车运输的批量为 400 台，显然，供应商不愿意单独运输剩余的 47 台。如果零售商按 400 台批量订货，则订货批量的变化率 $\Delta Q = -12\%$，总库存成本的变化率为 $\Delta \text{TC} = 0.12\%$，变化幅度很小。因此，零售商会修订订货批量为 400 台，避免供应商所要额外费用。

第三节 规模经济效应与周转库存管理

供应链之所以存在库存是因为供应与需求之间不匹配。由于生产或采购的批量大于需

求量而产生的平均库存为周转库存。周转库存是用于满足连续两次补货之间所发生的需求的平均库存,其目的是为了利用规模经济优势。

一、单产品周转库存管理

周转库存管理的重要工作就是要确定合理的周转库存水平。如果管理者只考虑库存持有成本,那么他将减少订货批量和周转库存。然而,采购和订货的规模经济促使管理者增大批量和周转库存。管理者必须在确定订货批量和周转库存时进行权衡,其目的仍然在于使供应链各节点企业进行批量采购时所付出的购买成本、订货成本和库存持有成本的总和最小。因此,可以利用 EOQ 模型来确定单一产品的周转库存合理水平。

经济订货批量随固定订货成本的降低而减少,供应链上的平均库存也随之减少。同时,在无折扣时,年库存总成本随固定订货成本的减少而减少。因此,如果能有效降低固定成本,将能在减少供应链成本的同时,还能减少平均库存。

二、多产品周转库存管理——联合订货批量模型

从第二节分析可知,要有效减少订购批量,可以通过减少固定订购成本实现。固定订购成本是由订货、收货和运输成本组成的。当订购的产品不止一种时,可通过集中订购、共同运输,让固定订购成本在多产品中分摊,从而降低每一种产品的固定订购成本,使其订购批量减少而不增加库存总成本。

通常,一个订单的订货、运输、接收成本会随着产品数量或装载点数量的增加而增加。订单的固定成本一部分与运输有关,一部分与装载和接收有关,其中运输成本与重量有关而与产品种类多少无关,装载和接收成本随装载产品种类的增加而增加。

考虑多种产品订购时,假设以下条件已知:D_i 为产品 i 的年需求量;S 为每次订货时的订购成本,与订单中产品种类无关;s_i 为如果订单中包含产品 i,产品 i 的附加订货成本。

多产品的批量订购采用以下三种方式:一是每种产品独立订货;二是多种产品集中订货,每一批订购所有类型产品,即全部产品联合订货(joint ordering for all products);三是多种产品集中订货,但并非每一批订单都要包含所有类型产品,即每一批订单中的产品类型可以是可供选择的所有产品的一部分,这种订货方式称为精选子集产品联合订货(joint ordering a selected subset of products)。

按第一种方式订货,每种产品都采用 EOQ 公式确定最优订货批量,然后计算库存总成本,下面重点讨论第二种和第三种方式订货。

1. 全部产品联合订货

假设有 k 种产品需要订购,全部产品联合订货策略下每次订货包括 k 种型号,联合订货的固定订货成本计算公式为

$$S^* = S + \sum_{i=1}^{k} s_i$$

设 n 为年订货次数,则年总成本为

$$年总成本 = S^* \cdot n + \sum_{i=1}^{k} \left(\frac{1}{2} \cdot \frac{D_i}{n} \cdot h \cdot C_i \right) + \sum_{i=1}^{k} (D_i \cdot C_i)$$

将总成本函数对 n 求一阶导数,并令导数为 0,可得最优订货频率,通过它可以使年总成本最小化。最优订货频率用 n^* 表示,则

$$n^* = \sqrt{\frac{\sum_{i=1}^{k} D_i h C_i}{2S^*}} \tag{5-6}$$

如果还要考虑车辆的运载能力,则可以将最优的运载批量与车辆的运载能力比较,如果前者超过后者,就需要增大 n^*,直到运载批量与卡车运载能力相等。每种产品每次订购的最佳批量可通过以下公式求出:

$$Q_i = \frac{D_i}{n^*} \quad (i=1,2,\cdots,k) \tag{5-7}$$

【例 5-2】 某零售商销售三种手机($k=3$),且同一个地区由三个不同供应商提供,可以采用集中订购、共同运输的模式采购。三种产品的年需求量分别为 $D_1=12000$ 台,$D_2=1200$ 台,$D_3=120$ 台。手机的购买成本为 $C_1=C_2=C_3=500$ 元。每次订货的固定运输成本为 $S=4000$ 元,每种产品收货和储存所带来的附加固定成本均为 1000 元。零售商的库存持有成本比率为 $h=0.2$。计算全部产品联合订货策略下的最佳订货批量,以及年库存持有成本和年订货成本,并与三种产品独立订货时的情形做比较。

解 全部产品联合订货时一批订货中包含全部三种产品,联合订货成本为

$$S^* = S + s_1 + s_2 + s_3 = 7000 \text{ 元}$$

最佳年订货频率为

$$n^* = \sqrt{\frac{\sum_{i=1}^{k} D_i h C_i}{2S^*}} = \sqrt{\frac{0.2 \times (12000 \times 500 + 1200 \times 500 + 120 \times 500)}{2 \times 7000}} = 9.75$$

因此,如果零售商每次订购和运输都包括三种机型,则每年应订货 9.75 次。订货批量和成本如表 5-1 所示。

表 5-1 全部产品联合订货的批量和成本

	机型 1	机型 2	机型 3
年需求量(D)	12000	1200	120
年订货次数(n^*)	9.75	9.75	9.75
最优订货批量(Q)	1230	123	12.3
周转库存	615	61.5	6.15
年库存持有成本/元	61500	6150	615
年订货成本/元	68250		
年库存持有成本与年订货成本之和/元	136515		

如果每种产品独立订货,则订货的批量和成本如表 5-2 所示。

表 5-2 独立订货的批量和成本

	机型 1	机型 2	机型 3
年需求量(D)	12000	1200	120
固定成本(S)	5000	5000	5000
最优订货批量(Q)	1095	346	110
周转库存	548	173	55
年库存持有成本	54800	17300	5500
年订货频率(n^*)	11	3.5	1.1
年订货成本/元	55000	17500	5500
年库存持有成本与订购成本之和/元		155600	

将独立订货与全部产品联合订货的年总成本进行比较,发现联合订货可以使年总成本减少 19085 元,降幅为 12.3%。

全部产品联合订货的主要优点在于易于操作,缺点是联合订购的机型组合没有足够的选择性。如果产品的附件订货成本较高,则采用全部产品联合订货的成本将非常高昂。假如所有产品有共同采购期,但不是每次每种产品都订购,将低需求量产品的订货频率降低,则总成本也将降低。以下讨论这种经挑选的部分产品联合订货策略,即精选子集产品联合订货。

2. 精选子集产品联合订货

虽然这里讨论的组合式产品联合订购不一定是最优方案,但由此确定的订货策略接近最优。

假设产品标记为 i,i 从 1 到 k(共有 k 种产品)。产品 i 的年需求量为 D_i,单位成本为 C_i,产品附加订货成本为 s_i,联合订货成本为 S,库存持有成本系数为 h。

假设每种产品都以固定的时间间隔订购,其中有一种产品的订货频率最高,以这种产品的订货间隔为基本订货周期,其他产品的订货周期是基本订货周期的整数倍。按这种策略订货,则订货频率最高的产品每次都被订购,而其他产品每间隔几个周期就被订购 1 次,订货策略的关键是确定最频繁订货产品的订货频率,以及其他产品的订货频率与最频繁订货频率的关系。

精选子集产品联合订货的具体计算过程如下。

步骤 1:假设每种产品的订购相互独立,先找出订货频率最高的产品。这种情况下,产品 i 的固定订货成本为 $S + s_i$,假设产品 i 的订货频率为 $\bar{n}_i$,根据式(5-6)计算,则有:

$$\bar{n}_i = \sqrt{\frac{h C_i D_i}{2(S+s_i)}}$$

设 $\bar{n}$ 为订货频率最高产品的订货频率,则订货频率最高的产品包含在每次订货中。

步骤 2:确定其他产品与最频繁订购产品在一起订货的频率,也就是计算每种产品的订货频率是最频繁订货频率的多少倍。最频繁订购成本每次都订货,所有固定成本 S 都分摊到这种产品上,其他产品 i 仅有附加固定成本 s_i。因此,仅用式(5-6)中的附加订货成本来计算出所有其他产品的订货频率。对于其他产品 i(最频繁订购产品除外),订货频率为

第五章
库存管理与控制中的决策与优化

$$\bar{n}_i = \sqrt{\frac{h C_i D_i}{2 s_i}}$$

计算产品 i 的订货频率是最频繁订购产品订货频率的相关系数 $\bar{m}_i$：

$$\bar{m}_i = \frac{\bar{n}}{\bar{n}_i}$$

通常 $\bar{m}_i$ 含有小数部分。对于每种产品 i（最频繁订购产品除外），确定它与最频繁订购产品一起订购的频率 m_i，可由下式求出：

$$m_i = \lceil \bar{m}_i \rceil$$

其中，⌈⌉是向上取整符号，即将小数向上取整为最接近的整数。

步骤 3：重新计算最频繁订购产品的订货频率 n。

若最频繁订购产品的订货频率为 n，则产品 i 的订货频率为 $\frac{n}{m_i}$。当某个产品 i 为最频繁订货产品时，则 $m_i = 1$。此时的订货策略是，最频繁订货产品订购 n 次，其他产品订购 $\frac{n}{m_i}$ 次，也就是说其他产品每 m_i 个周期就与最频繁订货产品一起被订购。订货的年库存持有总成本计算如下：

$$TC = nS + \sum_{i=1}^{k}\left(\frac{n}{m_i}s_i\right) + \sum_{i=1}^{k}\left[\frac{1}{2}\frac{D_i}{\frac{n}{m_i}}h C_i\right] + \sum_{i=1}^{k}(D_i C_i)$$

$$= nS + \sum_{i=1}^{k}\frac{n s_i}{m_i} + \sum_{i=1}^{k}\frac{m_i D_i h C_i}{2n} + \sum_{i=1}^{k}(D_i C_i)$$

要求使 TC 最小的 n，可通过上式对 n 求一阶导数，并令导数为 0，求得 n 如下：

$$n = \sqrt{\frac{\sum_{i=1}^{k} m_i D_i h C_i}{2(S + \sum_{i=1}^{k}\frac{s_i}{m_i})}}$$

步骤 4：其他每一种产品，订货频率为 $n_i = n/m_i$，计算该订货策略的总成本。

【**例 5-3**】 考虑例 5-2 中的数据。采用精选子集产品联合订货策略订货，计算订货批量和成本。

解 回顾例 5-2，$S = 4000$ 元，$s_1 = s_2 = s_3 = 1000$ 元，$D_1 = 12000$ 台，$D_2 = 1200$ 台，$D_3 = 120$ 台，$C_1 = C_2 = C_3 = 500$ 元/台。

运用步骤 1，得：

$$\bar{n}_1 = \sqrt{\frac{h D_1 C_1}{2(S + s_1)}} = 11.0, \bar{n}_2 = 3.5, \bar{n}_3 = 1.1$$

显然 1 号机型是最频繁订购产品，因此令 $\bar{n} = 11.0$。

运用步骤 2：计算 2 号和 3 号机型与 1 号机型一起订购的频率。先计算 $\bar{\bar{n}}_2$：

$$\bar{\bar{n}}_2 = \sqrt{\frac{h C_2 D_2}{2 s_2}} = 7.7, \bar{\bar{n}}_3 = 2.4$$

然后再计算 $\bar{m}_i$：

$$\bar{m}_2 = \frac{11.0}{7.7} = 1.4, \bar{m}_3 = 4.5$$

再计算 $m_i:m_2=\lceil \overline{m}_2 \rceil=2, m_3=5$。注意 $m_1=1$。

运用步骤3：重新计算最频繁订购产品的订货频率，即

$$n=\sqrt{\frac{\sum_{i=1}^{k} m_i D_i h C_i}{2\left(S+\sum_{i=1}^{k}\frac{s_i}{m_i}\right)}}=\sqrt{\frac{0.2\times 500\times(1\times 12000+2\times 1200+5\times 120)}{2\times\left(4000+\frac{1000}{1}+\frac{1000}{2}+\frac{1000}{5}\right)}}=11.47$$

则 $n_1=11.47, n_2=11.47/2=5.74, n_3=11.47/5=2.29$。订货策略和由此得到的三种产成品的成本如表5-3所示。

表 5-3 精选子集产品联合订货策略下的订货批量和成本

	机型1	机型2	机型3
年需求量(D)	12000	1200	120
年订货频率(n)	11.47	5.74	2.29
最优订货批量(Q)	1046	209	52
周转库存	523	104.5	26
年库存持有成本/元	52307	10461	2615
年订货成本/元	65380		
年库存持有成本与年订货成本之和/元	130763		

由表5-3可知，总成本与全部产品联合订购（该策略下的总成本为136515元）相比，精选子集产品联合订货使总成本下降了5752元（降幅约为4%）。其原因在于每种产品的附加订货成本并不是在每次订货时都发生。

从例5-2和例5-3中可以看到，联合订货策略产生了明显的作用，它大大节约了成本，也降低了供应商的周转库存水平。当产品的特别订货成本较低，即附加订货成本占固定订货成本比重较低时，采取全部产品联合订购的策略非常有效；反之，则采用精选子集产品联合订购策略更有效。

第四节 不确定性与安全库存管理

一、影响安全库存的因素

安全库存与供应链的不确定性有着密切的关系。安全库存的存在就是为了应对各种各样的不确定性，保持供应链系统的稳定性。供应链的不确定性来自三个方面：需求的不确定性、供应的不确定和生产者自身的影响。具体的影响因素如下：

1. 需求的不确定性

顾客对产品的需求通常是变化的，包含了系统成分和随机成分。需求预测的目的是预测系统成分，对随机成分进行估计。通常用需求的平均值（用 D 表示）来描述需求的系统成分，用标准差（σ_D）来衡量随机成分。一般需求预测的方法建立在一定的假设前提下，假设需求表现为一定的规律特征，但是任何需求预测方法都存在局限性，预测总是不准确的，即便

是最先进的预测技术,也不可能精确估计特定产品的需求。当实际需求量超出预测值时会导致产品的短缺,因此,为避免缺货带来的损失,提高服务水平,供应链需持有安全库存。需求的变动幅度越大,维持同样服务水平的安全库存水平越高,供应链的库存成本也越高。因此,需求的不确定性对设置合理的安全库存水平有重要影响。

2. 供应的不确定性

供应的不确定性主要表现为供应商的供货提前期的不确定。供货提前期的变化是由供应商和收货方的行为导致的,如供应商的生产系统发生故障导致生产延迟、供应商的供应延迟、意外交通事故导致运输延迟等。而收货方也可能会集中在同一天向所有的供应商发出采购订单,结果使供应商的货同一天到达,蜂拥而至的送货使厂家无法按计划完成入库登记,导致所谓的提前期延长且不稳定的现象。即使需求稳定,由于供应提前期的不稳定,也会导致缺货发生。因此,提前期的不确定也会对安全库存水平带来影响。

3. 期望的周期服务水平

周期服务水平(cycle service level,CSL)是指所有的补货周期中,能满足顾客所有需求的补货周期所占的比重。补货周期是指连续两个订货交付的时间间隔。CSL 相当于在一次补货周期内不出现缺货的概率。一家希望服务水平达到 99% 的企业比服务水平只有 60% 的企业持有更多的安全库存。前者允许的缺货率不超过 1%,相当于要满足随时到达的需求,要应对需求的所有变化,因此不得不持有较高的安全库存。后者允许缺货率达到 40%,可以持有低的安全库存,甚至不需要安全库存。所有企业自身期望的周期服务水平也会影响安全库存水平。

4. 补货策略

补货策略包括订货时间及订货数量等问题的决策。这些决策决定了周转库存、安全库存以及服务水平。补货策略可采取多种形式,这里只关注两种类型。

(1)连续检查补货策略。这种方法对库存进行不间断盘点,当库存下降至再订货点(ROP)时,就在此时订货批量为 Q 的货物。需求变化时,每次订货的时间间隔可能不等,但每次订货的数量不变。在发出订货至订货到达之前的这段时间内,即订货提前期(L)内的实际需求有可能超出了再订货点库存而导致缺货。因此,为了减少缺货现象,除了按提前期内的平均需求储备库存外,还需要增加储备安全库存来减少超出预期的需求。安全库存等于订货点库存减提前期内的平均需求。

(2)周期性检查补货策略。这种方法是每间隔一段时间 T 对库存进行盘点,并发出一次订货,把现有库存补充到最大库存量 S。如果检查时,库存量为 I,则订货量为 $(S-I)$。间隔期 T 是固定的,而每次的订货量$(S-I)$却是波动的。在一个检查周期 T 加上一个订货提前期内,即$(T+L)$时间内最大的库存量为 S,如果这段时间内的实际需求超出了最大库存量 S,则出现缺货。这时安全库存等于最大库存量 S 减$(T+L)$时间段内的平均需求。

二、基于需求不确定性的安全库存管理

(一)连续检查补货策略下的安全库存管理——(R,Q)订货策略

在连续检查补货策略下,当持有库存下降至再订货点 R 时,就订购批量为 Q 的货物。

假设条件如下：需求率服从正态分布且独立，均值为 D，标准差为 σ_D；提前期 L 已知，为常数；允许缺货，但缺货在下个周期货到后必须补上；全部订货一次交付；每车订货成本为 S，单位时间单位库存持有成本为 H，单位购买成本为 C，单位缺货损失费为 C_s，无价格折扣。

如图 5-3 所示，在持有库存下降到订货点 R 之前是不会缺货的。缺货只会发生在提前期内。管理者为了减少缺货风险，在设定订货点 R 时通常考虑设置安全库存。安全库存用 s_s 表示，它是一种额外持有的库存，是作为一种缓冲器来补偿在定货提前期内实际需求量超过期望需求量时产生的需求。因此，订货点 R 可通过式(5-8)表示，其中 D_L 为提前期内需求的期望值。订货量 Q 则通常用经济订货批量公式确定。

$$R = D_L + \mathrm{SS} \tag{5-8}$$

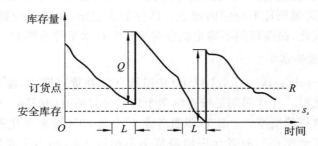

图 5-3　连续盘点补货策略 (R, Q) 库存系统

1. 订货点 R 已知时安全库存的确定

通过式(5-8)可求出安全库存表示如下：

$$\mathrm{SS} = R - D_L \tag{5-9}$$

2. 订货点 R 未知时安全库存的确定

当提前期已知时，安全库存水平的设置取决于需求率的变动情况，以及所设定的服务水平 CSL 或缺货概率。缺货概率用 α 表示，与服务水平之间的关系为：$\mathrm{CSL} = 1 - \alpha$。对于特定的服务水平，需求率变动越大，则达到该服务水平所需的安全库存量也越大。同样的，对应于特定的需求率的变化量，提高服务水平需要增加安全库存量。较高的安全库存会使缺货风险降低，提高服务水平，但会使库存成本增加。因此，管理者需要权衡缺货损失与库存成本，确定适当的安全库存量。

CSL 是指一个补货周期不缺货的概率，而缺货只可能发生在订货提前期内，因此，

$$\mathrm{CSL} = \text{概率 } P(\text{提前期内的需求量} \leqslant R)$$

由假设条件可知提前期内需求的分布为正态分布，于是有：

$$D_L = D \cdot L, \quad \sigma_L = \sqrt{L}\sigma_D \tag{5-10}$$

已知需求率服从正态分布，均值为 D，标准差为 σ_D。需求率的概率密度函数用 $f(x, D, \sigma_D)$ 表示，累计分布函数用 $F(x, D, \sigma_D)$ 表示，则周期服务水平 CSL 可表示为

$$\mathrm{CSL} = \int_0^R f(x, D_L, \sigma_L) \mathrm{d}x = F(D_L + \mathrm{SS}, D_L, \sigma_L) = F\left(\frac{\mathrm{SS}}{\sigma_L}, 0, 1\right) \tag{5-11}$$

设随机变量 X 服从均值为 μ、标准差为 σ 的正态分布。已知随机变量小于 x 的概率为 p，则正态分布累积函数的反函数 $F^{-1}(p, \mu, \sigma)$ 的值为 x。因此，如果 $F(x, \mu, \sigma) = p$，那么 $x = F^{-1}(p, \mu, \sigma)$。标准正态分布的累积分布函数用 $F_s(x)$ 表示，如果 $F_s(x) = p$，则其反函数

$x = F_s^{-1}(p) = F^{-1}(p, 0, 1)$。

根据以上定义和式(5-11),可得如下公式:

$$SS = F_s^{-1}(CSL) \cdot \sigma_L \qquad (5-12)$$

上式中的 $F_s^{-1}(CSL) = $ NORMSINV(CSL),可通过 Excel 查询函数 NORMSINV(probability)求得。

将式(5-12)变换形式,可表示如下:

$$SS = Z_\alpha \cdot \sigma_L \qquad (5-13)$$

式(5-13)中的 Z_α 是服务水平为 CSL 的标准正态分布系数,也称安全因子。$\alpha = 1 - CSL$,α 即为缺货率。Z_α 的取值可查标准正态分布表得到。服务水平 CSL 和缺货率 α 以及提前期内需求和安全库存的关系如图 5-4 所示。

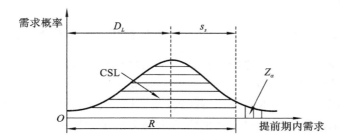

图 5-4 提前期内需求近似服从正态分布的情况

3. 最优服务水平 CSL^* 的确定

安全库存设置高,一方面将减少缺货几率,降低缺货损失;另一方面安全库存必然使库存持有成本上升。合理的安全库存水平可使缺货损失与库存持有成本之和最小。如前面假设条件所示,若年平均需求为 D,单位缺货成本为 C_s,年单位库存持有成本为 H,在最优 CSL^* 下,额外增加一单位安全库存使缺货发生的概率为 $(1-CSL^*)$,一年内发生缺货的周期数为 $\frac{D}{Q}$,则使缺货损失减少的边际成本应等于使单位时间内库存持有成本增加的边际成本,即

$$(1 - CSL^*) \cdot \frac{D}{Q} \cdot C_s = H \qquad (5-14)$$

由式(5-14)可求出最优的 CSL 为

$$CSL^* = 1 - \frac{HQ}{DC_s} \qquad (5-15)$$

注意式(5-15)中,H 和 D 的时间单位要保持一致。如 H 为单位时间单位产品库存持有成本,则 D 应为单位时间平均需求量。

【例 5-4】 已知某零售商销售的洗涤液每周需求量服从正态分布,均值为 100,标准差为 20。订货提前期为 2 周,每次订货成本为 100,每瓶洗涤液每年的库存维持费为 2 元,单位缺货成本为 4。若该零售商采用连续检查补货策略,试确定最佳库存策略。

解 已知 $D=100, \sigma_D=20, L=2, S=100, H=2, C_s=4$。

先用经济批量订货公式计算 Q,其中一年按 52 周计算:

$$Q = \sqrt{\frac{2DS}{H}} = \sqrt{\frac{2 \times (100 \times 52) \times 100}{2}} = 721$$

然后用式(5-15)计算最优服务水平：

$$CSL^* = 1 - \frac{HQ}{DC_s} = 1 - \frac{2 \times 721}{(100 \times 52) \times 4} = 0.9307$$

根据式(5-12)计算安全库存 SS：

$$SS = F^{-1}(CSL) \cdot \sigma_L = \text{NORMSINV}(0.9307) \times \sqrt{2} \times 20 \text{ 瓶} = 1.48 \times 1.41 \times 20 \text{ 瓶} = 42 \text{ 瓶}$$

计算再订货点 R：

$$R = D_L + SS = (100 \times 2 + 42) \text{ 瓶} = 242 \text{ 瓶}$$

因此，该零售商应在库存下降到 242 瓶时订货 721 瓶洗涤液，保持安全库存为 42 瓶，服务水平可达 93.07%。

（二）周期性检查补货策略下的安全库存管理——(T, S) 订货策略

在周期性检查补货策略中，每隔一段固定的时间间隔 T 检查一次库存，并进行一次订货，使现有库存量加上补货批量达到一个预定的最高库存水平 S，即所谓的 order up to level，这里为了与固定订货成本的符号相区别，用 OUL 表示最大库存水平。每次订货批量可能发生变化，这取决于连续两次订货期间的市场需求量和发出订货时的剩余库存量。周期性检查补货策略不需具备实时监控库存的能力，而且补货订单是以固定时间间隔发出，供应商也更愿意接受这种订货策略。

以零售商采用周期性检查补货策略为例，先给出如下假设：零售商的需求率服从正态分布且相互独立，均值为 D，标准差为 σ_D；提前期 L 已知，且为常数；允许缺货，但缺货在下个周期货到后必须补上；全部订货一次交付；每次订货成本为 S，单位时间单位库存持有成本为 H，单位购买成本为 C，单位缺货损失费为 C_s，无价格折扣。

如图 5-5 所示，零售商在 0 时间订购第一批货物，订购批量和现有库存量之间达到最大库存水平 OUL。订单发出后，经过提前期 L 补货批量到达。每隔 T 时间检查一次库存。零售商订购的第二批货物到达的时点为 $T+L$，在 0 到 $T+L$ 期间内可以满足需求的库存量 OUL。如果在 0 到 $T+L$ 的时间间隔内，需求量超过 OUL，则零售商将出现缺货。

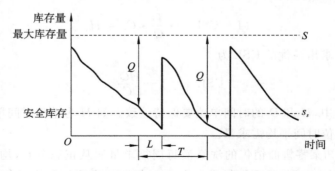

图 5-5 周期性盘点补货策略 (T, S) 库存系统

根据以上分析，零售商要确定的最大库存量 OUL 应使下列等式成立：

$$\text{概率 } P(L+T \text{ 期间的需求} \leq \text{OUL}) = \text{CSL}$$

先求出 $T+L$ 间隔期内需求的分布,根据式(5-10)得:

$T+L$ 期间需求的均值:$D_{T+L}=(T+L)\cdot D$

$T+L$ 期间需求的标准差:$\sigma_{T+L}=\sqrt{T+L}\cdot\sigma_D$

安全库存为零售商在 $T+L$ 间隔期内持有的超过均值的库存量,OUL 与安全库存 SS 的关系如下:

$$\text{OUL}=D_{T+L}+\text{SS} \tag{5-16}$$

在既定的服务水平 CSL 下,在 $T+L$ 间隔期内,根据式(5-12)可计算安全库存为

$$\text{SS}=F_s^{-1}(\text{CSL})\cdot\sigma_{T+L}=\text{NORMSINV}(\text{CSL})\cdot\sigma_{T+L} \tag{5-17}$$

根据式(5-13),在 $T+L$ 间隔期内,安全库存也可以表示为

$$\text{SS}=Z_\alpha\cdot\sigma_{T+L}=Z_\alpha\cdot\sqrt{T+L}\cdot\sigma_D \tag{5-18}$$

其中,Z_α 是服务水平 CSL 的标准正态分布系数,$\alpha=1-\text{CSL}$。

订购批量 Q 等于检查期间 T 的平均需求量,即

$$Q=D\cdot T \tag{5-19}$$

【例 5-5】 回顾例 5-4,若零售商采用周期性检查补货策略,每 4 周检查一次库存,其他条件不变,如果服务水平达到 93.07%,则零售商该如何确定库存策略?

解 已知 $D=100$,$\sigma_D=20$,$L=2$,$T=4$,再求 $T+L$ 间隔期内需求的标准差:

$$\sigma_{T+L}=\sqrt{T+L}\times\sigma_D=\sqrt{4+2}\times20=48.99$$

再根据式(5-17)计算安全库存 SS:

$$\text{SS}=F_s^{-1}(\text{CSL})\times\sigma_{T+L}=\text{NORMSINV}(0.9307)\times48.99=1.48\times48.99=73\text{ 瓶}$$

最大库存量 OUL:

$$\text{OUL}=D_{T+L}+\text{SS}=[100\times(4+2)+73]\text{ 瓶}=673\text{ 瓶}$$

零售商每 4 周再订一次货,使订货的批量 Q 与现有库存量之和达到 673 瓶,安全库存为 73 瓶,服务水平可达到 93.07%。

三、基于供应不确定性的安全库存管理

在第三节中假设提前期是固定的,本小节考虑提前期不确定的情况对安全库存的影响。假设顾客单位时间的需求和供应商的提前期都服从正态分布,设定如下:

D 为单位时间平均需求量;

σ_D 为单位时间需求的标准差;

L 为平均提前期;

s_L 为提前期的标准差。

假设生产商采取连续检查的补货策略管理零部件,分析这种情况下生产商的安全库存。如果提前期内的需求超过 ROP,生产商的零部件就会缺货。ROP 是生产商发出订货单时持有的库存量。因此,只需要确定提前期内顾客需求分布。假定提前期内需求量服从正态分布,且均值为 D_L,标准差为 σ_L,则

$$D_L=DL,\sigma_L=\sqrt{L\sigma_D^2+D^2s_L^2} \tag{5-20}$$

当已知期望的 CSL,利用式(5-12)就可以计算出生产商零部件的安全库存。

【例 5-6】 某生产商的关键零部件每天的需求量服从正态分布,均值为 2000,标准差为

400。关键零部件的供应商的平均补货提前期为 7 天。生产商对其关键零部件设定的 CSL 为 90%。如果提前期的标准差为 7 天,计算该生产商必须持有的关键零部件安全库存量。该生产商计划与供应商合作以将提前期的标准差降为 0,如果这个目标实现了,则该生产商的安全库存将降低多少?

解 依题意可知,$D=2000$,$\sigma_D=400$,$L=7$,$s_L=7$,$CSL=0.90$。

由式(5-20)可得提前期内的平均需求量:

$$D_L = DL = 2000 \times 7 = 14000$$

提前期内的标准差:

$$\sigma_L = \sqrt{L\sigma_D^2 + D^2 s_L^2} = \sqrt{7 \times 400^2 + 2000^2 \times 7^2} = 14040$$

由式(5-12)计算安全库存为

$$SS = F_s^{-1}(CSL) \times \sigma_L = NORMSINV(0.90) \times 14040 \text{ 件} = 1.28 \times 14040 \text{ 件} = 17971 \text{ 件}$$

表 5-4 列出了生产商通过与供应商合作将提前期的标准差降低至零的情况下,生产商需要的安全库存量。从表 5-4 可以看出,提前期不确定性的降低,使生产商零部件安全库存量显著下降。当提前期的标准差由 7 天降为 0 时,安全库存流转时间由相当于 9 天的时间降为不超过 1 天。压缩提前期给生产商带来库存成本的降低,然而却需要供应商付出巨大努力。因此,生产商应将降低成本节约带来的一部分利益与供应商分享,这样才能激发供应商压缩提前期。

表 5-4 提前期的不确定性对安全库存的影响

s_L/天	σ_L/件	SS/件	SS/D/天
7	14040	17971	8.99
6	12047	15420	7.71
5	10056	12872	6.44
4	8070	10330	5.16
3	6093	7799	3.90
2	4138	5297	2.65
1	2263	2897	1.45
0	1058	1354	0.68

本章小结

任何企业都离不开库存,库存的存在对于企业至关重要。问题的关键是合理控制库存水平,既保证生产过程连续进行,及时满足顾客需求,又使企业有限的资金得到有效的利用。

本章介绍了常用的库存控制模型与方法,并以周转库存和安全库存为重点,分析库存管理与控制的方法以及合理降低库存的策略。周转库存是用于满足连续两次补货之间所发生的需求的平均库存,其目的是为利用规模经济优势。由于供应链中存在多种不确定性,为了应对实际需求超过预测值时导致的短缺,还需要持有安全库存。因此,本章一方面从规模经

第五章
库存管理与控制中的决策与优化

济效应与周转库存管理的关系角度，介绍了周转库存的控制方法以及减少策略；另一方面从不确定性与安全库存管理的角度，介绍了减少安全库存的管理策略。

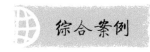

佳华的库存危机

佳华连锁公司自 1997 年成立以来，经过几年的努力，已成为在省内区域最大的连锁超市企业，有各种超市业态的门店 300 多家，并且有一个大型的配送中心。虽然公司发展势头强劲，但目前存在的一些问题已经开始显露出来。

首先是缺货或胀库的问题，如 2003 年某月有 200 多种商品断货达一个月以上，有的甚至断货达数月，严重影响了门店的销售；但同时还有许多商品经常积压，形成胀库。表 5-5 所示的是某个月任选的 8 种商品的库存数据和销量情况，它是公司库存情况的一个缩影。

表 5-5　库存数据和销量情况

库存商品名称	库存商品代码	单位	本月期初库存数量	本月期末库存数量	本月销售数据
A	100023	件	584	606	714
B	110176	箱	1236	964	3300
C	230240	箱	2543	1669	2527
D	420031	件	34	44	23
E	120089	个	173	59	290
F	450192	箱	790	578	821
G	520157	件	77	195	122
H	340145	件	4562	3826	6291

公司采购商品是根据预测来订购的。采购部门在根据过去历史销售数据，并对当前市场情况进行推测的基础上，预测出所需商品的品种与数量，然后与供应商进行商品的谈判与采购。但采购部门对不同地区和不同门店的需求并不能很好把握，特别是新的商品引进方面。为满足不同地区、不同消费者的各种需求，公司需要引进大量的商品。但商品总量的增加并不代表销售量的增加。如 2002 年公司引入的新品成活率只有 30%，近 70% 的新品被淘汰。

在与供应商的合作方面，公司的员工抱怨供应商没有给予足够的支持，比如多次发生的送货延迟、送货的品种数量与订单不符等。而采购部门为了防止缺货，总是加大订货量，销售不出去的那部分可以退回供应商。退回的商品经常是零乱不堪的，甚至还有包装破损现象，供应商的意见很大。配送中心也需要投入大量的精力来处理这些商品，给配送中心的运营造成不小的影响。而门店对配送中心也有意见，认为配送中心经常断货，送货不及时，有破损。

此外公司的门店虽然都有 POS 系统，但与公司的衔接不好，公司不能及时得到门店的销售信息。而配送中心的库存数据通过电子表格的方式报给采购部门，门店看不到这个数据,并且数据的准确性总难以令人信服。

佳华公司的高层管理者已经认识到必须采取一些行动,否则公司的成长与壮大就是一纸空谈。

案例讨论

1. 根据表 5-5 所示的数据计算每种商品的库存天数和总的商品库存天数(仅以表中给出的 8 种商品为代表,当月天数为 30 天,计算结果保留一位小数)。计算结果填入表 5-6 中。

表 5-6 计算每种商品的库存天数和总的商品库存天数

库存商品名称	库存商品代码	单位	本月期初库存数量	本月期末库存数量	本月销售数据	平均库存	当月库存周转次数	库存天数
A	100023	件	584	606	714			
B	110176	箱	1236	964	3300			
C	230240	箱	2543	1669	2527			
D	420031	件	34	44	23			
E	120089	个	173	59	290			
F	450192	箱	790	578	821			
G	520157	件	77	195	122			
H	340145	件	4562	3826	6291			
合计								

2. 请对佳华公司目前存在的问题进行分析,并提出你认为合适的解决办法。

练习与思考

一、简答题

1. 什么是周转库存?什么是安全库存?
2. 联合订购有什么好处?请简述确定精选子集产品联合订购策略的步骤。
3. 影响安全库存的因素有哪些?

二、计算题

1. 制造商的某零部件月需求量为 1000 件,每次订货的固定成本为 2000 元,库存持有成本为每件每年 10 元,求该制造商的经济订货批量。

2. 家电零售商的电视机周需求服从正态分布,均值为 100 台,标准差为 10 台。订货提前期为 2 周,每次订货成本为 1000 元,每台电视机每年的库存维持费为 50 元,单位缺货成本为 200 元。试对比分析在相同的周期服务水平下,该零售商采用连续检查补货策略与周期检查补货策略(每两周检查一次)的最佳库存策略。

第六章 采购管理中的决策与优化

学习目标

(1) 了解采购的基本程序、采购管理决策变量、定量订购法与定期订购法的区别;

(2) 理解固定数量法、批对批法、固定期间法、供应商定价方法;

(3) 掌握经济订货批量模型、物料需求法、定量订购法、定期订购法、价格分析法进行采购数量决策;

(4) 熟悉采购数量控制思想、定量采购的优缺点、定期采购的优缺点;

(5) 掌握固定成本和变动成本分析法、学习曲线、数量折扣进行采购价格分析。

第一节 采购管理决策概述

一、采购的概念

(一) 基本概念

从狭义上来说,采购是指通过商品交换和物流手段从资源市场取得资源的过程,也是指企业根据需求提出采购计划、审核计划、选好供应商、经过商务谈判确定价格、交货时间及相关条件,最终签订合同并按要求收货付款的过程。

从广义上来说,除了以购买的方式占有物品之外,还可以有各种途径取得物品的使用权,如租赁、借贷以及交换来达到满足需求的目的。

(二) 采购的范围

采购的范围是指采购的对象或标的,它涵盖了有形的产品及无形的劳务。所谓有形的产品,就是看得见、摸得着的有物质实体的物品,包括原料、半成品和零部件、成品、维护和运营部件、生产支持部件等;无形的劳务是指看不见、摸不着,但可以感受到的满足人们需要的服务功能项目,如运输、仓储、售后服务等。

采购过程中涉及的采购对象可分为直接物料和间接物料。直接物料将用于构成采购企业向其客户提供的产品或服务的全部或部分。间接物料将在企业的内部生产和经营活动中被使用和消耗,如 ORM 和 MRO。ORM 是指企业日常采购的办公用品和服务,MRO 是指维持企业生产活动持续进行的维护、修理、装配等所需的间接物料(包括备品备件、零部件、润滑油等)。

(三)采购的类型

1. 按采购主体分类

按采购主体分类,采购可以分为个人采购、家庭采购、企业采购、政府采购以及其他采购(如事业单位采购、军队采购等)。

2. 按采购模式分类

按采购模式分类,采购可以分为招标采购、协商采购、电子采购、JIT 采购等。

招标采购是通过在一定范围内公开购买信息,说明拟采购物品或项目的交易条件,邀请供应商或承包商在规定的期限内提出报价,经过比较分析后,按既定标准确定最优惠条件的投标方并与其签订采购合同的一种高度组织化采购方式。

招标采购是在众多的供应商中选择最佳供应商的有效方法。它体现了公开、公平和公正的原则。招标企业可以最大限度地吸引和扩大投标方之间的竞争,从而使招标方有可能以更低的价格采购到所需的物资和服务,更充分地获得市场利益。招标采购方式通常用于采购批量较大、企业寻求长期的物资供应商、重大的建设工程项目等场合。

协商采购是由企业先选出几个供应商,同他们分别进行协商,再确定适当的合作伙伴。当采购时间紧迫、投标单位少、订购物资规格和技术条件复杂时,协商采购比招标采购更为合适。

电子采购就是用计算机系统代替传统的纸介系统,通过网络支持完成采购工作的一种业务处理方式,也称为网上采购。电子采购极大地降低了采购的日常成本,提高了市场透明度,电子采购平台除了使整个市场有更统一的商品报价外,还保证该市场内部供求双方能更有效的衔接。

JIT 采购是一种崭新的管理理念,是一种先进的采购模式,它是从准时生产发展而来,为了消除库存和不必要的浪费而进行的持续性改进。它是指在恰当的时间、恰当的地点,以恰当的数量、恰当的质量提供恰当的物品。这是一种理想的物资采购方式,它的极限目标是物料和外购件的库存为零、缺陷为零。

二、采购的基本程序

首先进行调查分析,然后制订计划,再实施计划,最后进行采购评估。调查分析包括采购需求分析与市场竞争情况分析;制订计划包括确定什么时候买、买多少、怎么买;实施计划包括招投标环节、商务谈判环节和采购合同的签订及订单管理;采购评估主要是评估物料的采购绩效。具体流程如图6-1所示。

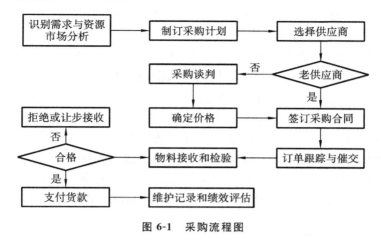

图6-1 采购流程图

(一) 市场调查

采购前必须对所需物料的数量、质量及市场供需情况进行调查,作为制定长远的采购规划的依据;同时,采购管理者必须及时掌握市场变化的信息,以调整补充采购计划。

第一,物料的需求分析。制造企业生产部接到客户订单后,应根据合同要求和公司现有的生产状况安排生产,汇总出外购配套件明细表、标准件表和零件明细表,并把外购明细及时传到采购部。

第二,物料市场分析。根据当前国际国内市场情况,分析物料市场价格的变化趋势,能够有效地了解供应规模、供给价格、供给竞争等因素,了解符合本企业实际的供应商,便于最终选择目标供应商。

(二) 制订采购计划

第一,采购时间的确定。确定采购时间的目的是为了防止正常生产的生产线待料停工,从而影响交货时间,或者是防止过早地采购从而占用资金及库房。

第二,采购数量的确定。采购不但要适时,还要适量。采购数量必须能够保证生产的连续性,以有效配合生产计划和资金调度。

第三,采购方式的确定。确定采用什么方式进行采购,是采用公开招标还是协商采购的方式,还是继续沿用原有供应商的采购模式,采用不同的采购方式,会使最终的采购结果不一样。

(三) 实施采购计划

第一,商务价格谈判。这一步骤不是每一种物料采购时都必须进行的。因为企业如果已经与供应商之间建立了良好的合作关系,双方就可以根据以往的历史交易情况来确定此次的采购,即可以沿用原有合作良好的战略供应商,即使在交易中出现了什么变化,双方也很容易协商解决,达成一致。如果供应商是新进入的,那么采购的商务谈判就比较重要了,必须保证质量、服务、技术的前提下争取最低的价格。

第二，采购合同签订。在商务合同中明确双方的权利与义务，用书面的形式确立，对双方均具有法律效力。也就是说，供需双方就物料的价格、供应数量等方面达成一致，便于后续合同的履行。

第三，实施物料进货。在确定了中标供应商并签署商务合同后，采购工作就已经完成大部分，制造商在后面就应当根据规定的合同内容来检查进货过程是否出现问题。

（四）采购绩效的评估

这一阶段的工作是按照采购方的采购绩效评估标准对采购各环节的工作进行检查打分，包括调查阶段、制订采购计划阶段、实施计划及最终的采购结果。采购评估采取KPI指标打分的方法，由采购员自我评价、采购主管评估、采购经理审核，一般每半年进行一次，根据绩效考评结果找出采购薄弱环节并制订改进计划，在后续工作中予以实施。

三、采购管理决策变量

采购管理是指对采购过程的计划、组织、协调和控制等。为了达成生产或销售计划，从适当的供应商那里，在确保质量的前提下，在适当的时间以适当的价格购入恰当数量的商品，递送到合适的收货地点的过程中所采取的一系列管理活动。所以采购管理中的决策变量一般包括合适的数量、合适的时间、合适的商品、合适的来源、合适的地点、合适的价格、合适的质量。

（一）合适的数量（Quantity）

解决采购批次与批量问题，该变量取决于市场需求量，与采购时间、库存水平、成本管理、生产计划有关。采购数量过多，会造成多余库存，增加库存持有成本，加大采购方的资金压力；采购数量过少，不能满足生产或销售需求，造成生产线停线或顾客流失。

（二）合适的时间（When）

解决何时采购的问题，该变量取决于交货期，既要考虑客户的需求时间，又要考虑供应商交货的时间。供应商交货时间除受供应商生产管理及其供应商关系影响外，还受采购环境、运输方式、运输路径、运输商的影响，据统计80%的产品交货期延长是由供应商引起的。

（三）合适的产品（What）

解决采购什么的问题，该变量取决于潜在市场需求与企业目标定位，包括提出需求和描述需求。必须对需要采购的商品或服务有一个准确的描述，核心是确定商品或服务的规格。规格的明确需要采购方结合市场需求变化、成本与价格，以及采供双方生产技术情况，依据商品所具有的性能、技术指标、质量等确定并列出合适的规格要求，以保证最终商品适用。

（四）合适的来源（Whom）

解决向谁购买的问题，该变量取决于供应商选择，包括生产主体的选择（自制、外包或外购）、采购方式的选择（招标或协商）、采购关系的建立（外包或外购对象的确定，双方关系的类型等）、采购关系的维持和发展、考核与评价方式等。

（1）合格供应商的选择：要综合考虑商品质量、供应商规模、准时交货能力、成本与价格、服务水平等因素，还需要考虑采供双方合作关系发展的潜力，包括双方的兼容性、供应商可靠性和可信性、供应商创新能力、承诺持续改进和发展关系的意愿等。

（2）供应商开发：是否协助供应商的发展，需要采供双方经常进行有关成本、作业计划、质量控制信息的交流与沟通，在产品设计阶段让供应商参与进来，建立联合的任务小组解决共同关心的问题，向供应商提供教育培训、合理的供应商评价方法和手段并把结果反馈给供应商，和供应商一起探讨问题产生的根源，并采取相应的措施予以改进。

（五）合适的地点（Where）

解决采购区域问题，该变量取决于其他采购变量，涉及供应源的多少、国内采购还是国外采购、配送计划、运输计划、包装选择等问题，该变量影响提前期和采购价格。为使商品以完好状态安全抵达合适的交付地点，需考虑的因素如下。

（1）单一供应源：其优点主要表现在节省协调管理的时间和精力，有助于供应商发展伙伴关系，可享受供应商更快捷、更可靠的交货服务。

（2）全球采购：优点是可利用国外供应商的设计、生产及销售能力，通过与全球供应商在产品生产、仓储、经销、维修及产品支持上达成协议，可以更好地处理全球采购中面临的时间和距离问题。

（3）当地采购：在当地市场采购，一般用时较短，距离较近，面临的不确定性和风险性较小，适合大、重货物采购以及准时采购。

（六）合适的价格（Price）

解决采购价格问题，该变量取决于采购定价，涉及运输成本、租赁与外购的选择，以及采购中服务和风险分摊、责任权利和义务等交易条件。采购方需要根据市场行情，分析价格变动情况，确定是支付高价获得供应商额外服务及其他承诺，还是支付低价获得成本优势。采购方了解价格范围的方法有价格分析、供应商成本分析、有竞争力的定价、价格谈判等途径。

（七）合适的质量（Quality）

解决采购商品质量问题，该变量取决于质量管理，包括明示规格要求、质量保证和质量控制。质量管理客观上要求供应商明确企业质量需求，并帮助供应商实施规划，促使供应商随时间推移不断取得持续的质量改进，以达到采购方预期的规格要求。

第二节　采购数量的确定

一、市场需求预测

根据客户的历史信息或者生产计划找出需求规律，然后根据需求规律预测客户下一个月的需求品种和需求量，掌握各个客户的需求量，就可以主动地订货，安排采购计划。需求预测是一项重要且复杂的工作,它涉及企业各个部门、各种材料、设备和工具以及办公用品等物资。其中最重要的是生产所需的原材料,因为它的需求量最大,而且持续性、时间性很强,最直接影响生产的正常进行。

采购数量最终取决于市场需求预测,市场需求预测分长期预测(2年或以上的预测)、中期预测(6个月到2年的预测)和短期预测(6个月以内的预测)。长期预测由于不确定性因素较多,所以预测难度大,预测准确性不高。短期预测准确度高,所以一般采购数量依据的是短期预测的结果。

市场需求预测常用方法分为定性方法和定量方法,其中定性方法有德尔菲法、市场调查法、小组意见法、销售人员估计法、头脑风暴法等。定量方法有移动平均法(简单、加权)、指数平滑法、时间序列分析、季节性预测法、灰色预测、神经网络算法、投入产出模型等,具体见第二章物流需求预测中的决策与优化。

预测中需要考虑的因素有年度与月度销售目标、销售量的历史趋势图、行业预测、竞争者的计划、产品结构的调整、消费者偏好、经济环境变动、营销策略、销售政策等。

二、采购数量控制思想

采购数量控制的核心是"三不",即不断料、不呆料、不囤料,不断料意味着及时供应,不呆料和不囤料意味着加快周转。在给定情况下,采购管理中"合适的数量"可采取下列方法确定:

(1) 对于独立需求物料,在趋势没有改变时,可基于过去和平均使用量确定。

(2) 对于相关需求物料,根据独立需求物料和产品的结构关系推算得出。

(3) 企业的库存策略,是指为了达到特定的服务水平而持有的库存数量。

(4) 市场条件影响到供应价格波动和可供给数量的变动。需确定市场价格低时多买一些,还是随时购买,或者为了不缺货提前购买。

(5) 供应方因素,如最小订货数量或最低订购价值,对于单价特别低的物品如螺丝、螺母、润滑油、清洁用品等,供应方会规定最小订货数量或最低订购价值,因为拆解、清点、订购和付款的处理成本会超过订单价值。批量采购的价格激励,会使采购方加大订购批量。

(6) 决定 EOQ 的各种因素。

(7) 数量预警机制,包括针对标准件、易耗品和备件的申购单、计算机系统自动补货申请等。

三、经济订货批量模型

确定向供应商订多少货,是采购决策要解决的一个重要问题。最典型的是经济订货批量模型由福特·哈里斯(F. W. Harris)建立,也就是 EOQ 公式,是从成本角度来确定企业的最优订货量的。有关 EOQ 模型的具体内容请参见第五章第二节。

四、固定数量法

固定数量法(fixed ordering quantity, FOQ)操作简便,如表 6-1 所示,其特点如下:

表 6-1　固定数量法举例

周	1	2	3	4	5	6	7	8	9	10	11	12	合计
净需求	10	10	20	30	15	10	10	10	20	15	20	30	200
计划订购	50				50			50			50		200

(1) 每次订购的数量相同。
(2) 订购数量的确定是凭过去的经验或直觉。
(3) 有时考虑某些设备生产能力的限制、模具寿命的限制、包装或运输方面的限制、储存空间的限制等。
(4) 此法不考虑订货成本和库存持有成本这两项因素。

五、批对批法

批对批法(lot for lot, LFL)是指要多少补多少,不多不少刚刚好。批对批法如表 6-2 所示,其特点如下:
(1) 订购数量与每一期净需求的数量相同。
(2) 每一期均不留库存数。
(3) 如果订购成本不高,此法最实用。

表 6-2　批对批法举例

周	1	2	3	4	5	6	7	8	9	10	11	12	合计
净需求	10	10	20	30	15	10	10	10	20	15	20	30	200
计划订购	10	10	20	30	15	10	10	10	20	15	20	30	200

六、固定期间法

固定期间法(fixed period requirement, FPR)可选择每季、每月、双周、每周统一订购,如表 6-3 所示,其特点如下:
(1) 每次订单涵盖的期间固定(如每一个月的第一周下订单),但订购数量是变动的。
(2) 基于订购成本较高的考虑。
(3) 期间长短的选择是凭过去的经验或主观判断。
(4) 采用此法每期会有些剩余。

表 6-3　固定期间法举例

周	1	2	3	4	5	6	7	8	9	10	11	12	合计
净需求	10	10	20	30	15	10	10	10	20	15	20	30	200
计划订购	80				40				90				210

七、物料需求法

物料需求法(material requirement planning, MRP)是一种先进的确定物资采购量的方法，适合相关性需求类型的物资采购。采购物料可以分为独立需求物料采购和相关需求物料采购，其中独立需求物料采购可直接通过预测解决，相关需求物料采购则通过 MRP 来解决。

（一）制订主产品生产计划

1. 主产品的生产计划

主产品就是企业用以供应市场需求的产成品。例如，汽车制造厂生产的汽车、电视机厂生产的电视机都是各自企业的主产品。在订货制生产企业，主产品的生产计划主要是根据社会对主产品的订货计划生成的，在库存制生产企业，靠预测和经营计划生成。

2. 零部件的生产计划

在制造企业中，零部件的生产有两种用途：一种是用于装配主产品；另一种是用于提供给社会维修企业，对社会上处于使用状态的主产品进行维修保养。

3. 制定主产品的结构文件

该步骤根据装配主产品需要的零件、部件、原材料等，逐层求出主产品的结构层次。每一个层次的每一个零部件都要标出需要数量、是自制还是外购，以及生产提前期或采购提前期。所有自制零件都要分解到最后的原材料层次，这些原材料一般都是需要采购的。由结构文件汇总成主产品零部件生产采购一览表。

（二）制定库存文件

采购人员从仓库保管员处了解主产品零部件生产采购一览表中所有部件、零件、原材料的现有库存量以及消耗速度，经过整理得到一个主产品零部件库存一览表。

【例 6-1】 某企业的主产品 A 是由 2 个原料 B 及 1 个半成品 C 组成的，而半成品 C 则是由 2 个原料 D 及 3 个原料 E 组成的。依其组成关系，A 为 B、C 的母件，B、C 为 A 的子件；C 为 D、E 的母件，D、E 为 C 的子件，主产品结构文件如图 6-2 所示。

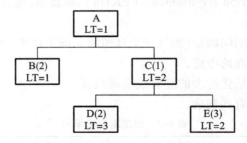

图 6-2　主产品结构图

汇总主产品零部件生产采购一览表，如表 6-4 所示。

表 6-4　主产品零部件生产采购一览表

零部件名	数量	自制	外购	提前期
B	2	否	是	1
C	1	是	否	2

续表

零部件名	数量	自制	外购	提前期
D	2	否	是	3
E	3	否	是	2

主产品生产计划表如表 6-5 所示,表中包括主产品的生产计划,也包括社会对零部件 B、D 的订货计划。

表 6-5 主产品生产计划表

时期	第 1 周	第 2 周	第 3 周	第 4 周	合计
外订 A(件)	20	30	25	35	110
外订 B(件)		15		15	30
外订 D(件)	20		20		40

根据主产品生产计划表和主产品零部件生产采购一览表确定需要采购的零部件和原材料,然后确定下月需求量。第 i 个零部件下月需求量如下确定:

$$P_i = Pn_i + P_{oi}$$

式中:P_i 为第 i 个零部件下月需求量;P 为主产品下月的计划生产量;n_i 为一个主产品中包含第 i 个零部件的个数;P_{oi} 为第 i 个零部件下月的外购订货量。计算月采购计划一览表如表 6-6 所示。

表 6-6 月采购计划一览表

零部件	下月需求数量
B	110×2+30=250
D	110×2+40=260
E	110×3=330

第三节 订货模式的确定

一、定量订购法

(一)定量订购法的定义

当库存量下降到预定的最低库存量(订货点)时,按规定数量(一般以经济批量 EOQ 为标准)进行订货补充。例如,双箱制的采购计划,即此类物资首次入库时将其分为两部分,当其中一部分使用完毕时,必须先开出请购单,才可使用剩余的另一部分物资,如此反复交替运行。此类物料数量的控制,通常由仓储人员负责。

定量订购法的关键在于把握订货的时机,主要靠控制订货点和订货批量两个参数来控制订货,从而达到既能最好地满足库存需求,又能降低库存成本的目的。订货点的确定主要分两种情况:一是订货提前期固定,需求速率不变,即无需安全库存的情况;二是订货提前期和需求速率是随机变量,即设立安全库存的情况。

定量采购的优点是:每次订货之前都要详细检查和盘点库存(看是否降低到订货点),以便能及时了解和掌握库存动态;因每次订货量固定,能预先确定好经济批量,所以方法简便。这种订货方式的缺点是:经常要对物品进行详细检查和盘点,工作量大且花费大量时间;该方式要求对每个品种单独进行订货作业,会增加订货成本和运输成本。

定量采购适用于品种数目少但占用资金大的物品。

1. 无安全库存的订货点

库存消耗速度恒定,且提前期为固定值,无需设置安全库存,库存量的变化如图 6-3 所示。

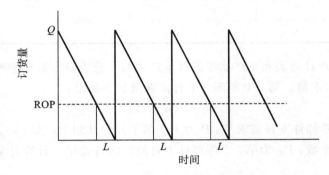

图 6-3 无安全库存的定量订购

从图中可以看出,系统的最大库存量为 Q,最小库存量为 0,不存在缺货。库存按值为 $\bar{d}$ 的需求速率减少。当库存降到订货点 ROP 时,就按固定订货量 Q 发出订货。经过一个固定的订货提前期 L,当库存变为 0 时新的一批货到达,库存量立即恢复到 Q。从图中还可看出,平均库存量为 $Q/2$。

订货点 ROP=平均消费速度×平均提前期,即

$$ROP = \bar{d}L$$

式中:$\bar{d}$ 为日平均需求量;L 为用天表示的提前期。

【例 6-2】 某公司每年购入某种物资 3000 件,若每次订货的提前期为 2 周,物资消耗速率恒定,求订货点。

解 $\bar{d} = \dfrac{3000}{365} = 8.2$ 件/天,$L = 14$ 天,有

$$ROP = \bar{d}L = 8.2 \times 14 = 115 \text{ 件}$$

2. 使用安全库存的订货点

上面讨论的订货点是在假设需求率和订货提前期不变的情况下确定的,这是一种理想状况。在现实中,需求率和提前期都是随机变量。如图 6-4 所示,由于需求率的变化,缺货的风险发生在订购提前期中,即在订购的时刻与收到货物的时刻之间,如果没有安全库存,缺货的概率可达到 50%。但安全库存对公司的成本有双重的影响:降低缺货损失费、提高服务水平,却又增加库存维持费用。

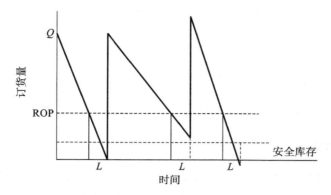

图 6-4 有安全库存的定量订购

订货点和安全库存可以按下式来计算：

$$\text{ROP} = \bar{d}L + \text{SS} = \bar{d}L + z_a \sigma_d \sqrt{L}$$

式中：$\bar{d}$ 为日平均需求量；L 为用天表示的提前期；SS 为安全库存；z_a 为一定客户服务水平下的安全系数；σ_d 为日需求量的标准差。

【例 6-3】 企业某物资年需求量为 3000 件，经济订货批量为 200 件，提前期为 14 天，日需求量的标准差为 5 件，假设客户服务水平为 95%，即不出现缺货的期望概率为 95%，求再订货点。

解 查表 6-7 得 95% 的客户服务水平对应的 $z_a = 1.65$，有

$$\begin{aligned}\text{ROP} &= \bar{d}L + \text{SS} = \bar{d}L + z_a \sigma_d \sqrt{L} \\ &= \frac{3000}{365} \times 14 + 1.65 \times 5 \times \sqrt{14} \\ &= 146\end{aligned}$$

当库存降至 146 件时，就再订购 200 件。

表 6-7 安全系数值

缺货概率 α/(%)	1	2	3	5	10	20	30
服务水平 CSL/(%)	99	98	97	95	90	80	70
安全系数值 z_a	2.33	2.05	1.88	1.65	1.29	0.84	0.53

3. 确定订购批量

对于定量订购模型，需求量确定与不确定的主要区别在于订货点的计算，即有无安全库存，而对于这两种情况的订购批量是相同的，一般采用经济订货批量。经济订货批量(EOQ)是固定订货批量模型的一种，可以用来确定企业一次订货的数量。当企业按照经济订货批量来订货时，可实现订货成本和储存成本之和最小化。

【例 6-4】 某公司每年购入某种物资 3000 件，单价为 100 元/件，每次订货费用为 300 元，资金年利息率为 12%，单位存货的存储费率为 18%，若每次订货的提前期为 15 天，物资消耗速率恒定，求订货点和订货量。

解 $\bar{d} = \dfrac{3000}{365} = 8.2$ 件/天，$L = 15$ 天，有

$$\text{ROP} = \bar{d}L = 8.2 \times 15 = 123 \text{ 件}$$

$C = 100$ 元/件,$D = 3000$ 件/年,$S = 300$ 元,$H = ch = 100 \times (12\% + 18\%) = 30$ 元/(件·年),有

$$\text{EOQ} = \sqrt{\frac{2DS}{H}} = \sqrt{\frac{2 \times 3000 \times 300}{30}} = 245 \text{ 件}$$

再订货点为 123 件,每次订货 245 件。

二、定期订购法

定期订购法,又称为订货间隔期法,是以固定检查和订货周期为基础的订货法。它是基于时间的订货控制方法,基本原理是预先确定一个订货周期 T^* 和一个最大库存量 $Q_{\max}$,周期性检查库存,发出订货,订货批量的大小应使得订货后的名义库存量达到 $Q_{\max}$。

定期采购的优点:由于订货间隔期间确定,因而多种货物可同时进行采购,这样不仅可以降低订单处理成本,还可以降低运输成本;不需要经常检查和盘点库存,可以节省费用。其缺点是:由于不经常检查和盘点库存,对商品的库存动态不能及时掌握,遇到突发性的大量需要,容易造成缺货。

定期订购法适用于品种数量大、占用资金少的物品。如图 6-5 所示,订货量的大小就是最大库存量与当时库存量的差。在定期订货系统中每一天的订购量不尽相同,订购量的大小主要取决于各个时期的库存使用情况,它一般比定量订货系统要求有更高的安全库存。标准的定期订货模型仅在确定的盘点期进行库存盘点,它有可能在刚订完货时由于大量的需求而使库存降至零,这种情况只有在下一个盘点期才会发现,而新的订货还需要一段时间才能到达。这样有可能在整个盘点期和提前期都会发生缺货,所以安全库存应当保证在盘点期内和从发出订单到收到货物的提前期内都不发生缺货。盘点期为 T,其前提为 L,需求是正态分布且均值为 $\bar{d}$。订购量=盘点期和提前期内需求量+安全库存量-现有库存量,即

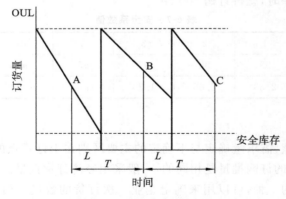

图 6-5 定期订购模型图

$$Q = \bar{d}(T+L) + z_a \sigma_d \sqrt{T+L} - I$$

式中:Q 为订货量;T 为盘点周期(两次盘点的间隔天数);L 为订货提前期;$\bar{d}$ 为预测的日平均需求量;z_a 为一定客户服务水平下的安全系数;σ_d 为日需求量标准差;I 为现有库存水平(包括已订购而尚未到达的)。

【例 6-5】 某产品日需求量为 10 件,标准差为 3 件。盘点周期为 15 天,提前期为 5 天。在盘点周期开始时,库存量为 100 件。假设企业的客户服务水平要满足 98%,求订购量。

解 $\bar{d}=10$ 件/天,$\sigma_d=3$,$T=15$ 天,$L=5$ 天,$I=100$ 件,$z_a=2.05$,有

$$Q = \bar{d}(T+L) + z_a\sigma_d\sqrt{T+L} - I$$
$$= [10\times(15+5) + 2.05\times 3\times\sqrt{15+5} - 100] \text{件}$$
$$= 128 \text{件}$$

要满足 98%的不出现缺货的概率,应当在盘点期订购 128 件产品。

三、定量订货法和定期订货法的比较

定量订货法的优点是:手续简单,管理方便。如果能够确定好控制参数,那么实际操作就变得非常简单。实际中经常采用"双堆法"来处理。所谓双堆法,就是将某种物品的库存分为两堆,一堆为安全库存,另一堆为订货点库存,当消耗完订货点库存就开始订货,并使用安全库存,不断重复操作。定量订货法充分发挥了经济批量的作用,可降低库存成本,节约费用,提高经济效益。这种订货方式的缺点是:需要随时掌握库存动态,严格控制安全库存和订货点库存,占用了一定的人力和物力;订货时间难以预先确定,对于人员、工作业务计划安排不利;要求对每个品种单独进行订货作业,增加了订货成本和运输成本。

定期订货方式是指按预先确定的订货间隔期进行订货补充库存的一种库存管理方式。企业根据过去的经验或经营目标预先确定一个订货周期和一个最高库存水准,然后以规定的订货周期为周期,周期性地检查库存,根据最高库存量、实际库存、在途订货量和待出库物资数量,计算出每次订货量,发出订货指令,组织订货。定期订货管理法可以降低订货成本,这是因为许多货物都可以在一次订货中办理。周期盘点比较彻底、精确,避免了定量订货法每天盘存的做法,减少了工作量,提高了工作效率。不足之处是安全库存量设置得较大,并且由于每次订货的批量不固定,很难制定出经济订货批量,因而运营成本较高,经济性较差。

由上述分析可以看出,两者的最大不同之处在于定量订货模型是"事件驱动",而定期订货模型是"时间驱动"。也就是说,定量订货模型在到达规定的再订货水平的事件发生后,就进行订货,这种事件有可能随时发生,主要取决于对该物资的需求情况。相比而言,定期订货模型只限于在预定时期期末进行订货,是由时间来驱动的。运用定量订货模型时,必须连续监控剩余库存量。因此,定量订货模型是永续盘存系统。它要求每次从库存里取出货物或者往库存里添加货物时,必须刷新记录以确认是否已达到再订货点。而在定期订货模型中,库存盘点只在盘点期发生。定期订货和定量订货的比较如表 6-8 所示。

表 6-8 定期订货和定量订货的比较

特征	定量订货法	定期订货法
订货量	订货量固定	订货量不断变化
订货时间	在库存量降到订货点时	在订货周期来临时
库存大小	小	大
控制程度	严格控制,每次收发货物均记录	周期末才盘点,控制程度相对较弱
适用范围	昂贵、关键物资	品种多、数量大的一般物资

第四节 采购价格的确定

采购的一个重要职责是确保对某一采购项目支付的价格公平合理。采购产品或服务所支付的价格会直接影响最终客户对该企业所提供的最终产品价值的评价。

对于产品和服务如何定价有不同的观点。供应商对价格的定义是指包括间接费用和合理利润在内的产品或服务的全部成本，又可以指供应商为采购方提供产品或服务的价值（包括所有的相关成本）所应得的补偿。"合理的"利润被定义为可以补偿供应商风险的利润。采购方则把"公平的"价格定义为取得理想的产品或服务所需要的最低价格。

因此，采购价格的确认首先要了解供应商的定价方法；其次，采购人员要对供应商提供的价格进行分析，直到双方都认为价格"公平合理"。

一、供应商定价方法

从供应商的角度看，主要有三种影响价格确定的因素：市场结构、成本定价模型和价值定价。下面分别进行讨论。

（一）市场结构

竞争水平是影响价格的一个重要因素。竞争市场包括完全竞争市场、垄断性竞争市场、寡头垄断市场、完全垄断市场。

（二）基于成本的定价分析

基于成本的定价分析主要是对售出商品的单位成本的估计，它包括直接人工费、直接材料费和间接费用。基于成本的定价的三种普通方法是成本加成、投资收益率和变动成本计价法。

1. 成本加成

在成本加成模型中，价格是通过把单位成本与加成幅度相乘得到利润和间接费用的贡献，然后再加上单位成本得到的。公式如下：

$$价格 = 单位成本 + 单位成本 \times 加成幅度$$

比如，如果单位成本是每单位 100 元，加成幅度是 20%，就得到 120 元的价格。

$$价格 = 100 元/单位 + 100 元/单位 \times 0.2 = 120 元/单位$$

采购方可能会问下面的问题：

（1）单位成本包括哪些成本？直接成本通常是指能够被具体而准确地归入某种产品对象的成本，即直接消耗的材料费及直接人工费。直接材料成本，即所有包含在最终产品中能够用经济可行的办法计算出或能追溯到最终产品上的原材料成本。直接劳动力成本是用经济可行的办法能追溯到最终产品上的所有劳动力成本，如机器的操作员、组装人员的劳动力成本。间接成本（也叫生产管理费用）是指那些在工厂的日常工作中发生的，不能直接归任何一种生产部件的成本。间接成本包括管理费用、知识产权成本、间接制造成本、间接材料和其他费用。

(2) 是供应商在提高直接成本和间接费用吗？有的供应商给出的间接费用可能已经包括了利润。

(3) 加成率是否适用于特定的供应商？供应商可能在风险不断增加的情况下，提出一个比正常水平更高的加成率。

2. 投资收益率

投资收益率模式是收回所有的成本并附加对投资的回报的方式。当供应商必须将大笔的资金投入加工和设备时，可以采用这种模型。该模型有以下 5 个步骤：

(1) 确定想要的投资利润率。期望的利润率会等于或大于企业所制定的投资利润率标准。例如，15％的利润率将被表示为 1.15，因此投资应该用初始投资加上 15％的利润率。

(2) 估算所需的投资。这包括加工、设备和其他原材料。

(3) 估算销售量。销售量要按投资量来估算。

(4) 估算单位成本。

(5) 计算价格。

使用下面的公式来计算价格：

$$价格 = 利润率 \times \frac{投资}{销售量} + 单位成本$$

【例 6-6】 供应商给采购方提供了采购方所需要的新零件的报价。如果供应商的期望利润率是 20％，需要投资 30 万元，预计销售量是 15000 个单位，并且单位成本是 100 元，那么价格是多少？

解 价格 $= (1.2 \times \frac{300000}{15000} + 100)$ 元 $= (24 + 100)$ 元 $= 124$ 元

这是一个供应商给出的包含所有成本的价格，包括产品成本、产品加成、加工投资和加工投资的回报。这种情况下，采购方就需要证明所想要得到的回报率的合理性，证明投资成本的适当性和估计销售量的可实现性，同样，单位成本的增加要易于观察。如果采购方要求对产品或加工进行单独报价，那么这有助于弄清楚成本。

3. 变动成本定价

在某些场合，供应商可能偶尔只根据他们的变动成本对产品或服务定价，这样做主要有以下原因：

(1) 企业生产能力过剩，只要售价不低于变动成本，生产就可以维持。

(2) 产品是制造过程的副产品，并且间接费用也得到了支付。

(3) 供应商正在试图开发市场（先占领市场），然后在将来提高价格。

采购方需要了解供应商定价的理由，供应商不会长期承受由于变动成本定价而造成的损失。

(三) 基于价值的定价分析

当提到价值时，有许多因素影响供应商对价值的看法。价值可以是总收益或满意度，比如顾客所接收的产品或服务的效用。价值的另一个概念是顾客所认同的交换价值和经济价值。这种价值是以顾客的认同为基础的。影响采购方对价值的看法的因素如下：

1. 认同的替代物

获得替代产品或服务的可能性越大,采购方所认同的价值就越低。供应商提高价格的能力受到采购方所认可的替代物和采购方对替代品价格的了解程度影响。供应商可以通过定位他们的产品或服务来增加所认可的价值。把想得到的产品或服务与价格较高的替代物联系在一起,可使供应商开出较高的价格。

2. 具有独特的价值

采购方对产品或服务的价格越不敏感,就越看重产品或服务的独特属性和特点,这些属性和特点使产品或服务从竞争中脱颖而出。

3. 比较时存在的困难

当采购方对替代物价格了解不多时,它对知名的产品或服务的供应商的价格就不敏感。

4. 质量

如果价格高的产品有更好的质量时,采购方对产品或服务的价格就越不敏感。如果信誉高是产品或服务的特点,并且在购买之前对产品或服务的评估比较困难,那么采购方对价格的敏感度则比较低。

5. 开支的大小

开支越大,采购方对价格的敏感度就越高。

6. 最终收益

当采购方的最终产品或服务在价格竞争激烈的市场上出售时,采购方对价格有较高的敏感度。因为原材料成本是产品价格中的一个主要构成因素,最终影响产品在市场上的售价。

7. 公平性

当价格超出采购方所认为的公平价格时,采购方对价格的敏感度就会提高。这里的公平主要是以过去的价格、竞争者的价格和必要性为依据的。

8. 库存

采购方有大量的备用库存,增加了采购方对偏离预期的长期价格水平的临时价格的敏感度。采购方维持大量库存的能力越强,会对临时价格变动做出反应的需求就越小。

9. 地点和时间

如果供应商的物资离采购方的需要地点比较近,采购方就愿意投入更大的精力关注它的价格。因此,工业社会的采购方经常愿意从本地的分销商以较高的价格采购,而不愿意去较远的制造者那里去订购。

10. 供应商的信誉、服务和关系

公认的信誉、以前的服务表现和当前关系将影响采购方的价值许可。如果这些因素大体上是好的,那么采购方就愿意对其付出更多的代价。

二、价格分析法

采购人员最好对供应商的报价进行评估,以便进行分析和谈判。分析价格和成本的目的是确定所购产品的最低价格,从长远的角度看,购买价格需要涵盖直接材料的成本、劳动力成本、间接成本以及供应商的利润,而且购买价格还应能鼓励供应商接受更多的采购,激励他们按采购者安排的时间送货。价格分析是比较各供应商的价格,或对各个供应商的报价进行合理性分析。

(一) 固定成本和变动成本分析

$$价格 = 固定成本/数量 + 单位变动成本$$
$$P = F/Q + V$$

上面公式可以用来表达供应商是如何进行定价的。我们可以来解方程式 $P = F/Q + V$,求出供应商的"固定成本",然后据此确定"单位变动成本"。通过这一方法确定的"单位变动成本",包括直接材料费、直接劳动成本、间接运营成本和利润。价格和成本之间越呈线性关系,通过这一分析得出的定价模型就越准确。注意,如果供应商采用"经验曲线"或学习曲线成本模型,则这种分析方法无法产生有用的信息(因为这些模型计算每个数量单位的成本时所使用的工具不同)。

固定成本和单位变动成本分析提供了很多数据信息,说明你所采购的产品的固定成本是否过高,或变动成本太大。如果相对于单位变动成本而言,一个产品的固定成本比较高,那么增加数量将对降低单位价格有重要影响;反之,如果单位变动成本比固定成本高,那么再增加数量对降低成本的影响不大。当单位变动成本较高时,要解决的问题是采购者如何帮助供应商减少直接材料费或劳动力成本。

【例 6-7】 固定成本和变动成本分析案例。

某公司的装配线报价单如下:

数量	2	5	10
单位价格/美元	5000	4500	4300

根据以上报价,利用 $P = F/Q + V$ 可以求得固定成本和单位变动成本:
$P1 = 5000$ 美元,$Q1 = 2$;$P2 = 4300$ 美元,$Q2 = 10$。将两组数值代入 $P = F/Q + V$,组成方程组,可求得

$$F = 1750, V = 4125$$

可以利用 F 和 V 的数值,计算出订购 5 单位产品时的单位价格为
$$P = F/Q + V = (1750/5 + 4125) 美元 = 4475 美元$$

可见比报价上的 4500 美元要低 25 美元。

现在,可以假定该公司的固定成本是 1750 美元,单位变动成本是 4125 美元(记住,采用这一方法确定的"单位变动成本",包括直接材料费、直接劳动力成本、间接运营成本和利润),这样看来,公司应该努力降低变动成本,因为他们的变动成本明显比固定成本高出很多。可以利用对固定成本和单位变动成本的这一估计值来预计未来的采购价格,进行盈亏

平衡分析,建立一个成本细化模型(通过将变动成本分解为具体的直接材料费、直接劳动力成本、间接运营成本和利润的数值)。

(二) 学习曲线

学习曲线(the learning curve)是分析采购成本、实现采购降价的一个重要工具和手段。学习曲线最早在美国航空工业中提出,其基本概念是随着产品的累计产量增加,单位产品的成本会以一定的比例下降,如图 6-6 所示。这种单位产品成本的降低与规模效益并无任何关系,它是一种学习效益。这种学习效益是指某产品在投产的初期由于经验不足,产品的质量保证、生产维护等需要较多的精力投入以致带来较高的成本,随着累计产量的增加,管理渐趋成熟,所需的人、财、物力逐渐减少,工人越来越熟练,质量越来越稳定,前期生产学习期间的各种改进逐步见效,因而成本不断降低。主要表现为:

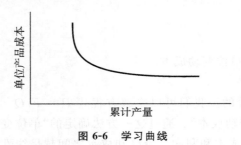

图 6-6 学习曲线

(1) 随着某产品逐步进入成长期、成熟期,其生产经验不断丰富,所需的监管、培训及生产维护费用不断减少。

(2) 随着累计产量增加,工人越趋熟练,生产效率不断提高。

(3) 生产过程中的报废率、返工率以及产品的缺陷率不断降低。

(4) 生产批次不断优化,设备的设定、模具的更换时间不断缩短。

(5) 随着累计产量的增加,原材料的采购成本可不断降低。

(6) 经过前期生产学习,设备的效率及利用率等方面不断得到改进。

(7) 通过前期生产学习,物流渐趋畅通,原材料及半成品等库存控制日趋合理。

(8) 通过改进过程控制,突发事件及故障不断减少。

(9) 随着生产的进行,工程、工艺技术调整与变更越来越少。

学习曲线说明了当一个特定产品的累计生产量翻倍时,生产该产品所要求的平均时间会比前期所要求的时间少。如一条曲率为 80% 的学习曲线意味着如果生产的产品的累计量翻倍时,生产一个单位产品所要求的时间只需要前期时间的 80%。举例如表 6-9 所示。

表 6-9 某产品 80% 学习曲线效益

累计生产量	单位产品所要求的时间
1000	10
2000	8
4000	6.4
8000	5.12
16000	4.096

学习曲线的经验公式为

$$Y_x = Kb^{\lg X/\lg 2}$$
$$Y = b^{\lg X/\lg 2} = 10^{\lg X \lg b/\lg 2}$$

式中：Y_x 为生产第 X 个单元产品所需要的时间；Y 为改进因子；K 为生产第一个单元所需要的时间；X 为累计单元数；b 为学习效率。

【例 6-8】 某公司准备购买一种新产品，已知学习效率是 80%，该公司下了 200 件订单，收到的报价是每件 250 元，已知供应商新产品每单位成本：物料为 100 元，劳动力为 50 元（单位产品平均每小时 10 元，共 5 小时），管理费用为 50 元（假设为劳动力的 100%），则利润为 50 元/件，占总成本的 25%。如果该公司再追加 600 件订单，供应商的利润占总成本的比例不变，则新增加的 600 件订单的单位价格是多少？

解 （1）计算生产 800 件产品时，每件产品所需加工时间及单位人工成本分别为

$$Y = 10^{\lg X \lg b/\lg 2} = 10^{\lg 4 \lg 0.8/\lg 2} = 0.64$$

$$Y_4 = 5 \times Y = 3.2 \text{ 小时}$$

单位人工成本：$3.2 \times 10 = 32$ 元/件

（2）计算增加的 600 件的总人工成本和单位人工成本分别为

$$(800 \times 32 - 200 \times 50) \text{ 元} = 15600 \text{ 元}$$

$$15600/600 \text{ 元}/\text{件} = 26 \text{ 元}/\text{件}$$

（3）计算增加 600 件的订货价格。

物料为 100 元，劳动力为 26 元，管理费用为 26 元（假设为劳动力的 100%），则单位成本为 152 元/件，单位价格为 $152 \times (1 + 25\%) = 190$ 元/件。

这种知识对于采购者来说是相当重要的。通过预计供应商的学习曲线，采购者能用此知识来与供应商协商未来的价格降低问题。学习曲线在以下情况中特别适用：

（1）一个供应商按照客户的特殊要求进行专业的零部件生产。
（2）需要大量投资或新添设备设施的产品生产。
（3）需要开发专用的磨具、夹具、检具或检测设施，无法同时向多家供应商采购。
（4）直接人工成本占产品成本比例较大。

（三）基于折扣的价格分析

折扣同样影响定价。折扣的类型包括数量折扣、交易折扣、现金折扣和季节性折扣。

1. 数量折扣

数量折扣是由较低的单位成本而形成的价格的减少，它通常与大量采购联系在一起。作为采购方，通常利用价格的这种减少来产生生产的规模经济，比如在较长的生产期内分摊生产准备成本。数量折扣在供应商价格表上反映为"间断性价格"，价格取决于订购的数量。

数量折扣的实现可以采取以下几种方式：

第一种数量折扣仅用于单次采购达到特定数量的情况。为了通过价格折扣来达到降低总成本的目的，采购方需要采购较大量的物资。这种方法也可用于采购的运输过程，即通过较低的价格运输大量的商品来取得较低成本。

第二种数量折扣是根据订单的总价值来制定，而不必考虑所采购物资的数量。因此，折扣被看作是订单的总价值的一个百分比。

第三种数量折扣是根据供应商在一定时期内所花费的总价值来确定折扣。这种类型的折扣通过总订购单和系统合同实现。

在决定是否采纳数量折扣时,采购方要比较采购费用节省额与储存费用增加额的大小,如果采购费用节省额高于储存费用增加额,则可按折扣价格采购。

【例 6-9】 某物品的年采购总量为 1800 件,年储存费率为 10％,平均每次订货费用为 200 元,物品单价为 20 元,折扣为 5％,折扣要求的订购批量至少 650 件,问是否享受折扣?

解 $\mathrm{EOQ} = \sqrt{\dfrac{2DS}{H}} = \sqrt{\dfrac{2 \times 1800 \times 200}{2}} = 600$

加大采购批量带来的采购费用节省额为

$$\left[5\% \times 20 \times 1800 + 1800 \times 200 \times \left(\dfrac{1}{600} - \dfrac{1}{650}\right)\right] 元 = 1846.15 元$$

加大采购批量带来的储存费用增加额为

$$\left(20 \times 95\% \times 10\% \times \dfrac{650}{2} - 2 \times \dfrac{600}{2}\right) 元 = 17.5 元$$

因为储存费用增加额远小于采购费用节省额,所以应按折扣价采购。

2. 现金折扣

尽管现金折扣容易受到交易习惯的影响,在不同的行业现金折扣也有很大的区别,但是几乎所有的供应商都会提供现金折扣给采购方,这是为了鼓励采购方尽快地支付货款。

现金折扣一般随着采购方付款时间的延长而减少,如果直到规定期限内付款那就没有折扣,这是对采购方的一种"惩罚"。现金折扣一般多用于供应商向零售商,特别是超市供应的商品。例如,规定付款期限是 30 天,如果采购方能够在 10 天内付足货款,那么采购方可以只向供应商支付所有货款的 60％,即有 40％的现金折扣;如果采购方能够在 20 天内付足货款,那么采购方可以向供应商支付货款的 80％,即有 20％的现金折扣;如果采购方在 30 天内支付货款,那么可以支付 90％,即有 10％的现金折扣;如果在 30 天后才能付款,那么采购方必须全额付款,还有可能支付超期的赔偿。

为了确定能够取得现金折扣而必须付款的确切日期,并且避免供应商开出不合要求的发票所造成的麻烦,一些企业在采购订单中增加了一项条款,上面注明"能够获得现金折扣的信用期间的计算要从收到合格的商品或者正确开出的发票算起,如果这两个日期不一致,则取较晚的一个日期。"

3. 季节性折扣

季节性折扣促使采购方采购一些处于淡季的物资,适合有季节性需求的物资定价。采购方必须确定取得的折扣是否能够抵消增加的库存所带来的成本,避免高库存带来的成本增加的方法是在淡季订货,但在稍晚的时候交付货物。

当采购企业在淡季收到了货物,却在稍晚的时候交付货款时,折扣就会发生变动。在这种情况下,即使没有折扣,延迟的货款支付也相当于折扣。在任何一种情况下,这些季节性的激励都是分担库存所带来的成本的有效办法。

本章小结

采购流程通常分为四个阶段:首先进行调查分析,然后制订计划,再实施计划,最后进行采购绩效评估。

第六章

采购管理中的决策与优化

采购管理中的决策变量一般包括合适的数量、合适的时间、合适的商品、合适的来源、合适的地点、合适的价格、合适的质量。

采购数量控制的核心是"三不",即不断料、不呆料、不囤料。

EOQ 模型实质是指库存总成本最低时的订货量,物料需求法是确定相关需求物料数量的方法。

定量订购法,是指当库存量下降到预定的最低库存量(订货点)时,按规定数量(一般以经济批量 EOQ 为标准)进行订货补充的方法。它主要靠控制订货点和订货批量两个参数来控制订货。订货点的确定主要可分两种情况:一是订货提前期固定,需求速率不变,即无需安全库存的情况;二是订货提前期和需求速率是随机变量,即设立安全库存的情况。

定期订购法是以固定检查和订货周期为基础的订货法。它是基于时间的订货控制方法,基本原理是预先确定一个订货周期和一个最高库存量,周期性检查库存,发出订货,订货批量的大小应使得订货后的名义库存量达到最高库存量。

从供应商的角度看,主要有三种影响价格确定的因素:市场结构、成本定价模型和价值定价。

学习曲线的基本概念是随着产品的累计产量增加,单位产品的成本会以一定的比例下降,这种单位产品成本的降低与规模效益并无任何关系,它是一种学习效益。

折扣同样影响定价,折扣的类型包括数量折扣、现金折扣和季节性折扣等。

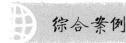

综合案例

一味压低采购价格,问题随之而来

前不久,某公司将一位采购员提升为供应链业务经理。没过多久,这位经理就到处宣扬,他将一些零件从一家供应商转移到另一家,价格降低了多少幅度,每年能节省采购成本多少幅度。他还准备调整整个供应商群,将节省采购成本多少幅度。新官上任三把火,本来也没什么值得非议的,但其方式和方法却值得商榷。

首先来看看这位经理的降价方法:他专挑那些用量最大的零件,重新进行询价,这样的方法当然会得到好的价钱。但是他忘了,原供应商还有很多其他零件在该公司使用,用量很小但价钱还维持在高用量时的水平,毫无疑问供应商在亏本,只能靠那些大用量的零件来弥补。

调整的直接结果是供应商的整体盈利大幅下降,该公司成为他们不盈利或少盈利的客户,其经营重心转移到其他更盈利的客户,导致供应商对该公司的按时交货率、质量和服务水平大幅降低。比如在新经理上任之前,所有供应商的季度按时交货率都在96%以上;而上任后没几个月,有好几家供应商的按时交货率均已跌破90%。

其次,就是供应商对该公司失去信任。以前负责机箱制造商的供应链经理在接手这一块业务时发现,几个主要供应商基本处于亏本的状态:一方面是因为整体经济低迷;另一方面由于多年来赤裸裸的压价,结果导致供应商既没经济能力,也没有动力负担工程技术力量,因为开发出的新零件很可能在下一轮询价中转入竞争对手,这样直接影响公司开发新产品。

为提高供应商服务的积极性,前任经理采取的政策是:新零件在开发阶段经过一轮竞价后,进入量产阶段不再进行第二轮竞价。这样,供应商就不用担心辛辛苦苦开发的成果转入

物流决策与优化

到竞争对手手中,因此在开发阶段都非常乐意投入工程技术支持,对新产品的按时交货率也大幅度提高。有的供应商还替该公司专门设立技术人员,随时提供技术支持。新的供应链业务经理进行第二轮竞价,打破了这一政策的连续性,直接破坏了买卖双方的信任基础。

更典型的一个例子是,有一家供应商的部件没法转移给其他供应商来做,因为这组零件对最终产品的性能影响很大,更换供应商的风险大,需要重新进行供应商资格认证,而产品设计部门不愿花费时间和承担风险。那该怎么办?这位新上任的供应链经理采用了强势态度对待现有供应商:不管怎么样,降价15%,至于怎么降,那是供应商自己的事。

供应商没法在人工成本上省,那就只能在材料上下工夫。但是,主要原材料镍的价格在一年内翻了两倍,该供应商已经多次提出涨价要求。材料利用率上也没潜力可挖,因为供应商已经是多个零件一起加工,边角料的浪费也已经降到了最低。于是,找便宜材料成了供应商生存的唯一出路。

问题就出在这里,原来用的镍合金产自德国,价格高,但质量好。法国产的同类镍合金价格低,但技术性能与德国产的不一样。供应商为达到15%的降价目标,就采购法国产的镍合金。等零件装配到最终产品上,运给客户,客户反映性能不达标。这是大问题,影响到客户自己的生产线,耽误工时。这巨大的损失,即便是将这家供应商卖了也都不够赔。

产品部门兴师问罪,几百个产品已经发到全球各地,若更换零件,光零件的成本就是几十万,还有巨大的物流成本,同时客户的信任危机和未来生意损失等都是无法估量的。而有趣的是,这位供应链业务经理却认为通过降低采购价格帮助公司省了那么多钱,应该得到晋升才对。至于这么大的质量事故,他觉得这是质量部门的事,跟自己无关。

这问题表面上是质量事故,其实是个采购问题。新供应链经理的失职在于三个方面:第一,制定15%的降价指标欠斟酌。从事采购的人不会不知道供应商的大致利润率,尤其是在主要原材料价格翻倍的情况下。该供应商虽然是独家供货,但价格已经是最低了。当年发标,多家供应商竞标,找不到比这家供应商更低的价格。第二,如此大幅度的降价,意味着存在很大的风险。采购需要分析风险,让公司当事人理解这些潜在风险,督促质量把关。采购经理为达到自己晋升的目标出此险招,又假定别的部门都知道是错上加错。用一位专业人士的话来说,不要把别人都当成神,认为他们都具有先知先觉的能力,而是要使自己尽量靠近神。第三,最关键的是,新供应链经理没有试图与供应商合作来解决问题,而是把问题推给供应商。他的问题解决了,这家供应商的问题就来了,最后还是由采购方来买单。新供应链经理制造的问题多于解决的问题,这正是新供应链经理失职的地方。

降低成本是供应商管理的一大任务,但关键是要会适可而止。大公司对小供应商,降价往往就像海绵里的水,要挤大部分时候都能再挤出来,但是挤到极点,其他问题就会出现。强势推行不是共同解决问题的方法,而是将把问题推给对方。偶然用之未尝不可,但系统地用,偶然性就成了必然性,供应商出问题也是迟早的事了。(来源:http://www.haokoo.com/else/5301777.html)

案例讨论

1. 你认为现任采购经理一味压低采购价格的做法是否可取?会给采购方带来哪些风险?

2. 如何获得合理的采购价格?

第六章

采购管理中的决策与优化

练习与思考

一、思考题

1. 对一家企业的物资采购情况进行调研,思考其如何确定采购数量?是否达到不断料、不呆料、不囤料的目标,有何改进建议?

2. 在保障采购商品质量的同时,如何降低采购价格?

二、计算题

1. 某公司每年购入某种物资 5000 件,单价为 100 元/件,每次订货费用为 200 元,资金年利息率为 12%,单位存货的存储费率为 18%,求经济订购批量、最佳订购次数及最佳订货周期。

2. 某零部件 12 月的需求数据如下表所示,提前期为 1 天,假设客户服务水平为 95%,求订货点。

日期	需求量	日期	需求量	日期	需求量	日期	需求量
12月1日	1500	12月9日	1450	12月17日	1167	12月25日	750
12月2日	900	12月10日	1100	12月18日	1000	12月26日	1200
12月3日	900	12月11日	750	12月19日	1200	12月27日	1150
12月4日	950	12月12日	1200	12月20日	1183	12月28日	900
12月5日	750	12月13日	900	12月21日	800	12月29日	1200
12月6日	1500	12月14日	900	12月22日	900	12月30日	1205
12月7日	1200	12月15日	1396	12月23日	1200		
12月8日	1050	12月16日	1200	12月24日	1427		

3. 某零件 2016 年需求总量为 386 箱,每次订购费用 50 元,日均需求量 1.2 箱,日需求量的标准差为 0.73,每月盘点一次,12 月 1 日该零件的结存量为 15 箱,采购提前期为 5 天,假设企业的客户服务水平要满足 95%,求订购量。

4. SC 公司准备购买一种新产品,已知学习曲线是 80%,该公司下了 100 件订单,收到的报价是每件 300 元,已知供应商新产品每件成本为:

物料　　　　120 元
人工　　　　60 元(每件产品平均每小时 6 元,共 10 小时)
管理费用　　60 元(假设为劳动力的 100%)
总成本　　　240 元
利润　　　　60 元(占总成本的 25%)
单位价格　　300 元

如果该公司再追加 300 件订单,供应商的利润占总成本的比例不变,则新增加的 300 件订单的单位价格是多少?

5. 某物品的年采购总量为 2000 件,年储存费率为 10%,平均每次订货费用 100 元,物品单价 20 元,折扣为 10%,折扣要求的订购批量至少 600 件,问是否享受折扣?

第七章 物流成本管理中的决策与优化

学习目标

（1）了解物流成本的概念、物流成本的分类方法、影响物流成本的因素、物流成本控制原则、内容与基本程序；

（2）理解直接成本与间接成本、固定成本与变动成本的区别，以及目标成本法概念、标准成本法概念、作业成本法概念；

（3）掌握目标成本法实施程序、标准成本法核算程序及计算，以及作业成本法基本原理、程序及计算；

（4）会用目标成本法测算单位产品目标成本，会制定标准成本及计算成本差异，会运用作业成本法核算企业物流成本。

第一节 物流成本控制概述

一、物流成本的概念

在物流活动中，为了提供有关服务，要占用和耗费一定的活劳动和物化劳动，这些在物流活动中所消耗的物化劳动和活劳动的货币表现，即为物流成本，也称物流费用。

物流成本管理是指对物流成本费用进行的计划、协调与控制。物流成本管理不仅仅是管理物流成本，还可以通过成本去管理物流，可以说是以成本为手段的物流管理方法，通过对物流活动的管理，从而在既定的服务水平下达到降低物流成本的目的。

物流成本包括物流各项活动的成本，是特殊的成本体系。对于物流成本问题，一方面有必要建立一套完整的理论体系，以指导实践，把物流成本管理提升到企业会计管理的高度，这样才能纳入企业常规管理范畴之内。另一方面，从企业组织结构来看，有必要从根本上改变企业部门的职能和结构，成立专职的物流管理部门，才有可能对物流成本实行单独核算，并对物流成本进行系统分析与控制。

二、影响物流成本的因素

(一) 竞争性因素

企业所处的市场环境充满了竞争,企业之间的竞争除了产品的价格、性能和质量外,从某种意义上来讲,优质的顾客服务水平是决定竞争成败的关键,而高效物流系统则是提高顾客服务水平的重要途径。如果企业能够及时可靠地提供产品和服务,就可以有效地提高顾客服务水平,而顾客服务水平的高低又会直接影响物流成本的变动。

影响顾客服务水平的因素主要有以下几个:

1. 订货周期

企业物流系统的高效化运作,可以缩短顾客的订货周期,从而降低顾客的库存成本,提高企业的顾客服务水平和竞争力。

2. 库存水平

缺货成本与库存水平成反比。也就是说,库存水平过低,会导致缺货成本增加;库存水平过高,虽然会相应降低缺货成本,但是存货成本会显著增加。理论上讲,合理的库存应保持在使库存总成本为最低的水平上。

3. 运输

企业采用更为快捷的运输方式,虽然会增加运输成本,但却可以缩短运输时间,提高物流服务水平,提高企业在竞争中的快速反应能力,并可相应地降低库存成本。

(二) 产品因素

产品的特性不同也会影响物流成本,如产品价值、产品密度、易损性和特殊搬运等。

1. 产品价值

产品价值的高低通常会直接影响其物流成本的大小。随着产品价值的增加,其相关的各项物流活动的成本都会增加。一般来讲,产品的价值越大,对其运输、搬运、存储、包装作业及其材料、工具的要求就越高,所以物流成本通常也随着产品价值的增加而增加。

2. 产品密度

产品密度越大,相同容积的运输工具所装载的货物就越多,单位运输成本就越低。同理,仓库中一定空间内存放的货物越多,单位存储成本就越低。

3. 易损性

物品的易损性对物流成本的影响是显而易见的,易损的产品对物流各环节如运输、包装、仓储等作业活动都提出了更高的要求,如玻璃、陶瓷制品,其物流成本也越高。

4. 特殊搬运

有些特种货物会对搬运提出特殊的要求,如对长、大物品的搬运,需要特殊的装载工具;有些物品在搬运过程中需要持续加热或制冷等,这些特殊耗费的结果,就是增大物流成本。

(三)空间因素

空间因素是指物流系统中企业制造中心或仓库相对于目标市场或供货点的位置关系。制造中心或仓库距离目标市场太远,必然会增加运输及包装等成本;但在目标市场建立或租用仓库,会增加库存成本。因此,空间因素对物流成本水平的高低具有重要影响。

(四)管理因素

管理成本与生产和流通没有直接的数量依存关系,但却直接影响着物流成本的大小,节约办公费、水电费、差旅费等管理成本相应可以降低物流成本。另外,企业利用贷款开展物流活动,必然要支付一定的利息(如果是自有资金,则存在机会成本问题),资金利用率的高低,影响着利息支出的大小,从而也影响着物流成本的高低。

三、物流成本的分类

目前对物流成本的分类方法有许多,按不同的标准和要求,企业物流成本有不同的分类。企业物流成本分类的主要目的有两个:一是满足物流成本计算的要求;二是满足物流成本管理的要求。下面具体介绍企业物流成本的分类。

(一)按物流成本计入成本对象的方式分类

物流成本按其计入成本对象的方式,可分为直接物流成本和间接物流成本。这种分类是为了经济、合理地将物流成本归属于不同的物流成本对象。成本对象可以是一件产品、一项服务、一项设计、一个客户、一种商标、一项作业或者一个部门。

直接成本是指为某一特定对象所耗费,可以直接计入该成本计算对象的成本。一般情况下,直接材料费和直接人工成本都属于直接成本。

间接成本是指由几个成本计算对象共同耗费,需要通过归集并采用一定的方法分配计入各成本计算对象的成本,如小部分直接材料、直接人工和制造费用、期间费用等。

(二)按物流成本习性进行分类

物流成本习性是指物流成本总额与物流业务量之间的依存关系,可分为变动成本、固定成本和混合成本。

固定成本是指成本总额在一定时期和一定业务量范围内,不受业务量增减变动影响而能保持不变的成本,如按直线法计算的固定资产折旧、管理人员薪酬、机器设备的租金等。

变动成本是指成本总额在相关范围内随着业务量的变动而成正比例变动的成本,如直接人工成本、直接材料费都是典型的变动成本,在一定期间内它们的成本总额随着业务量的增减而成正比例变动,但单位产品的耗费则保持不变。

混合成本是指全部物流成本介于固定物流成本和变动物流成本之间,即随物流作业量变动又不与其成正比例变动的那部分成本。在实务中,有很多物流成本项目不能简单地归类为固定物流成本或变动物流成本,如物流设备的日常维修费、辅助费用等。对于混合成本,可按一定方法将其分解为变动成本和固定成本两部分,并分别划归到变动成本和固定成本中去。

(三) 按经济职能分类

物流成本按其经济职能分类,可以分为运输成本、流通加工成本、仓储成本、包装成本、装卸搬运成本、配送成本等。

运输成本是指在一定时期内,企业为完成货物运输业务而发生的各种耗费;流通加工成本是指在商品从生产者向消费者流通的过程中,为了促进销售、维护商品质量,实现物流的高效率,从而使商品发生形状和性质上的变化,如对商品进行组装加工、分装加工、冷冻加工等操作所发生的各项耗费;仓储成本是指在一定时期内,企业为完成货物存储业务而发生的各种耗费;包装成本是指在一定时期内,企业为完成货物包装业务而发生的各种耗费;装卸搬运成本是指在一定时期内,企业为完成货物装卸搬运业务而发生的各种耗费;配送成本是指配送中心进行商品分拣、组织配货、送货过程中所发生的各项耗费。

(四) 按物流成本的支付形态分类

物流成本按支付形态的不同进行的分类,是以财务会计中发生的费用为基础,首先将物流成本分为企业本身发生的物流费和物流业务外包支付的委托物流费。其中,企业本身发生的物流费又有不同的支付形态,包括材料费、人工费、维护费、办公费、差旅费、水电费等。

固定资产折旧费,包括使用中的固定资产应计提的折旧费和固定资产大维修费。

材料费,包括一切材料、包装物、维修用配件和低值易耗品等。

燃料动力费,包括各种固体、液体、气体燃料费,水费,电费等。

人工费,是指因人力劳务的消耗而发生的费用,具体包括职工工资、福利、奖金、津贴、补贴、住房公积金、职工劳动保护费、人员保险费、按规定提取的福利基金、职工教育培训费等。

利息支出,是指企业应计入财务费用的借入款项的利息支出减利息收入后的净额。

税金,是指应计入企业管理费用的各种税金,如房产税、车船使用税、土地使用税、印花税等。

(五) 按物流活动发生的范围分类

物流成本按物流活动的范围,可分为供应物流成本、企业内物流成本、销售物流成本、回收物流成本和废弃物物流成本。

1. 供应物流成本

供应物流成本是企业在采购环节所发生的物流费用。具体来说,供应物流成本是指经过采购活动,将企业所需原材料(生产资料)从供给者的仓库运回企业仓库的物流过程中所发生的物流费用。

2. 企业内物流成本

企业内物流成本是货物在企业内部流转所发生的物流费用。具体来说,企业内物流成本是指从原材料进入企业仓库开始,经过出库、制造形成产品以及产品进入成品库,直到产品从成品库出库为止的物流过程中所发生的物流费用。

3. 销售物流成本

销售物流成本是企业在销售环节所发生的物流费用。具体来说，销售物流成本是指为了进行销售，产品从成品仓库运动开始，经过流通环节，直到运输至消费者手中或终端销售点的物流活动过程中所发生的物流费用。

4. 回收物流成本

回收物流成本是指退货、返修物品和周转使用的包装容器等从需方返回供方的物流活动过程中所发生的物流费用。

5. 废弃物物流成本

废弃物物流成本是指将经济活动中失去原有使用价值的物品，根据实际需要进行收集、分类、加工、包装、搬运、储存等，并送到专门处理场所的物流活动过程中所发生的物流费用。

四、物流成本控制概念

物流成本控制是企业在物流活动中依据物流成本标准，对实际发生的物流成本进行严格的审核，采取降低物流成本的措施去实现预定的物流成本的目标。进行物流成本控制，应根据物流成本的特性和类型，在物流成本的形成过程中，对其事先进行规划、事中进行指导、限制和监督，事后进行分析，总结经验教训，不断采取改进措施，使企业的物流成本不断降低。

物流成本控制是加强企业物流成本管理的一项重要手段，贯穿于企业生产经营活动的全过程。物流成本控制按照物流成本发生的时间先后划分为事前成本控制、事中成本控制和事后成本控制三个阶段。

（一）事前控制

物流成本事前控制是指在进行物流技术或物流管理改善前，预测各种决策方案执行后的物流成本情况，对影响物流成本的经济活动进行事前的规划、审核、确定目标物流成本。它是物流成本控制的前馈控制。

（二）事中控制

物流成本事中控制是物流成本形成过程中，随时对实际发生的物流成本与目标物流成本进行对比，及时发现差异、分析差异并采取相应措施予以纠正，以保证物流成本目标的实现，它是物流成本的过程控制。

过程控制应在物流成本目标的归口分级管理的基础上进行，严格按照物流成本目标对一切物流活动过程中的耗费进行随时随地的检查审核，把可能产生的损失、浪费的苗头消灭在萌芽状态，并且把各种成本偏差的信息及时反馈给有关责任单位，以利于及时采取纠正措施。

（三）事后控制

物流成本事后控制是在物流成本形成之后，对实际物流成本的核算、分析和考核。它是物流成本的后馈控制，也是对各项物流决策正确性和合理性作出事后评价的重要环节，并查明物流成本节约或超支的主客观原因，确定其责任归属，对物流成本责任单位进行相应的考核和奖惩。

五、物流成本控制的原则

（一）经济原则

这里所说的"经济"是指节约，即对人力、物力和财力的节省，它是提高经济效益的核心。因此，经济原则是物流成本控制的最基本原则。

（二）全面性原则

全面性原则具体包括全过程控制、全方位控制和全员控制。全过程控制原则是指物流成本不仅仅限于生产过程，而是从生产向前延伸到投资、设计，向后延伸到用户服务成本的全过程；全方位控制原则是指物流成本控制不仅对各项费用发生的数额进行控制，而且还要对费用发生的时间和用途进行控制，讲究物流成本开支的经济性、合理性、合法性；全员控制原则是指物流成本控制不仅要有专职成本管理机构的人员参与，而且还要发挥广大职工在物流成本控制中的重要作用，使物流成本控制更加深入和有效。

（三）责、权、利相结合的原则

只有贯彻责、权、利相结合的原则，物流成本控制措施才能真正发挥其效用。企业管理机构在要求机构、企业内部各部门和单位完成物流成本控制职责的同时，也要相应地赋予规定范围内决定费用是否可用的权力。此外，还要对物流成本控制进行业绩评价，据此进行奖惩，以便充分调动各单位和职工进行物流成本控制的主动性和积极性。

（四）目标控制原则

目标控制原则要求企业管理机构以既定的目标作为管理人力、物力、财力和各项重要经济指标的基础。物流成本控制是目标控制的一项重要内容，即以目标物流成本为依据，对企业物流活动进行指导和约束，力求以最小的成本获得最大的收益。

（五）重点控制原则

重点控制原则要求对超出常规的关键性差异进行控制，旨在保证管理人员将精力集中于偏离标准的一些重要事项上。企业的日常物流成本差异往往成千上万，管理人员对异常差异实行重点控制，有利于提高物流成本控制的工作效率。

六、物流成本控制的基本程序

（一）制定物流成本标准

物流成本标准是物流成本控制的准绳，是对各项物流费用开支和资源耗费所规定的数量限度，是检查、评价实际物流成本水平的依据。物流成本标准应包括物流成本计划中规定的各项指标。在实践中，物流成本标准的制定方法多种多样，如计划指标分解法、预算法、定额法、标准法等，在采用这些方法时，企业应进行充分的调查研究和科学计算，从完成企业的总体目标出发，综合平衡，选择适合企业自身实际情况的方法。

（二）监督物流成本的形成过程

根据标准，对物流成本形成的各个项目要实施日常控制，如对设施设备的使用效率、员工的工作效率、业务流程的优化等要经常进行检查、评比和监督。不仅要检查指标本身的执行情况，还要检查和监督影响指标的各项条件。为了加强控制的效果，日常控制要设专人监督管理，而且要使费用发生的执行者实行自我控制，并在责任制中加以规定。这样就可以调动全体员工的积极性，使成本的日常控制具有群众基础。

（三）计算分析差异、及时揭示并纠正不利偏差

揭示物流成本差异即核算确定实际物流成本脱离标准的差异，分析差异的成因，明确责任的归属。针对物流成本差异发生的原因，分析情况，分清轻重缓急，提出整改措施，并加以贯彻执行。对于重大的差异，应进行专题研究，明确研究目标，选择解决方案，制定研究的步骤，并设专人管理实施，以便使偏差得到及时纠正。

（四）成本绩效评价和激励

经过成本的计算和分析，评价物流成本控制目标的执行情况，结合企业员工工作绩效管理办法实施奖励。

第二节 物流成本控制的基本方法

一、目标成本法

（一）目标成本法概念

目标成本是一种预计成本，是指产品、劳务、工程项目等在其生产经营活动开始前，根据预定的目标所预先制定的产品、劳务、工程项目等在生产和经营过程中各种耗费的标准，是成本责任单位、成本责任人为之努力的方向与目标。

通过对目标成本的确认，并在实际工作中为之努力，将使目标成本发挥以下作用：

（1）充分调动企业各个部门或各级组织以及职工个人的工作主动性、积极性，使上下级之间、部门之间、个人之间相互配合，围绕共同的成本目标而努力做好本职工作。

（2）目标成本是有效地进行成本比较的一种尺度。将成本指标层层分解落实，使其与实际发生的生产费用进行对比，揭示差异，查明原因，采取措施，以防止损失和浪费的发生，起到控制成本的作用。

（3）确认目标成本的过程，也是深入了解和认识影响成本各因素的主次关系及其对成

本的影响程度的过程,这将有利于企业实行例外管理原则,将管理的重点转到影响成本差异的重要因素上,从而加强成本控制。

(4) 对成本进行事前控制和事中控制,特别是事前管理。从国外的经验来看,目标成本是由产品的联合开发设计小组根据市场信息、内部潜力和供应商潜力的挖掘而确定的,这意味着成本管理的重点将由传统观念下的生产制造过程转移到产品的开发设计过程,因为人们逐渐认识到,产品的制造成本在一定程度上是由产品的设计阶段所确定的。特别是随着信息技术的发展和消费者日益追求个性化产品,迫使企业不断加大产品的创新程度,尽可能地根据顾客的需要提高产品的功能和质量,从而使得产品的制造成本与产品的功能和质量的设计之间的关系越来越密切。

(二) 目标成本法实施程序

物流目标成本的制定要遵循一定的程序,该程序可能会因为企业物流活动内容的不同而不同,但大体上可以分为以下几个阶段。

1. 初步确立目标成本

1) 倒扣测算法

倒扣测算法是通过市场调查确定的顾客或服务对象可接受的单位价格(如售价、劳务费率等),扣除企业预期达到的单位产品利润、根据国家规定的税率预计的单位产品税金以及预计单位产品期间费用,而倒算出单位产品目标成本的方法。其计算公式为

单位产品目标成本＝预计单价－单位产品目标利润－预计单位产品税金－预计单位产品期间费用

【例 7-1】 某新产品预计单位产品售价为 5000 元,单位产品目标利润为 1000 元,国家规定该产品税率为 10%,预计单位产品期间费用为 500 元。根据倒扣测算法求该产品的目标成本。

解 该产品单位产品目标成本为
$$(5000 - 1000 - 5000 \times 10\% - 500) 元 = 3000 元$$

2) 比价测算法

比价测算法是将新产品与曾经生产过的功能相近的老产品进行对比,凡新老产品结构相同的零部件,按老产品现有成本指标测定,与老产品不同的部件,应按预计的新的材料消耗定额、工时定额、费用标准等加以估价测定。这种方法适用于对老产品进行技术改造的目标成本的测定。

【例 7-2】 某企业在 MT-1 型产品的基础上,通过技术改造,推出 MT-2 型新产品。原 MT-1 型产品单位产品成本为 100 元,共由甲、乙、丙、丁 4 个零件组成。MT-2 型产品中的甲零件选材,改用工程塑料以代替不锈钢材料,每件节约成本 3 元;乙零件提高抛光精度,每件增加成本 2 元;丁材料进行烤漆工艺处理,每件增加成本 3 元;丙零件材料与工艺无变化。根据比价测算法求 MT-2 型产品的目标成本。

解 据此可推定 MT-2 型产品的单位产品目标成本为
$$(100 - 3 + 2 + 3) 元 = 102 元$$

3) 本量利分析法

本量利分析法是指在利润目标、固定成本目标和销量目标既定的前提下,对单位变动成

本目标进行计算的方法。

依据成本、销售量与利润三者的关系式,即

利润＝单位售价×销售量－单位变动成本×销售量－固定成本

可导出目标单位变动成本的计算式,即

$$目标单位变动成本 = 单位售价 - \frac{利润 + 固定成本}{预计销售量}$$

【**例 7-3**】 某工厂开发一种新产品投放市场,据分析,其单价不能高于同类产品单价的 120%,即单价不能超过 1000 元。预计加工该产品的固定加工费用(如设备折旧费等)全年为 150000 元。该产品的目标利润为 200 万元,据市场调查估算的销售量为 10000 件。试计算该产品的目标单位变动成本。

解 据上式,该产品的目标单位变动成本为

$$(1000 - \frac{2000000 + 150000}{10000}) 元/件 = 785 元/件$$

其实在计算产品目标单位变动成本之前,先要确定其目标固定成本,两者相互依存,两者之和(指以目标单位变动成本和预计销售量计算的目标变动成本总额与目标固定成本总额之和)形成目标总成本。

2. 物流目标成本的可行性分析

物流目标成本的可行性分析是指对初步测算出的物流目标成本是否切实可行作出的分析和判断。

1) 对已有的和可比的物流项目的可行性分析

目标成本的可行性分析主要是根据本企业实际成本及成本变化趋势,充分考虑本企业成本节约的能力,从材料、燃料、动力的消耗定额和价格变动方面考虑对成本的影响、劳动生产率提高超过平均工资增长对成本的影响等方面,测算是否达到目标成本。如果达不到,则应采取新的节约措施。

2) 对新开发的物流项目的目标成本的可行性分析

分析提供的服务项目、服务程序设计等是否符合目标成本的要求。在新项目的设计阶段,设计成本一般小于目标成本,否则因为设计不合理造成物流服务成本过高,再在实施阶段加以控制会很困难。

在实施阶段,根据物流目标成本和设计好的业务流程,全方位分析各个业务环节、各个相关管理部门的各种费用开支,在现有企业外部经济环境、内部管理水平和资源条件下,是否满足目标成本的要求。否则重新调整目标利润,以确定适合企业发展的目标成本。

3. 目标成本的分解

物流目标成本的分解,是指设立的物流目标成本通过可行性分析后,将其自上而下按照企业的组织结构逐级分解,落实到有关的责任部门。物流目标成本的分解通常不是一次完成的,需要不断修订,有时甚至要修改原来设立的目标。常用的物流目标成本分解的方法有以下几种。

1) 管理职能分解

将物流目标成本通过管理层次按照管理部门来分解,如运输费用分配给运输部门、工资成本分配给劳动部门、仓储费用分配给仓库管理部门、燃料动力费用分配给后勤部门等。

2）按管理层次分解

将物流目标成本按照总公司、分公司、业务部门、班组、个人进行分解,这是一种自上而下的过程。分解内容包括工、料、费三项。

3）按成本的经济内容分解

即把物流服务成本分解成固定成本和可变成本,再将固定成本进一步分解成折旧费、日常费、办公费、差旅费、维修费等项目,把可变成本分解成直接材料费、直接人工成本、各项变动费用。

【例7-4】 某批发公司上年度以10元价格买入10万件电器,以平均每件18元卖出,有关经营成本如下。

作业	成本动因	数量	单位成本	成本额
采购	订单数	1000	100	100000
仓储	搬运次数	1000	200	200000
分销	分销次数	2000	40	80000
固定成本				100000

下一年度购销数量不变,但客户要求有10%的折扣,而公司可以从供应商处得到5%的折扣。如果下年购买订单数增加到1100,分销装运单位成本减少5元,利润保持与上年一样,则仓储的目标成本是多少?

解 上年度:
$$收入 = 18 \times 10 \text{ 万元} = 180 \text{ 万元}$$
$$成本 = [10 \times 10 + (10 + 20 + 8 + 10)] \text{ 万元} = 148 \text{ 万元}$$
$$利润 = (180 - 148) \text{ 万元} = 32 \text{ 万元}$$

本年度:
$$目标成本 = [10 \times (16.2 - 9.5) - 32] \text{ 万元} = 35 \text{ 万元}$$
$$采购成本 = 1100 \times 100 \text{ 元} = 11 \text{ 万元}$$
$$分销成本 = 2000 \times 35 \text{ 元} = 7 \text{ 万元}$$
$$仓储目标成本 = (35 - 11 - 7 - 10) \text{ 万元} = 7 \text{ 万元}$$

4. 目标成本的分析修正与考核

物流目标成本的分析,是将实际业务量计算出的目标成本与实际可控成本进行比较,计算出成本差异,以检查目标成本的完成情况,找出成本差异产生的原因,采取有效的成本控制措施。目标成本的考核是目标成本管理得以顺利进行的保证。考核的方法一般采用财务指标和非财务指标相结合的办法,通过公平合理的评价机制,激发员工对成本持续改进的积极性。

二、标准成本法

(一)标准成本法概念

标准成本法是以预先运用技术测定等科学方法制定的标准成本为基础,将实际发生的成本与标准成本进行比较,核算和分析成本差异的一种成本计算方法,也是加强成本控制、评价经营业绩的一种成本控制方法。

标准成本法的核心是按标准成本记录和反映产品成本的形成过程和结果,并借以实现对成本的控制。标准成本法包括制定标准成本、计算和分析成本差异、处理成本差异三个环节。

(二) 标准成本核算的程序

(1) 为各成本计算对象制定单位产品或服务的标准成本,又称为单位标准成本。
(2) 根据实际业务量和单位标准成本,计算产品或服务的标准成本。
(3) 汇总并计算实际成本。
(4) 计算标准成本和实际成本之间的差异,如果企业将标准成本纳入会计核算体系,要进行相关的账务处理。
(5) 分析差异产生的原因。
(6) 将成本差异产生的原因反馈给相关责任人和责任单位。

(三) 标准成本的制定

制定物流标准成本主要是三个标准成本项目的制定,包括直接材料费、直接人工成本和间接费用的标准成本。每一个标准成本项目都是价格标准和用量标准的乘积。三个标准成本项目的数据相加可得到单位物流服务标准成本。

1. 直接材料的标准成本

直接材料标准成本由直接材料价格标准和直接材料用量标准确定,常见于物流活动中的包装和流通加工,因为这些活动往往需要使用各种材料。其计算公式是:

$$直接材料标准成本 = 价格标准 \times 用量标准$$

2. 直接人工的标准成本

直接人工标准成本由工资率标准和物流人工用量标准确定,基本上涉及物流活动的各环节。例如,流通加工工人的工资标准和铲车司机的工资标准的制定,其计算公式是:

$$直接人工标准成本 = 标准工资率 \times 工时标准$$

3. 间接费用的标准成本

间接费用标准成本分为变动间接费用标准成本和固定间接费用标准成本。这两部分物流间接费用都按标准用量和标准分配率的乘积计算,标准用量一般都用工时来表示,是指在现有的物流运作条件和经营管理水平下单位服务的标准工时。

1) 变动间接费用标准成本

变动间接费用标准成本 = 单位物流服务直接人工标准工时 × 每小时变动间接费用的标准分配率

其中,每小时变动间接费用的标准分配率 = $\dfrac{变动间接费用总额}{物流直接人工标准总工时}$。

2) 固定物流费用标准成本

固定物流费用标准成本 = 单位物流服务直接人工标准工时 × 每小时固定间接费用的标

准分配率

其中，每小时固定间接费用的标准分配率 = $\dfrac{\text{固定间接费用总额}}{\text{物流直接人工标准总工时}}$。

变动间接费用标准成本的例子很多，如装卸搬运活动中使用的润滑油和配件的标准成本。固定间接费用标准成本的例子也很多，如仓库租赁费和仓库管理人员工资等。

【例 7-5】 某物流公司在 2015 年 6 月正常运营能力为 10000 直接人工小时，直接人工工资总额为 60000 元，营运间接费用总额为 35000 元。其中变动间接费用为 9000 元。某项单位物流服务的直接人工标准工时为 10 小时，直接材料的标准消耗定额为 10 千克，每千克标准单价为 20 元，计算该项物流服务的标准成本。

解 首先计算工资率及间接费用标准分配率。

标准工资分配率＝直接人工工资总额/直接人工标准工时总额＝60000/10000 元/小时＝6 元/小时

每小时变动间接费用的标准分配率＝变动间接费用总额/物流直接人工标准总工时＝9000/10000 元/小时＝0.9 元/小时

每小时固定间接费用的标准分配率＝固定间接费用总额/物流直接人工标准总工时＝(35000－9000)/10000 元/小时＝2.6 元/小时

结果如表 7-1 所示。

表 7-1　单位物流服务的标准成本

成本项目		数量标准	价格标准	单位标准成本
直接材料		10 千克	10 元/千克	100
直接人工		10 小时	6 元/小时	60
间接费用	变动间接费用	10 小时	0.9 元/小时	9
	变动间接费用	10 小时	2.6 元/小时	26
合计			195 元	

（四）成本差异的计算和分析

日常的成本控制是通过分析实际成本和标准成本之间的成本差异，并对其差异产生的原因进行分析和采取相应的措施来实现的。按照成本项目可将成本差异分解为物流直接材料成本差异、物流直接人工成本差异和物流间接费用成本差异。

1. 物流直接材料成本差异分析

物流直接材料成本差异由物流直接材料价格差异和物流直接材料用量差异组成，可用公式表示为

物流直接材料成本差异＝物流直接材料实际成本－物流直接材料标准成本

物流直接材料用量差异＝（材料实际用量－材料标准用量）×材料标准价格

物流直接材料价格差异＝（材料实际价格－材料标准价格）×材料实际用量

确定成本差异后就应进一步分析差异产生的具体原因及其责任归属,采取有力的措施,消除不利差异,发展有利差异,以实现有效的成本控制。在明确成本差异责任时,应以成本能否为各职能部门或个人所控制为基础。

2. 物流直接人工成本差异分析

物流直接人工成本差异由物流直接人工效率差异和物流直接人工工资率差异组成,可用公式表示为

物流直接人工成本差异＝物流直接人工实际成本－物流直接人工标准成本

物流直接人工效率差异＝（实际人工工时－标准人工工时）×标准工资率

物流直接人工工资率差异＝（实际工资率－标准工资率）×实际人工工时

3. 物流间接费用成本差异分析

1）变动间接费用成本差异分析

变动间接费用成本差异由变动间接费用效率差异和变动间接费用耗费差异构成,可用公式表示为

物流变动间接费用成本差异＝变动间接费用实际成本－变动间接费用标准成本

物流变动间接费用效率差异＝（实际工时－标准工时）×变动间接费用标准分配率

物流变动间接费用耗费差异＝（变动间接费用实际分配率－变动间接费用标准分配率）×实际工时

2）固定间接费用成本差异分析

根据考虑的因素不同,常有以下两种分析方法。

（1）二因素分析法。它是将固定间接费用差异分为耗费差异和能量差异。

固定间接费用耗费差异＝固定间接费用实际成本－固定间接费用预算成本

固定间接费用能量差异＝固定间接费用预算成本－固定间接费用标准成本＝作业能力作业量标准工时×固定间接费用标准分配率－实际物流作业量标准工时×固定间接费用标准分配率＝（作业能力作业量标准工时－实际物流作业量标准工时）×固定间接费用标准分配率

（2）三因素分析法。三因素分析法是将物流间接费用的成本差异分为耗费差异、效率差异和闲置能量差异三部分。耗费差异的计算与二因素分析法的相同,不同的是将二因素分析法中的"能量差异"进一步分解为两部分:一部分是实际工时未达到标准能量而形成的闲置能量差异;另一部分是实际工时脱离标准工时而形成的效率差异。

固定间接费用耗费差异＝固定间接费用实际成本－固定间接费用预算成本

固定间接费用闲置能量差异＝（作业能力作业量标准工时－实际物流作业量实际工时）×固定间接费用标准分配率

固定间接费用效率差异＝（实际物流作业量实际工时－实际物流作业量标准工时）×固定间接费用标准分配率

【例7-6】 某企业物流标准成本资料、实际成本的资料如表7-2所示。该企业预计全月物流作业标准总工时为5000工时,提供物流服务500次,实际提供物流服务550次,购买直接材料100000千克。试计算该企业的物流成本差异。

第七章

物流成本管理中的决策与优化

表 7-2 某企业物流成本资料

成本项目		价格标准	数量标准	单位标准成本
物流标准成本	直接材料	2 元/千克	200 千克	400 元
	直接人工	10 元/工时	10 工时	100 元
	变动间接费用	4 元/工时	10 工时	40 元
	变动成本合计			540 元
	固定间接费用	2 元/工时	10 工时	20 元
	单位物流成本			560 元
实际物流成本	直接材料	2.2 元/千克	190 千克	418 元
	直接人工	10.4 元/工时	9.5 工时	98.8 元
	变动间接费用	3.6 元/工时	9.5 工时	34.2 元
	变动成本合计			551 元
	固定间接费用	2.4 元/工时	9.5 工时	22.8 元
	单位物流成本			573.8 元

解 （1）计算直接材料成本差异。

直接材料价格差异＝(2.2－2)×190×550 元＝20900 元

直接材料用量差异＝(190×550－200×550)×2 元＝－11000 元

直接材料成本差异＝(20900－11000)元＝9900 元

（2）计算直接人工成本差异。

直接人工工资率差异＝(10.4－10)×9.5×550 元＝2090 元

直接人工效率差异＝(9.5×550－10×550)×10 元＝－2750 元

直接人工成本差异＝(2090－2750)元＝－660 元

（3）计算变动间接费用成本差异。

变动间接费用耗费差异＝(3.6－4)×9.5×550 元＝－2090 元

变动间接费用效率差异＝(9.5×550－10×550)×4 元＝－1100 元

变动间接费用成本差异＝(－2090－1100)元＝－3190 元

（4）计算固定间接费用成本差异。

固定间接费用耗费差异＝(2.4×9.5×550－2×10×500)元＝2540 元

固定间接费用闲置能量差异＝(10×500－9.5×550)×2 元＝－450 元

固定间接费用效率差异＝(9.5×550－10×550)×2 元＝－550 元

固定间接费用成本差异＝(2540－450－550)元＝1540 元

将上述成本差异进行汇总，得到

物流成本差异＝(9900－660－3190＋1540)元＝7590 元

第三节 作业成本法

一、作业成本法概念

作业成本法(activity-based costing,ABC)是基于作业的成本核算方法,是指以作业为间接成本汇集对象,通过资源动因的确认、计量,汇集资源成本到作业上,再通过作业动因的确认计量,汇集作业成本到产品、顾客、服务或其他成本计算对象上去的一种间接成本分配方法。作业成本法体现的是一种精细化和多元化的成本计算和管理的思想。

美国会计大师埃里克·科勒教授在1952年编著的《会计师词典》中,首次提出了"作业""作业账户""作业会计"等概念。1971年,乔治·斯托布斯教授在《作业成本核算和投入产出会计》中对"作业""成本""作业会计""作业投入产出系统"等概念作了全面、系统的讨论,这是理论上研究作业会计的第一部宝贵著作,尽管理论界对此持冷淡态度,实务界也未采纳,但其在作业会计理论框架形成的过程中占有重要地位。20世纪80年代后期,随着MIS、MRPII、FMS和CIMS的兴起及广泛应用,美国实务界普遍感到传统的成本计算所得到的产品成本信息与现实脱节,成本扭曲普遍存在,而且扭曲程度令人吃惊,经理们在根据这些扭曲的成本信息做出决策时感到不安,甚至怀疑公司财务报表的真实性,这些问题严重影响了公司的盈利能力和战略决策。美国芝加哥大学的青年学者罗宾·库伯和哈佛大学教授罗伯特·卡普兰在对美国公司调查研究之后,发展了斯托布斯的思想,在1988年提出了以作业为基础的成本计算方法,从而奠定了作业成本法的理论基础。即作业成本法是要确定分配间接成本的合理基础——作业,并引导管理人员将注意力集中在发生成本的原因——成本动因上,而不仅仅是关注成本结果本身;通过对作业成本的计算和有效控制,来克服传统的以交易或数量为基础的成本体系中间接成本分配不准确和责任不清的缺陷,为成本管理提供及时、准确、相关的成本信息。

(一)作业

作业是作业成本计算中最基本的概念,是指企业为提供一定量的产品或服务而进行的资源耗费活动,是连接资源耗费和产品成本的中介。作业成本法将作业作为成本核算的核心,并将作业成本最终分配给最终产品(如产品、服务或客户)形成产品成本。企业经营过程中的每个环节或每道工序都可以视为一项作业,企业的经营过程就是由若干项作业构成的。物流作业包括运输作业、仓储作业、包装作业、装卸搬运作业、配送作业、物流信息处理、流通加工作业、管理作业等,由这些作业构成物流整体作业。

作业可以分为增值作业和非增值作业。增值作业可以提高产品价值,是企业应大力提倡的部分,如合理的运输、包装,这部分的消耗是必需的;非增值作业也称消耗作业,它对企业提供最终产品或服务的目的本身并不直接做出贡献,是应该被消除的对象,如企业内部不合理的搬运消耗。

(二)资源

资源是指作业所消耗的各种成本资源,是支持作业的成本和费用的来源,是企业生产耗费的最原始状态。物流作业需要消耗人力、物力、财力资源,如包装作业需要占用和消耗一定的人员、材料、工具和机器等资源。当一项资源只服务于一种作业时,成本计算简单,该资源可以直接归集到该作业中去;但当一项资源服务于多种作业时,就必须通过成本动因把资源的消耗恰当地分配到相应的作业上。

(三)成本动因

成本动因是导致成本发生的各种因素,是决定成本发生额与作业消耗量之间的内在数量关系的根本因素,如直接人工小时、机器小时、货物挪动次数、订购次数等。在作业成本计算中,成本动因就是资源成本的分配标准。要把间接成本分配到各产品中去,就要了解成本行为,恰当识别成本动因。根据成本动因在资源流动中所处的位置,成本动因可划分为资源动因和作业动因两种。

1. 资源动因

资源动因是作业成本计算的第一阶段动因。按作业成本法的规则,作业量的多少决定资源的耗用量,资源的耗用量的多少与作业量有直接关系,与最终的产品量没有直接关系,资源的耗用量与作业量的这种关系称为资源动因。

资源动因是资源被各种作业消耗的方式和原因,它反映某项作业对资源的消耗情况,是将资源成本分配到作业中的基础。例如,人工费用主要与从事各项作业的人数相关,那么,就可以按照人数向各作业中心(作业成本库)分配人工费用,从事各项作业的人数就是一个资源动因;搬运设备所耗费的燃料直接与搬运设备的工作时间、搬运次数或搬运量有关,因此可以把设备的工作时间、搬运次数或量作为作业成本的资源动因。

2. 作业动因

作业动因是作业成本计算的第二阶段动因,可认为是各项作业被最终产品或劳务消耗的方式和原因,它反映产品消耗作业的情况。比如订单处理这项作业,其作业成本与其产品订单所需的处理份数有关,那么订单处理份数就是一个作业动因,就可以按订单处理份数向产品分配订单处理作业的成本。

(四)作业中心与作业成本库

作业中心是成本归集和分配的基本单位,它由一项作业或一组性质相似的作业所组成。一个作业中心,就是生产流程的一个组成部分。根据管理上的要求,企业可以设置若干个不同的作业中心,其设立方式与成本责任单位相似。但作业中心的设立是以同质作业为原则,是相同的成本动因引起的作业的集合。例如,为保证产品质量,对 A 产品所花费的质量监督成本与对 B 产品所花费的质量监督成本虽然不同,但它们都是由监督时所消耗的时间引起的,因而性质上是相同的,可以归集到一个作业成本中心中。由于作业消耗资源,所以伴随作业的发生,作业中心也就成为一个资源成本库,也称为作业成本库或作业成本池。

二、作业成本法基本原理

作业成本法的基本原理主要是成本溯源理论和成本驱动因素理论。成本溯源理论是指在作业成本下,将所有成本分成一系列作业活动,再由这些作业活动消耗各种资源从而产生成本，所以各种成本都能追溯它的根源。成本驱动因素理论认为，在作业成本法下，大多数成本都可以找出形成和变化的原因，即成本动因。

作业成本法认为，产品消耗作业，作业消耗资源并导致成本的发生。作业成本法实际上就是将各种资源分解到业务流程中的各种作业活动，从而核算各种活动环节所耗费的资源，再将活动成本分摊到各产品、服务、顾客或部门，进而计算这些对象是如何消费活动资源的。

具体来说，作业成本法首先将企业所消耗的资源通过资源动因分配到作业或作业成本库中，形成作业或作业成本库的成本，然后再将作业或作业成本库的成本通过成本动因分配到成本计算对象上，形成成本计算对象的成本，如图 7-1 所示。通过这一过程，作业成本计算改进了传统的成本分配方法，力图找到资源消耗与成本对象之间的因果关系，从而得到更加精确的成本。

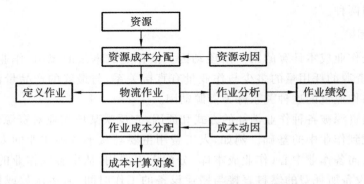

图 7-1 作业成本法计算物流成本的逻辑图

三、作业成本法的基本程序

一般来说，物流作业成本计算同样需要以下几个步骤：取得物流成本信息，建立资源成本库；分析和确定作业，建立作业成本库；确定资源动因，分配资源成本至作业成本库；确定作业动因，分配作业成本至成本计算对象；计算某成本计算对象的物流成本。

（一）分析和确定资源

资源是指支持作业的成本、费用来源，它是一定期间内为了生产产品或提供服务而发生的各类成本、费用项目，通常在企业会计明细账中可清楚地得到各种资源项目。比如对于运输作业而言，其发生的运输作业人员的工资和其他人工费用支出，运输车辆的折旧费、维修费、动力费等都是运输作业的资源费用。在分析和确定资源时，注意有时某一种资源可能被几项作业所拥有，而同一项作业也可能拥有几种资源等。各项资源被确认后，企业应当设立资源库，并将一定会计期间的资源耗费归集至资源库。如果一个企业的会计科目的分类足够细致的话，那么通常可以从会计科目的子科目中明确资源耗费，当通过会计记录确实无法获取资源耗费时，应按实际情况分别估算有关的资源耗费。

（二）分析和确定物流作业

定义物流作业需要借助作业流程图。具体做法是：把为完成特定业务所要求的各种作业步骤画成一张张系统的流程图,根据每一个细部作业来选定物流作业。在确定作业时,作业既不能分得过细也不能过于综合,必须把握好作业合并和分解的平衡。作业合并是指把所有性质相同的业务集合起来组成一个具有特定功能的作业的分析过程。以特定功能对作业进行合并,目的在于将单个的、细小的作业组合成可以作为成本计算对象的作业。例如,检验发票作业和付款作业就可以整合为会计这一大作业来管理。作业分解是指把一个较大作业分解为具有不同功能的作业的过程,它与作业合并过程相反,如运输作业可分解为调度作业、运行作业、到达作业等;获取原材料作业可以分解为购货、验货和收货作业等。该过程的作用就是深入活动内部,分析组成特定活动的作业,分析各个作业的成本动因,选择更合理的成本动因分配作业成本。物流作业经分析、确认后,要为每一项作业设立一个作业成本库,然后以资源动因为标准将各项资源耗费分配至各作业成本库。

物流部门在进行物流作业(或作业中心)划分时,其主要作业包括下述项目。

1. 采购作业

采购作业包括供应商管理、向供应商订货、货物验收以及货物入库等作业。

2. 销售订单处理

订单若由电子订货系统传来,则无需进行输入工作;以传真方式传来,必须有专人做输入工作。若通过网络传到仓库现场的计算机,则不需要打印拣货单;若未与仓库现场联网,则需有人按批次打印拣货单,交给仓库现场人员拣货。在销售订单处理作业上,也需有人力花在接电话进行确认、追加、回答客户咨询等工作上面。

3. 拣货作业

拣货方式若为半自动化拣货,则不必人工判断商品,只看编号即可,人工动作主要为搬运货物及电动拖板车的行进。

4. 补货作业

补货作业包括拆箱、人工补货、堆高机补货等作业。

5. 配送作业

配送作业包括配车、打印派车单、货品项的核对、拉货上车、配送运输、卸货、点收等作业。

6. 退货作业

退货作业包括运输、商品整理分类、重新上架等作业。

(三)确定资源动因,分配资源成本至作业成本库

资源动因是指资源被各项作业消耗的方式和原因,它反映了作业对资源的消耗情况,是把资源库价值分配到各作业成本库的依据,分配到作业的每一种资源就成为该作业中心的一项成本要素。常用的资源动因有人数、使用次数、面积、公里数等。

在作业成本法下,如果某一项资源耗费能被直观地确定为某一特定产品或劳务即最终成本计算对象所耗费,则直接计入最终成本计算对象,这时不需要确认资源动因和成本动因,这项资源耗费对最终成本计算对象而言,通常是直接成本,如直接材料费支出。

在作业成本法下,如果某项资源耗费从发生领域看,可确定为某项作业所耗费,则可直

接进入该作业成本库,这时不需要确认资源动因,这项资源耗费对该项作业而言,通常是直接成本,如运输人员的工资、燃料被运输作业所消耗。

在作业成本法下,如果某项资源耗费从最初消耗上即呈现混合耗费形态,则需要选择合适的量化依据,将资源分解并分配至各项作业,这时需要选择资源动因,而这个量化依据即为资源动因,如对于职工医疗保险费、动力费、房屋租金和折旧费而言,其资源动因可分别选择职工人数、耗电量、房屋面积、设备价值等。

根据资源动因,将各项资源耗费分配至作业成本库时,应首先确定资源动因分配率,然后据以确定各项作业所耗费的资源,计算公式如下:

$$资源动因分配率 = \frac{某项资源耗费}{该项资源耗费的动因量}$$

某项作业的资源耗费 = 该项作业所耗费的资源动因量 × 资源动因分配率

(四)确定作业动因,分配作业成本至成本计算对象

作业动因是指作业被各种产品或劳务及最终成本对象消耗的方式和原因,是作业成本库中的成本分配到成本计算对象中做标准,确定作业动因及选择驱动成本发生的因素。

由于物流作业的复杂性,作业动因的确定远比资源动因的复杂。一项作业的成本动因往往不止一个,应选择与实耗资源相关程度较高且易于量化的成本动因作为分配作业成本、计算产品成本的依据。成本计量要考虑作业动因数据是否易于获得;作业动因和作业消耗之间相关程度越高,现有的成本被歪曲的可能性就会越小。常见的物流作业动因主要有直接人工工时、托盘数量、订单数量、货物的价值等。这些作业动因也需要在日常的工作中加以统计计量。各项作业可能耗用的资源通过系统的记录方法,可以清楚地了解到各项作业的成本。

根据作业动因,在将作业成本分配到各成本计算对象时,应首先计算作业动因分配率,然后计算各成本计算对象应分配的作业成本。计算公式如下:

$$作业动因分配率 = \frac{某作业中心所发生的作业成本}{该作业中心的作业动因量}$$

某成本计算对象应分配的某项作业成本 = 该成本计算对象耗用的该项作业动因量 × 作业动因分配率

四、作业成本法计算举例

假定某流通企业欲了解和掌握其在供应物流和销售物流阶段所发生的物流成本,6月份该企业发生的资源耗费主要有工资 224000 元、电费 6650 元、折旧费 148000 元、办公费 20000 元,其涉及的作业主要包括运输作业、装卸搬运作业、仓储作业、物流信息作业和物流管理作业,其他具体资料如下:

(1) 该企业有运输车辆 7 台,每月可提供的运输作业小时数为 1456 小时。根据有关统计资料,运输车辆用于供应物流的运输小时数为 616 小时,用于销售物流的运输小时数为 674 小时,未利用及浪费的运输小时数为 166 小时。

(2) 该企业有装卸机 3 台,每月可提供 624 个作业机时。根据有关统计资料,在供应物流阶段所耗用的作业机时为 258 机时,在销售物流阶段所耗用的作业机时为 300 机时,未利

用及浪费的机时数为 66 机时。

（3）该企业仓储作业的人员及设施可提供 832 个作业小时，本月在供应物流和销售物流阶段分别提供了 452 个作业小时和 250 个作业小时，未利用及浪费的作业小时数为 130 小时。

（4）该企业物流信息管理作业是采用计算机辅助系统来完成的，该系统全月可提供 208 个作业机时，本月在供应物流阶段提供了 98 个作业机时，在销售物流阶段提供了 100 个作业机时，未利用及浪费的机时数为 10 个机时。

（5）该企业物流管理作业的人员及设施，全月可提供 416 个作业小时，本月在供应和销售物流阶段分别提供了 146 个作业小时和 218 个作业小时，未利用及浪费了 52 个作业小时。

根据上述资料，采用作业成本法计算企业供应物流成本和销售物流成本，并区分实际耗用资源和浪费资源，步骤如下。

（一）确认企业本月所发生的资源耗费及作业

资源耗费包括工资 224000 元、电费 6650 元、折旧费 148000 元、办公费 20000 元，作业包括运输作业、装卸搬运作业、仓储作业、物流信息作业和物流管理作业。

（二）确认各资源动因，将各资源耗费分配至各作业

1. 工资的分配

采用的资源动因为作业人数，因此根据各作业的人数和对应的工资标准对工资进行分配。

表 7-3　工资资源分配一览表

作业　　资源	运输	装卸搬运	仓储	物流信息	物流管理	非物流作业	合计
人数/人	15	25	9	5	6	40	100
人均月工资/(元/人)	3000	2000	2000	2000	3500	2000	
各项作业月工资/元	45000	50000	18000	10000	21000	80000	224000

2. 电费的分配

电力资源消耗采用的资源动因为用电度数，已知每度电的价格为 0.5 元，具体分配结果如表 7-4 所示。

表 7-4　电力资源分配一览表

作业　　资源	运输	装卸搬运	仓储	物流信息	物流管理	非物流作业	合计
用电度数/度		1500	2000	1000	800	8000	13300
每度电价格/(元/度)		0.5	0.5	0.5	0.5	0.5	
各项作业消耗电费/元		750	1000	500	400	4000	6650

3. 折旧费的分配

折旧费发生的原因在于有关作业用了固定资产，因此可根据各项作业固定资产使用情

况来分配折旧费,特定的固定资产通常有特定作业所运用,它们之间一般具有直接对应关系,因此折旧费对于各项作业而言,属于直接成本,不需要采用资源动因进行分配。实践中可根据会计明细账分别统计计入,具体如表 7-5 所示。

表 7-5 折旧费用一览表

资源＼作业	运输	装卸搬运	仓储	物流信息	物流管理	非物流作业	合计
各项作业折旧费/元	35000	12000	40000	10000	1000	50000	148000

4. 办公费的分配

办公费发生的原因在于各作业人员耗用了各项办公用品等支出,其采用资源分配中的作业人数,人均办公费支出额为 200 元。具体分配结果如表 7-6 所示。

表 7-6 办公费分配一览表

资源＼作业	运输	装卸搬运	仓储	物流信息	物流管理	非物流作业	合计
人数/人	15	25	9	5	6	40	100
人均办公费/(元/人)	200	200	200	200	200	200	
各项作业办公费/元	3000	5000	1800	1000	1200	8000	20000

将上述各项费用分配结果按作业进行汇总,如表 7-7 所示。

表 7-7 资源在各项作业间分配一览表

资源＼作业	运输	装卸搬运	仓储	物流信息	物流管理	非物流作业	合计
工资费用/元	45000	50000	18000	10000	21000	80000	224000
电费/元		750	1000	500	400	4000	6650
折旧费/元	35000	12000	40000	10000	1000	50000	148000
办公费/元	3000	5000	1800	1000	1200	8000	20000
作业成本合计/元	83000	67750	60800	21500	23600	142000	398650

(三) 确认各物流作业的作业动因

各项作业及作业动因如表 7-8 所示。

表 7-8 各项作业及作业动因一览表

作业	作业动因
运输	作业小时
装卸搬运	作业机时
仓储	作业小时
物流信息	作业机时
物流管理	作业小时

（四）计算各物流作业作业动因分配率

计算结果如表 7-9 所示。

表 7-9 作业动因分配率一览表

作业	运输	装卸搬运	仓储	物流信息	物流管理
物流作业成本/元	83000	67750	60800	21500	23600
作业动因量/元	1456	624	832	208	416
作业动因分配率	57.01	108.57	73.08	103.37	56.73

（五）计算供应物流、销售物流实际耗用资源价值和未耗用资源成本

计算结果如表 7-10 所示。

表 7-10 供应物流、销售物流实际耗用资源价值和未耗用资源成本一览表　　单位：元

作业	作业动因分配率	实际耗用作业动因量			未耗用成本动因量	实际耗用资源		未耗用资源
		供应物流	销售物流	合计		供应物流	销售物流	
运输	57.01	616	674	1290	166	35118.16	38424.74	9463.66
装卸搬运	108.57	258	300	558	66	28011.06	32571	7165.62
仓储	73.08	452	250	702	130	33032.16	18270	9500.4
物流信息	103.37	98	100	198	10	10130.26	10337	1033.7
物流管理	56.73	146	218	364	52	8282.58	12367.14	2949.96
合计						114574.2	111969.9	30113.34

本章小结

固定成本是指成本总额在一定时期和一定业务量范围内，不受业务量增减变动影响而能保持不变的成本。变动成本是指成本总额在相关范围内随着业务量的变动而成正比例变动的成本，但单位产品的变动成本则保持不变。

直接成本是指为某一特定对象所耗费，可以直接计入该成本计算对象的成本，一般情况下，直接材料费和直接人工成本都属于直接成本。间接成本是指由几个成本计算对象共同耗费，需要通过归集并采用一定的方法分配计入各成本计算对象的成本。

物流目标成本的制定要遵循一定的程序，但大体上可以分为以下几个阶段：初步确立目标成本；目标成本的可行性分析；目标成本的分解；目标成本的分析修正与考核。

标准成本核算的程序：为各成本计算对象制定单位产品或服务的标准成本；根据实际业务量和单位标准成本，计算产品或服务的标准成本；汇总并计算实际成本；计算标准成本和实际成本之间的差异；分析差异产生的原因；将成本差异产生的原因反馈给相关责任人和责任单位。

制定物流标准成本主要是三个标准成本项目的制定，包括直接材料费、直接人工成本和间接费用的标准成本。每一个标准成本项目都是价格标准和用量标准的乘积。

日常的成本控制是通过分析实际成本和标准成本之间的成本差异,并对其差异产生的原因进行分析和采取相应的措施来实现的。按照成本项目可将成本差异分解为物流直接材料成本差异、直接人工成本差异和间接费用成本差异。

作业成本法首先将企业所消耗的资源通过资源动因分配到作业或作业成本库中,形成作业或作业成本库的成本,然后再将作业或作业成本库的成本通过成本动因分配到成本计算对象上,形成成本计算对象的成本。

作业成本法的基本程序:分析和确定资源;分析和确定物流作业;确定资源动因,分配资源成本至作业成本库;确定作业动因,分配作业成本至成本计算对象。

综合案例

圆通速递某配送站作业成本计算案例

圆通速递某配送站的送货作业有三个产品:网购件,即大多数为一地一件的取派件,客户较为分散,取派件地点多为小区、学校,快件多为衣服、化妆品、电子商品等重量轻、形状有规则的包裹;公司件,即一地多票派件,单次寄运多票(10件左右),一般寄运文件或价值小的包裹,取派件地点多为公司、写字楼;合同件,即快件自身体积较大,重量较大或异形,多为不规则形状,取派件地点多为汽车配件等公司。

该配送站的物流配送成本包含了以下几个方面的内容:

(1) 从事配送工作人员的工资、奖金及各种补贴及福利支出等费用。
(2) 物流配送过程中的物质消耗,如包装材料、电力、燃料的消耗。
(3) 物流管理过程中发生的管理费用,如订单处理。
(4) 配送站在运营过程中所发生的信息费用,如通信费、网络费。
(5) 配送站在物流作业过程中所发生的装卸费用、保管费用、取派件费用。

5月份的取派件数据如表7-11所示。

表7-11 取派件数据

		票数/件	重量/kg
网购件	取件	1800	2340
	派件	12000	15600
	合计	13800	17940
合同件	取件	100	1000
	派件	150	1500
	合计	250	2500
公司件	取件	1500	300
	派件	3000	600
	合计	4500	900
总合计		18550	21340

第七章
物流成本管理中的决策与优化

下面利用作业成本法进行物流成本核算。

第一步,确认和计量配送站本月所耗费的各类物流资源价值,将资源耗费价值归集到各资源库中,如表 7-12 所示。

表 7-12　配送站所耗费的各类资源价值

仓库租金/元	办公区	1500	3000
	作业区	1500	
人工费用(13 人)/元	客服(3 人)	9300	30897
	业务员(10 人)	21597	
信息、燃料和动力耗费/元	燃料	400	2070
	电力	530	
	通信费、网络费	1140	

第二步,确认各种主要作业。配送站主要作业有订单处理、保管、装卸、分拣、分类、取派件共 6 项作业。订单处理是客服人员接到客户需要取件的电话,再进行登记转达业务员的过程;保管就是每天取件要暂存于分部,等待运回总部的过程;装卸就是每天派件的快件运回到配送站后需要卸车的过程;分拣就是快件卸车以后需要分到各个业务员所负责的路段;分类就是每天取件都要进行简单的分类和装袋运到总部;取派件所负责的作业比较多,在取派件过程中还有分类组配、路程、等待、签单、填单、装卸、包装等操作,这一过程全归集到取派件作业。

第三步,确认各项资源动因,将各项资源库中所汇集的资源价值分配到各作业中。各种资源项目的资源动因如表 7-13 所示。

表 7-13　各类资源项目的资源动因

资源项目	仓库成本	人工费用	信息、燃料和动力耗费
资源动因	各项作业所占面积	工作时间和快件票数	作业消耗的燃料、电力,产生的通信费、网络费

(1) 仓库租金的分配。应根据各作业所占面积进行分配,结果如表 7-14 所示。

表 7-14　仓库租金分配一览表

作业 资源	订单处理	保管	装卸	分拣	分类	取派件
作业所占面积/mm²	18	36	17.4	17.4	18	36
每平方米租金/(元/mm²)	21	21	21	21	21	21
各项作业月费用/元	378	756	366	366	378	756

(2) 人工费用的分配。应根据员工的工作时间和业务员取派件件数进行分配,结果如表 7-15 所示。

计算取派件业务员的人工费用:

取件工资 =(网购件取件重量×12+合同件取件重量×10+公司件取件数×10)×15%
　　　　 =(2340×12+1000×10+1500×10)×15% 元 = 7962 元

派件工资 =(网购件派件数+合同件派件数+公司件派件数)×0.9

= (12000＋150＋3000)×0.9 元 = 13635 元

总工资 = 取件工资＋派件工资 = (7962＋13635)元 = 21597 元

表 7-15　人工费用分配一览表

资源＼作业	订单处理	保管	装卸	分拣	分类	取派件
工作时间/小时	8	8	4	4	8	
每天工资额/(元/天)	50	50	80	80	50	
各项作业月费用/元	1500	1500	2400	2400	1500	21597

(3) 信息、燃料和动力耗费的分配。应根据各作业消耗的燃料、电力，产生的通信费和网络费用进行分配，结果如表 7-16 所示。

表 7-16　信息、燃料和动力耗费分配一览表

资源＼作业	订单处理	保管	装卸	分拣	分类	取派件
燃料/元						400
电力/元	200	0	0	30	0	300
通信费、网络费/元	340					800
各项作业月费用/元	540	0	0	30	0	1500

将上述分析结果汇总，如表 7-17 所示，即消耗的全部资源在各项作业间的分配结果。

表 7-17　资源在各项作业间的分配情况一览表

资源＼作业	订单处理	保管	装卸	分拣	分类	取派件	合计
仓库租金/元	378	756	366	366	378	756	3000
人工费用/元	1500	1500	2400	2400	1500	21597	30897
信息、燃料和动力/元	540	0	0	30	0	1500	2070
合计/元	2418	2256	2766	2796	1878	23853	35967

第四步，确定各项作业的作业动因，有关结果如表 7-18 所示。

表 7-18　各项作业成本动因

作业	作业成本动因
订单处理	订单处理份数
保管	订单数量
装卸	工作小时数
分拣	订单数量
分类	订单数量
取派件	取件重量、派件数量

第七章

物流成本管理中的决策与优化

对于"取派件"作业,其作业动因比较复杂,因此在计算网购件、合同件、公司件三种产品时予以另行处理。

第五步,计算有关物流作业的作业动因分配率。

作业动因分配率＝某作业中心发生的作业成本/该作业中心可能提供的作业动因量

计算结果如表 7-19 所示。

表 7-19 作业动因分配率计算及结果一览表

作业	订单处理	保管	装卸	分拣	分类	取派件
作业成本/元	2418	2256	2716	2796	1878	23853
作业动因量/件	18550	18550	4875	18550	18550	—
作业动因分配率/(元/件)	0.13	0.12	55.71	0.15	0.10	—

第六步,计算网购件、合同件、公司件三种产品实际消耗的资源价值。

装卸作业按工作时间计算,网购件装卸一件平均时间需要 10 s,合同件由于重量较重或者形状较大,装卸一件平均时间需要 60 s,公司件一般是文件叠在一起,装卸平均时间不足 5 s。

对于取派件耗用资源计算,人工费用为直接成本,直接归入产品,这两项资源直接指向"成本对象"。仓库租金以及信息、燃料和动力成本两项,按件数平均分摊。

成本动因＝(仓库租金＋信息、燃料和动力费用)/总件数
　　　　＝(756＋1500)/18550 元/件＝0.12 元/件

产品实际耗用资源＝人工费用＋仓库租金＋信息、燃料和动力费用

网购件实际耗用资源＝[(2340×12×15％＋12000×0.9)＋0.12×13800]元＝16668 元

合同件实际耗用资源＝[(1000×10×15％＋150×0.9)＋0.12×250]元＝1665 元

公司件实际耗用资源＝[(1500×10×15％＋3000×0.9)＋0.12×4500]元＝5490 元

计算结果如表 7-20 所示。

表 7-20 三种产品实际消耗的资源价值

作业	作业动因分配率/(元/件)	实际耗用作业成本动因价值/元			实际耗用资源/元		
		网购件	合同件	公司件	网购件	合同件	公司件
订单处理	0.13	13800	250	4500	1794	32.50	585
保管	0.12	13800	250	4500	1656	30	540
装卸	55.71	13800×10/3600	250×60/3600	4500×5/3600	2135.55	232.13	348.19
分拣	0.15	13800	250	4500	2070	37.50	675
分类	0.10	13800	250	4500	1380	25	450
取派件	—	—	—	—	16668	1665	5490
合计	—	—	—	—	25703.55	2022.13	8088.19

根据作业成本分析,可以为配送站提供具体的配送作业消耗费用的信息,为客户提供具有说服力的配送服务收费标准,做到每项作业有据可依,增强客户对配送企业的信任感,同时提升配送企业自身的价值。还有利于降低配送作业的成本,根据作业成本分析,找出增值性和非增值性的作业。由于快递企业面对众多的客户,每个客户要求的配送服务不同,货物

的种类不同,配送的目的地不同,配送的数量不同,多批量、小批次、个性化服务特点鲜明,采用作业成本法,可以充分了解不同配送服务的配送成本,是提供合理配送服务的依据。

案例讨论

1. 作业成本法有什么优点?
2. 如何实施作业成本核算?

练习与思考

一、思考题

1. 对一家物流企业进行调研,思考其如何控制物流成本?
2. 试采用作业成本法对该企业物流成本进行核算。

二、计算题

1. 某企业开发一种新产品投放市场,市场价格为 25 元/件。预计加工该产品的固定加工费用(如设备折旧费等)全年为 24 万元,该产品的目标利润为 60 万元,据市场调查估算的销售量为 12 万件。试计算该产品的目标单位成本以及目标单位变动成本。

2. 某企业物流单位标准成本、实际成本分别如表 7-21、表 7-22 所示。该企业预计全月计划物流作业标准总工时为 1600 工时,间接费用均按人工工时分配。本月实际产量 30 件,实际耗用材料 1200 千克,实际人工工时 1500 工时。试计算该企业的物流成本差异。

表 7-21 单位标准成本

成本项目		价格标准	数量标准	单位标准成本
物流标准成本	直接材料费	9 元/千克	50 千克/件	450 元/件
	直接人工成本	4 元/工时	45 工时/件	180 元/件
	变动间接费用	3 元/工时	45 工时/件	135 元/件
	固定间接费用	2 元/工时	45 工时/件	90 元/件

表 7-22 实际成本

实际物流成本	直接材料费	12000 元
	直接人工成本	5250 元
	变动间接费用	3750 元
	固定间接费用	5000 元

3. 景光物流公司为 A、B 两客户提供物流服务,物流作业成本如表 7-23 所示。

表 7-23 物流作业成本

项目	运输作业成本	出入库检验作业成本	货物存储作业成本	装卸搬运作业成本	档案管理作业成本	信息管理作业成本	分拣作业成本	总成本
金额/元	34847	4570	23993	12225	8226	5484	6855	96200

按照传统的物流成本核算方法,因为两个公司所要到达的目的地和货量都相同,所以

A、B 公司的物流成本相同，都为 96200/2＝48100 元。

该月物流作业情况如表 7-24 所示。

表 7-24 物流作业情况

作业	作业动因	数量	A、B 公司消耗	
			A 公司	B 公司
运输	里程数	2500	1550	950
出入库检验	次数	32	20	12
存储	托盘数	60	30	30
装卸搬运	装货次数	24	15	9
档案管理	档案数	30	20	10
信息管理	查询次数	16	10	6
货物分拣	分拣次数	8	5	3

采用作业成本法计算 A、B 公司的物流成本，并与传统的物流成本核算方法相比较。

第八章
物流决策与优化中的软件应用

学习目标

(1) 了解并熟悉 Excel 加载宏"规划求解"及其在物流决策中的应用；
(2) 了解并熟悉 LINGO 软件的相关功能及其在物流决策中的应用；
(3) 了解并熟悉 WinQSB 软件的相关功能及其在物流决策中的应用；
(4) 了解并熟悉 Yaahp 软件的相关功能及其在物流决策中的应用。

第一节 Excel 加载宏"规划求解"的应用

一、Excel"规划求解"介绍

规划求解加载宏(简称规划求解)是 Excel 的一个加载项，可以用来解决线性规划与非线性规划优化问题。规划求解可以用来解决最多有 200 个变量、100 个外在约束和 400 个简单约束(决策变量整数约束的上下边界)的问题。可以设置决策变量为整型变量。

规划求解工具在 Office 典型安装状态下不会安装，可以通过自定义安装选择该项或通过添加/删除程序增加规划求解加载宏。

(一) 加载规划求解加载宏的方法

(1) 打开"工具"下拉列菜单，然后单击"加载宏"，打开"加载宏"对话框。
(2) 在"可用加载宏"框中，选中"规划求解"旁边的复选框，然后单击"确定"按钮。
(3) 如果出现一条消息，指出您的计算机上当前没有安装规划求解，请单击"是"，用原 Office 安装盘进行安装。
(4) 单击菜单栏上的"工具"。加载规划求解后，"规划求解"命令会添加到"工具"菜单中。

规划求解加载宏是由一组命令构成的一个子程序，这些命令有时也称为假设分析工具，其功能是可以求出线性和非线性数学规划问题的最优解和最优值。

(二) 使用规划求解求解数学规划的步骤

首先,在 Excel 工作表中输入目标函数的系数向量、约束条件的系数矩阵和右端常数项(每一个单元格输入一个数据)。

其次,选定一个单元格存储目标函数(称为目标单元格),用定义公式的方式在这个目标单元格内定义目标函数。

再次,选定与决策变量个数相同的单元格(称为可变单元格),用以存储决策变量;再选择与约束条件个数相同的单元格,用定义公式的方式在每一个单元格内定义一个约束函数(称为约束函数单元格)。

最后,单击下拉列表菜单中的"规划求解"按钮,打开"规划求解参数"对话框(见图 8-1),完成规划模型的设定。

图 8-1 "规划求解参数"对话框

(三) 模型设定方法

1. 设定目标函数和优化方向

光标指向"规划求解参数"对话框中的"设置目标单元格"后的域,单击鼠标左键,选中 Excel 工作表中的目标单元格。然后根据模型中目标函数的优化方向,在"规划求解参数"对话框中的"等于"一行中选择"最大值"或"最小值"。

2. 设定(表示决策变量的)可变单元

光标指向"规划求解参数"对话框中的"可变单元格"下的域,单击鼠标左键,选中 Excel 工作表中的可变单元组。然后单击"推测"按钮,初步确定可变单元格的范围,在此基础上进一步确定。

3. 设定约束条件

直接单击"规划求解参数"对话框中的"添加"按钮,出现如图 8-2 所示的"添加约束"对话框。

先用鼠标左键单击"单元格引用位置"下的域,然后在工作表中选择一个约束函数单元格,再单击"添加约束"对话框中向下的箭头,出现<=、=、>=、int 和 bin 五个选项,根据该

图 8-2 "添加约束"对话框

约束函数所在约束方程的情况选择,其中 int 和 bin 分别用于说明整型变量和 0－1 型变量。选择完成后,如果还有约束条件未设定,就单击"添加"按钮,重复以上步骤设定约束条件,设定完所有约束条件后,单击"确定"按钮完成约束条件设定,回到"规划求解参数"对话框。

4. 设定算法细节

单击"规划求解参数"对话框中的"选项"按钮,出现如图 8-3 所示的"规划求解选项"对话框。

图 8-3 "规划求解选项"对话框

该对话框为使用者提供了在一些可供选择的常用算法,主要是供高级用户使用,初学者不必考虑这些选择。

选择完成后,单击"确定"按钮,回到"规划求解参数"对话框。

5. 求解模型

完成以上设定后,单击"规划求解参数"对话框中的"求解"按钮,出现如图 8-4 所示的"规划求解结果"对话框。

图 8-4 "规划求解结果"对话框

根据需要选择右边列出的三个报告中的一部分或全部,然后单击"确定"按钮就可以在

Excel 内看到求解报告。

二、应用举例

我们已经在例 4-4 详细介绍过 Excel 规划求解的应用,具体步骤与流程在此不再赘述。

下面再通过一个重心法模型求解的例子简单回顾一下 Excel 规划求解功能的应用。

【例 8-1】 考虑这样一个例子,钢铁设备公司(SA)是一家生产高品质电冰箱和烹饪系列产品的制造商。SA 在美国丹佛附近有一个装配工厂,一直由它来供应整个美国市场。由于市场需求增长迅速,SA 的 CEO 决定另外建立一个工厂以服务其东部的市场。公司要求物流管理者去寻找适合建新工厂的地址。三个坐落于布法罗、孟菲斯和圣路易斯的零部件工厂将为新工厂供应零部件,该新工厂将服务于亚特兰大、波士顿、杰克逊维尔、费城和纽约的市场。坐标位置、每个市场的需求量、每个零部件工厂的所需供应,以及每个供应源或市场的运输成本如表 8-1 所示

表 8-1 SA 公司的供应源和市场的地点

供应源/市场	运输成本/(美元/吨英里)	数量/吨	x 坐标	y 坐标
供应源				
布法罗	0.90	500	700	1200
孟菲斯	0.95	300	250	600
圣路易斯	0.85	700	225	825
市场				
亚特兰大	1.50	225	600	500
波士顿	1.50	150	1050	1200
杰克逊维尔	1.50	250	800	300
费城	1.50	175	925	975
纽约	1.50	300	1000	1080

应用 Excel 的规划求解的具体步骤如下:

(1) 如图 8-5 所示,在 Excel 工作表内输入该问题的相关已知数据。

我们将对应于新设施位置的决策变量(x, y)分别设在单元格 B16 和 B17 中。如表 8-2 所示,在单元格 G5:G12 中,我们输入第三章中的公式(3-4),利用它来计算从设施位置(x, y)到每个供应源或市场的距离 d_i;在单元格 B19 中输入第三章中公式(3-3),利用它来计算总费用 H。

表 8-2 在单元格中输入对应的公式

单元格	单元格方程	公式	复制到
G5	=SQRT(($6$16-E5)^2+(B17-F5)^2)	(3-4)	G5:G12
B19	=SUMPRODUCT(G5:G12,D5:D12,C5:C12)	(3-3)	—

图 8-5 在 Excel 中构建重心法问题框架并录入已知数据

（2）在"规划求解参数"对话框中，如图 8-6 所示，输入以下的信息以描述本问题：设置目标单元格：B19；到："最小值"；可变单元格：B16：B17。

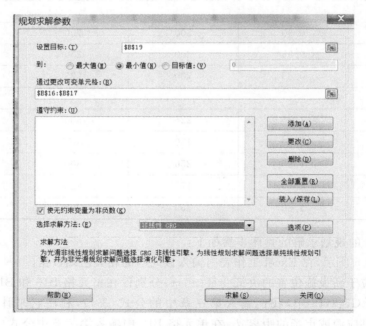

图 8-6 Excel 规划求解参数设置界面

（3）单击"求解"按键。最优解即在单元格 B16 和 B17 中得出，如图 8-7 所示。

根据软件求解结果，于是得出坐标$(x, y) = (681, 882)$为工厂的最优选址坐标，它可以使总成本 H 最小为 1265235 美元。

需要强调的是，我们不能盲目依赖于求解的结果，还要结合实际情况做进一步分析。如在本案例中，Excel 规划求解得到的最优坐标从地图上看靠近北卡罗来纳州和弗吉尼亚州的

	A	B	C	D	E	F	G
1							
2							
3		供应源/	单位运输成本	数量	坐标		距离
4		市场	h_j	w_j	x_j	y_j	d_j
5		布法罗	0.90	500	700	1200	318.6
6	供应源	孟菲斯	0.95	300	250	600	515.3
7		圣路易斯	0.85	700	225	825	459.9
8		亚特兰大	1.50	225	600	500	390.6
9		波士顿	1.50	150	1050	1200	486.9
10	市场	杰克逊维尔	1.50	250	800	300	594.0
11		费城	1.50	175	925	975	260.8
12		纽约	1.50	300	1000	1080	375.2
13							
14							
15	新设施位置						
16	x		681				
17	y		882				
18	总费用		1265235				

图 8-7　Excel 规划求解最优解求解结果

边界,也就是说,通过重心法模型得出的精确坐标对应的可能不是一个可行的位置。此时,管理者应该寻找靠近最优坐标的理想地点,综合考虑其具备所要求的基础设施条件以及适当的可获得的工人技能来选址。

第二节　LINGO 软件及其应用

一、LINGO 软件介绍

LINGO (linear interactive and general optimizer)是一款交互式的线性和通用优化求解器。它是一套设计用来帮助你快速、方便、有效地构建和求解线性、非线性及整数最优化模型的功能全面的工具。它包括功能强大的建模语言、建立和编辑问题的全功能环境、读取和写入 Excel 和数据库的功能,以及一系列完全内置的求解程序。

当在 Windows 下运行 LINGO 系统时,会得到类似图 8-8 所示的窗口。

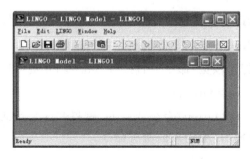

图 8-8　LINGO Model 窗口

LINGO 界面外层是主框架窗口,包含了所有菜单命令和工具条,其他所有的窗口将被包含在主窗口之下。在主窗口内的标题为 LINGO Model-LINGO1 的窗口是 LINGO 的默认模型窗口,建立的模型代码都要在该窗口内编码实现。下面介绍一下 LINGO Model 窗口中的几个主要功能菜单。

(一) LINGO 文件菜单(File Menu)

1. 新建(New)

从文件菜单中选用"新建"命令,单击"新建"按钮或直接按 F2 键可以创建一个新的"Model"窗口。在这个新的"Model"窗口中能够输入所要求解的模型。

2. 打开(Open)

从文件菜单中选用"打开"命令,单击"打开"按钮或直接按 F3 键可以打开一个已经存在的文本文件。这个文件可能是一个 Model 文件。

3. 保存(Save)

从文件菜单中选用"保存"命令,单击"保存"按钮或直接按 F4 键用来将当前活动窗口(最前台的窗口)中的模型结果、命令序列等保存为文件。

4. 另存为(Save As)

从文件菜单中选用"另存为…"命令或按 F5 键可以将当前活动窗口中的内容保存为文本文件,其文件名为你在"另存为"对话框中输入的文件名。利用这种方法可以将任何窗口的内容如模型、求解结果或命令保存为文件。

5. 关闭(Close)

在文件菜单中选用"关闭"(Close)命令或按 F6 键将关闭当前活动窗口。如果这个窗口是新建窗口或已经改变了当前文件的内容,LINGO 系统将会提示是否想要保存改变后的内容。

6. 打印(Print)

在文件菜单中选用"打印"(Print)命令,单击"打印"按钮或直接按 F7 键可以将当前活动窗口中的内容发送到打印机。

7. 打印设置(Print Setup)

在文件菜单中选用"打印设置"命令或直接按 F8 键可以将文件输出到指定的打印机。

8. 打印预览(Print Preview)

在文件菜单中选用"打印预览"命令或直接按 Shift+F8 键可以进行打印预览。

9. 输出到日志文件(Log Output)

从文件菜单中选用"Log Output"命令或按 F9 键打开一个对话框,用于生成一个日志文件,它存储接下来在"命令窗口"中输入的所有命令。

10. 提交 LINGO 命令脚本文件(Take Commands)

从文件菜单中选用"Take Commands"命令或直接按 F11 键就可以将 LINGO 命令脚本(command script)文件提交给系统进程来运行。

11. 引入 LINGO 文件(Import Lingo File)

从文件菜单中选用"Import Lingo File"命令或直接按 F12 键可以打开一个 LINGO 格式模型的文件,然后 LINGO 系统会尽可能把模型转化为 LINGO 语法允许的程序。

12. 退出(Exit)

从文件菜单中选用"Exit"命令或直接按 F10 键可以退出 LINGO 系统。

(二) LINGO 编辑菜单(Edit Menu)

1. 恢复(Undo)

从编辑菜单中选用"恢复"(Undo)命令或按 Ctrl+Z 组合键,将撤销上次操作,恢复至其前的状态。

2. 剪切(Cut)

从编辑菜单中选用"剪切"(Cut)命令或按 Ctrl+X 组合键可以将当前选中的内容剪切至剪贴板中。

3. 复制(Copy)

从编辑菜单中选用"复制"(Copy)命令,单击"复制"按钮或按 Ctrl+C 组合键可以将当前选中的内容复制到剪贴板中。

4. 粘贴(Paste)

从编辑菜单中选用"粘贴"(Paste)命令,单击"粘贴"按钮或按 Ctrl+V 组合键可以将粘贴板中的当前内容复制到当前插入点的位置。

5. 粘贴特定(Paste Special)

与上面的命令不同,它可以用于剪贴板中的内容不是文本的情形。

6. 全选(Select All)

从编辑菜单中选用"Select All"命令或按 Ctrl+A 组合键选定当前窗口中的所有内容。

7. 匹配小括号(Match Parenthesis)

从编辑菜单中选用"Match Parenthesis"命令,单击"Match Parenthesis"按钮或按 Ctrl+P 组合键可以为当前选中的开括号查找匹配的闭括号。

8. 粘贴函数(Paste Function)

从编辑菜单中选用"Paste Function"命令可以将 LINGO 的内部函数粘贴到当前插入点。

(三) LINGO 模型求解菜单

1. 求解模型(Slove)

从 LINGO 菜单中选用"求解"命令,单击"Slove"按钮或按 Ctrl+S 组合键可以将当前模型送入内存求解。

2. 求解结果(Solution)

从LINGO菜单中选用"Solution"命令,单击"Solution"按钮或直接按Ctrl+O组合键可以打开求解结果的对话框。这里可以指定查看当前内存中求解结果的那些内容。

3. 查看(Look)

从LINGO菜单中选用"Look"命令或直接按Ctrl+L组合键可以查看全部的或选中的模型文本内容。

4. 灵敏性分析(Range, Ctrl+R)

用该命令产生当前模型的灵敏性分析报告:研究当目标函数的费用系数和约束右端项在什么范围(此时假定其他系数不变)时,最优基保持不变。灵敏性分析是在求解模型时作出的,因此在求解模型时灵敏性分析是激活状态,但是默认是不激活的。为了激活灵敏性分析,运行LINGO|Options,选择General Solver Tab,在Dual Computations列表框中,选择Prices and Ranges选项。灵敏性分析会耗费相当多的求解时间,因此当速度很关键时,就没有必要激活它。

(四)窗口菜单(Windows Menu)

1. 命令行窗口(Open Command Window)

从窗口菜单中选用"Open Command Window"命令或直接按Ctrl+1可以打开LINGO的命令行窗口。在命令行窗口中可以获得命令行界面,在":"提示符后可以输入LINGO的命令行命令。

2. 状态窗口(Status Window)

从窗口菜单中选用"Status Window"命令或直接按Ctrl+2可以打开LINGO的求解状态窗口。

如果在编译期间没有表达错误,那么LINGO将调用适当的求解器来求解模型。当求解器开始运行时,它就会显示如图8-9所示的求解器状态窗口(LINGO Solver Status)。

求解器状态窗口对于监视求解器的进展和模型大小是有用的。求解器状态窗口提供了一个中断求解器按钮(Interrupt Solver),单击它后导致LINGO在下一次迭代时停止求解。在绝大多数情况下,LINGO能够交还和报告到目前为止的最好解。一个例外是线性规划模型,返回的解是无意义的,应该被忽略。但这并不是一个问题,因为线性规划通常求解速度很快,很少需要中断(注意:在中断求解器后,必须小心解释当前解,因为这些解可能根本就不是最优解,可能也不是可行解或者对线性规划模型来说就是无价值的)。

在中断求解器按钮的右边是关闭按钮(Close)。单击它可以关闭求解器状态窗口,不过可在任何时间通过选择Windows|Status Window再重新打开。

在中断求解器按钮的右边是标记为更新时间间隔(Update Interval)的域。LINGO将根据该域指示的时间(以秒为单位)为周期更新求解器状态窗口。可以随意设置该域,不过若设置为0,将导致更长的求解时间——LINGO花费在更新的时间会超过求解模型的时间。

3. 变量框(Variables)

Total显示当前模型的全部变量数,Nonlinear显示其中的非线性变量数,Integers显示

第八章
物流决策与优化中的软件应用

图 8-9　LINGO 求解器状态窗口

其中的整数变量数。非线性变量是指它至少处于某一个约束中的非线性关系中。

4. 约束框(Constraints)

Total 显示当前模型扩展后的全部约束数，Nonlinear 显示其中的非线性约束数。非线性约束是该约束中至少有一个非线性变量。如果一个约束中的所有变量都是定值，那么该约束就被剔除出模型(该约束为真)，不计入约束总数中。

5. 非零框(Nonzeroes)

Total 显示当前模型中全部非零系数的数目，Nonlinear 显示其中的非线性变量系数的数目。

6. 已运行时间框(Elapsed Runtime)

显示求解模型到目前所用的时间，它可能受到系统中别的应用程序的影响。

7. 求解器状态框(Solver Status)

显示当前模型求解器的运行状态。域的含义如表 8-3 所示。

表 8-3　当前模型求解器的运行状态

域　名	含义	可能的显示
Model	当前模型的类型	LP,QP,ILP,IQP,PILP,PIQP,NLP,INLP,PINLP（以 I 开头表示 IP,以 PI 开头表示 PIP）
State	当前解的状态	"Global Optimum" "Local Optimum" "Feasible" "Infeasible"(不可行) "Unbounded"(无界) "Interrupted"(中断) "Undetermined"(未确定)
Objective	当前解的目标函数值	实数

续表

域 名	含 义	可能的显示
Infeasibility	当前约束不满足的总量（不是不满足约束的个数）	实数（即使该值为 0，当前解也可能不可行，因为这个量中没有考虑用上下界形式给出约束）
Iterations	目前为止的迭代次数	非负整数

8. 扩展求解器状态(Extended Solver Status)框

显示 LINGO 中几个特殊求解器的运行状态,包括分枝定界求解器(branch-and-bound solver)、全局求解器(global solver)和多初始点求解器(multistart solver)。该框中的域仅当这些求解器运行时才会更新。

二、应用举例

采用 LINGO 语言建立的计算模型简练直观,更加贴近于数学模型形式,不仅可以取得理想的结果,而且已编制的 LINGO 模型具有通用性,只要修改其中少量的语句就可以求解类似的问题,尤其对于大型网络,这种计算方法的优势将更加明显。

当约束和数据较多时,采用的输入方法一般可分为四个部分,具体格式如下。

model:

(1) 集合部分。

SETS:

集合名/1..n/:属性1,属性2,…

ENDSETS

(2) 目标函数与约束部分数据部分。

(3) 数据部分。

DATA:

……

ENDDATA

(4) 初始化部分(若不需要初值,则此部分可省略)。

INIT:

……

ENDINIT

end

下面通过几个具体的例题来了解 LINGO 编程的特点。

(一) 利用 LINGO 软件求解集合覆盖问题

集合覆盖问题(set covering problem,SCP)是经典的 NP 问题,同样也是运筹学研究中典型的组合优化问题,是一个计算机科学问题的典型代表,是日常生活中普遍存在的工程设计问题。在人员调动、网络安全、资源分配、电路设计和运输车辆路径安排等领域有广泛的应用,多年来吸引了众多计算机科学家和运筹学研究人员的研究兴趣。

第八章

物流决策与优化中的软件应用

【例 8-2】 设有一集合 $S=\{1,2,3,4,5\}$ 及 S 的一个子集簇 $P=\{\{1,2\},\{1,3,5\},\{2,4,5\},\{3\},\{1\},\{4,5\}\}$。假设选择 P 中各个元素的费用为 $1、1.5、1.5、0.8、0.8、1$,试从 P 中选一些元素使之覆盖 S 且所选元素费用之和最小。

解 记 $x_i = \begin{cases} 1, 若 P 中第 i 元素被选中 \\ 0, 否 \end{cases}$,$i=1,2,3,4,5,6$

由于 1 必须出现,则 $x_1+x_2+x_5 \geq 1$;
由于 2 必须出现,则 $x_1+x_3 \geq 1$;
由于 3 必须出现,则 $x_2+x_4 \geq 1$;
由于 4 必须出现,则 $x_3+x_6 \geq 1$;
由于 5 必须出现,则 $x_2+x_3+x_6 \geq 1$;

由此得到数学模型:

$$\min z = x_1 + 1.5x_2 + 1.5x_3 + 0.8x_4 + 0.8x_5 + x_6$$

$$\text{s.t.} \begin{cases} x_1 + x_2 + x_5 \geq 1 \\ x_1 + x_3 \geq 1 \\ x_2 + x_4 \geq 1 \\ x_3 + x_6 \geq 1 \\ x_2 + x_3 + x_6 \geq 1 \end{cases}$$

$$x_i = 0 \text{ 或 } 1, i = 1,2,3,4,5,6$$

在 LINGO 的运行窗口中输入如下代码:

```
min=x1+1.5×x2+1.5×x3+0.8×x4+0.8×x5+x6;   !目标约束;
x1+x2+x5>=1 ;    !目标约束一;
x1+x3>=1 ;       !目标约束二;
x2+x4>=1;        !目标约束三;
x3+x6>=1;        !目标约束四;
x2+x3+x6>=1;     !目标约束五;
@BIN( x1);       !变量为 0-1 变量;
@BIN( x2);       !变量为 0-1 变量;
@BIN( x3);       !变量为 0-1 变量;
@BIN( x4);       !变量为 0-1 变量;
@BIN( x5);       !变量为 0-1 变量;
@BIN( x6);       !变量为 0-1 变量;
```

运行结果如下:

Global optimal solution found.
 Objective value: 2.800000
 Extended solver steps: 0
 Total solver iterations: 0

Variable	Value	Reduced Cost
X1	1.000000	1.000000
X2	0.000000	1.500000

X3	0.000000	1.500000
X4	1.000000	0.8000000
X5	0.000000	0.8000000
X6	1.000000	1.000000

由此可得 $x_1=1, x_2=0, x_3=0, x_4=1, x_5=0, x_6=1$,即选中 P 中的元素为 $\{1,2\}$、$\{3\}$ 和 $\{4,5\}$,可以覆盖 S 集且总费用最小。

(二)利用 LINGO 软件求解折线距离(城市距离)最小的选址问题

【例 8-3】 设某城市有某种物品的 10 个需求点,第 i 个需求点 P_i 的坐标为 (a_i, b_i),道路网与坐标轴平行,彼此正交。现打算建一个该物品的供应中心,且由于受到城市某些条件的限制,该供应中心只能设在 $x \in [5,10], y \in [5,10]$ 之内,问该中心应建在何处为好?需求点的坐标如表 8-4 所示。

表 8-4 需求点的坐标表

a_i	1	4	3	5	9	12	6	20	17	8
b_i	2	10	8	18	1	4	5	10	8	9

解 设供应中心的位置为 (x, y),要求它到最远需求点的距离尽可能小,此处采用沿道路行走计算距离,可知每个用户点 P_i 到该中心的距离为 $|x-a_i|+|y-b_i|$,于是有:

$$\min_{x,y} [\max(|x-a_i|+|y-b_i|)]$$
$$\text{s.t. } 5 \leqslant x \leqslant 10, 5 \leqslant y \leqslant 10$$

记 $z=\max[|x-a_i|+|y-b_i|]$,则原模型可化为

$$\min z$$
$$\text{s.t.} \begin{cases} |x-a_i|+|y-b_i| \leqslant z, i=1 \sim 10 \\ 5 \leqslant x \leqslant 10, 5 \leqslant y \leqslant 10 \end{cases}$$

在 LINGO 的运行窗口中输入如下代码:

```
model:
min=z;            ! 目标函数;
@ABS (x-1)+@ABS(y-2)<=z;    ! 约束条件,如表 8-4 所示的数据;
@ABS(x-4)+@ABS(y-10)<=z;    ! 约束条件,如表 8-4 所示的数据;
@ABS(X-3)+@ABS(y-8)<=z;     ! 约束条件,如表 8-4 所示的数据;
@ABS(x-5)+@ABS(y-18)<=z;    ! 约束条件,如表 8-4 所示的数据;
@ABS(x-9)+@ABS(y-1)<=z;     ! 约束条件,如表 8-4 所示的数据;
@ABS (x-12)+@ABS(y-4)<=z;   ! 约束条件,如表 8-4 所示的数据;
@ABS(x-6)+@ABS(y-5)<=z;     ! 约束条件,如表 8-4 所示的数据;
@ABS(x-20)+@ABS(y-10)<=z;   ! 约束条件,如表 8-4 所示的数据;
@ABS(x-17)+@ABS(y-8)<=z;    ! 约束条件,如表 8-4 所示的数据;
@ABS(x-8)+@ABS(y-9)<=z;     ! 约束条件,如表 8-4 所示的数据;
@BND(5,x,10);               ! 约束条件,x 取值范围;
```

```
@BND(5,y,10);              !约束条件,y取值范围;
end
```
或者输入如下代码：
```
model:
sets:
d/1..10/:a,b;
endsets
data:
a=1,4,3,5,9,12,6,20,17,8;
b=2,10,8,18,1,4,5,10,8,9;
enddata
min=z;                     !目标函数;
@for(d:@abs(x-a)+@abs(y-b)<=z);
@BND(5,x,10);              !约束条件,x取值范围;
@BND(5,y,10);              !约束条件,y取值范围;
end
```
则运行结果如下：

```
Global optimal solution found.
  Objective value:                              13.50000
  Extended solver steps:                               0
  Total solver iterations:                             5

                   Variable           Value        Reduced Cost
                          Z        13.50000            0.000000
                          X         8.500000           0.000000
                          Y         8.000000           0.000000

                        Row   Slack or Surplus        Dual Price
                          1        13.50000           -1.000000
                          2         0.000000           0.000000
                          3         7.000000           0.000000
                          4         8.000000           0.000000
                          5         0.000000           0.5000000
                          6         6.000000           0.000000
                          7         6.000000           0.000000
                          8         3.000000           0.000000
                          9         0.000000           0.5000000
                         10         5.000000           0.000000
                         11        12.00000            0.000000
```

由此可知：$x=8.5, y=8, z=13.5$，即供应中心应建在坐标$(8.5,8)$处，此时离最远的需求点1号点的距离为13.5单位。

（三）利用LINGO软件求解p-中值模型

下面以第三章第四节中的例3-4为例，演示LINGO软件的编程技巧。此题中需要给p赋值为2，即只允许选择2个候选点作为仓库地址，并使总运输成本最小。

对照第三章第四节中的p-中值模型(3-26)~(3-29)，可以应用LINGO软件编程如下：

```
model:
data:
M=4;
N=8;
p=?;
enddata
sets:
warehouse/1..M/:x;
supermarket/1..N/:d;
cost(supermarket,warehouse):c,y;
endsets
min=@sum(cost(i,j):c(i,j)*y(i,j)*d(i));
@for(supermarket(i):
    @sum(warehouse(j):y(i,j))=1);
p=@sum(warehouse(k):x);
@for(cost(i,j):y(i,j)<=x(j));
@for(cost(i,j):@bin(y(i,j)));
@for(warehouse(i):@bin(x(i)));
data:
  d=100 50 120 80 200 70 60 100;
  c= 4  12  20   6
     2  10  25  10
     3   4  16  14
     6   5   9   2
    18  12   7   3
    14   2   4   9
    20  30   2  11
    24  12   6  22;
enddata
end
```

单击LINGO的"求解"按钮，会出现图8-10所示的界面，要求输入p的取值，此题中$p=2$。运行结果如下（仅保留非零变量）：

第八章
物流决策与优化中的软件应用

图 8-10 LINGO 求解过程中为 p 赋值的界面

```
Global optimal solution found.
  Objective value:                          3740.000
  Extended solver steps:                           0
  Total solver iterations:                         0

                    Variable           Value        Reduced Cost
                       X( 1)        1.000000            0.000000
                       X( 3)        1.000000            0.000000
                    Y( 1, 1)        1.000000            400.0000
                    Y( 2, 1)        1.000000            100.0000
                    Y( 3, 1)        1.000000            360.0000
                    Y( 4, 1)        1.000000            480.0000
                    Y( 5, 3)        1.000000            1400.000
                    Y( 6, 3)        1.000000            280.0000
                    Y( 7, 3)        1.000000            120.0000
                    Y( 8, 3)        1.000000            600.0000
```

根据软件运行结果可知,在1、3投建新的仓库,总运输成本为3740,可以满足所有客户的需求,其中仓库1服务于1、2、3、4客户,仓库3服务于5、6、7、8客户。

(四)LINGO软件在配送中心选址中的应用(三层级的物流网络设计)

【例8-4】 设有4个备选物流配送中心地址,6个工厂可以为其供货,6个客户需要产品,最多可设3个配送中心,工厂到物流配送中心的单位运价如表8-5所示,物流配送中心到客户的单位运价如表 8-6 所示,工厂的生产能力如表 8-7 所示,建物流配送中心的固定成本及其容量如表 8-8 所示,客户的需求量如表 8-9 所示。试帮助管理者进行选址与分配的优化决策。

表 8-5 工厂到配送中心的单位运输费用 c_{ki}

工厂	配送中心			
	DC1	DC2	DC3	DC4
A	6	5	4	2
B	2	3	4	9
C	6	8	7	5
D	7	4	2	3
E	4	2	5	1
F	3	4	1	7

表 8-6 配送中心到客户的单位配送费用 h_{ij}

配送中心	客户					
	①	②	③	④	⑤	⑥
DC1	3	2	7	4	7	5
DC2	6	1	4	2	5	3
DC3	2	4	5	3	6	8
DC4	5	6	3	7	4	6

表 8-7 厂商供应能力 p_k

厂家	A	B	C	D	E	F
供应量	40000	50000	60000	70000	60000	40000

表 8-8 配送中心容量 a_i 及固定费用 f_i

配送中心	DC1	DC2	DC3	DC4
容量	10000	60000	70000	50000
固定费用	50000	30000	40000	40000

表 8-9 客户需求量 d_j

客户	①	②	③	④	⑤	⑥
需求量	10000	20000	10000	20000	30000	10000

LINGO 软件编程如下:
MODEL:
SETS:
　PLANT/ P1, P2, P3, P4, P5, P6/:p;

```
    DISTCTR/ DC1, DC2, DC3, DC4/: a, f;
    CUSTOMER/ C1, C2, C3, C4, C5, C6/: d;
    tr/tr1, tr2, tr3, tr4/: z;

    LINK1( PLANT, DISTCTR): c, w;
    LINK2( DISTCTR, CUSTOMER): h, x;
ENDSETS
DATA:
p=40000, 50000, 60000,
    70000, 60000, 40000;
a=10000, 60000, 70000, 50000;
f=500000, 300000, 400000, 400000;
d=10000, 20000, 10000, 20000, 30000, 10000;
c=6 5 4 2
   2 3 4 9
   6 8 7 5
   7 4 2 3
   4 2 5 1
   3 4 1 7;
h=3 2 7 4 7 5
   6 1 4 2 5 3
   2 4 5 3 6 8
   5 6 3 7 4 6;
ENDDATA
!---------------;
! Objective function minimizes costs.;

[OBJ] MIN=SHIPDC +SHIP+FXCOST;
SHIPDC=@ SUM( LINK1(k,i): c(k,i)*w(k,i));
SHIP=@ SUM( LINK2(i,j): h(i,j)*x(i,j));
FXCOST=@ SUM( DISTCTR(i): f(i)*z(i));

@ FOR( PLANT( k):
   @ SUM( LINK1(k,i):w(k,i))<=p(k));

@ FOR( DISTCTR( i):
   @ SUM( LINK2(i,j): x(i,j))=
     @ SUM( LINK1(k,i):w(k,i)));
```

```
@ FOR( CUSTOMER( j):
@ SUM( LINK2(i,j): x(i,j))>=d(j));

@ FOR( DISTCTR( i):
@ SUM( LINK1(k,i):w(k,i))<=(a(i)*z(i)));

@ SUM( tr(i):z(i))<=3;
@ FOR(tr(i):@ bin(z));

End
```

该程序中,决策变量有三个:w 表示某工厂至某 DC 的运量;x 表示从某 DC 运至某顾客的运量;z=1 表示开办某 DC。目标为总费用最小,即总固定成本+总运输费+总配送费最小。约束有 5 个,分别为:不能超出工厂生产能力;DC 的总流入量与总流出量平衡;每个顾客的需求要得到满足;DC 的货物量不能超出 DC 容量;开办的 DC 总数不能超过 3 个。

单击"求解"按钮,运行结果(仅保留非零变量)如下:

```
Global optimal solution found.
  Objective value:                      1180000
  Extended solver steps:                     11
  Total solver iterations:                  105

              Variable         Value         Reduced Cost
              Z( TR2)       1.000000           300000.0
              Z( TR4)       1.000000           400000.0
            W( P1, DC4)    40000.00            0.000000
            W( P5, DC2)    50000.00            0.000000
            W( P5, DC4)    10000.00            0.000000
            X( DC2, C2)    20000.00            0.000000
            X( DC2, C4)    20000.00            0.000000
            X( DC2, C6)    10000.00            0.000000
            X( DC4, C1)    10000.00            0.000000
            X( DC4, C3)    10000.00            0.000000
            X( DC4, C5)    30000.00            0.000000
```

从以上结果可以看到,选择 2 号和 4 号备选地址作为配送中心地址,最小物流总成本为 1180000。具体的运输配送量及三层级网络关系如图 8-11 所示。

(五)仓库选址与客户物资分配供应问题(二层级的选址及需求分配问题)

【例 8-5】 某地区拟在 10 个地点建立仓库以存放某种物资,用于供应 20 个客户。已知的数据如表 8-10、表 8-11 所示。问应如何选择仓库地址使总费用最小?

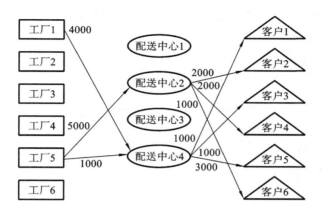

图 8-11 三层级的物流网络优化结果——选址及需求分配

表 8-10 仓库的固定费用   单位:万元

仓库	仓库1	仓库2	仓库3	仓库4	仓库5	仓库6	仓库7	仓库8	仓库9	仓库10
固定费用	2	3	4	2	3	4	2	3	4	5

表 8-11 某仓库供应某客户全部需求量时的运费   单位:万元

	仓库1	仓库2	仓库3	仓库4	仓库5	仓库6	仓库7	仓库8	仓库9	仓库10
客1	9	10	2	6	7	15	15	1	18	6
客2	14	16	10	4	10	18	14	1	16	7
客3	6	9	2	1	20	14	20	5	20	17
客4	15	12	18	9	17	18	12	2	18	4
客5	6	8	4	3	7	11	6	2	5	12
客6	19	14	19	3	9	4	15	5	20	4
客7	11	4	8	5	13	20	20	16	8	19
客8	19	20	13	15	16	20	3	8	6	4
客9	4	9	15	6	9	13	1	7	17	13
客10	5	13	9	10	15	1	16	7	20	16
客11	3	2	4	9	13	10	6	12	9	7
客12	6	17	8	13	10	19	6	9	19	6
客13	4	18	16	6	12	6	6	5	1	1
客14	10	19	2	4	12	4	20	12	10	14
客15	12	15	15	8	4	12	3	6	9	11
客16	19	18	11	5	16	20	17	4	5	5
客17	8	16	8	2	6	20	6	17	6	7
客18	7	9	8	9	16	1	11	11	9	9
客19	10	8	3	13	6	20	17	11	17	11
客20	4	8	14	8	17	7	12	20	15	13

设 x_{ij} 为仓库 i 供应第 j 个客户全部需求量时的百分数;

$y_i=1$ 表示要建仓库 i, $y_i=0$ 表示不建仓库 i;

d_i 为建仓库 i 的固定费用;

c_{ij} 为仓库 i 供应第 j 个客户全部需求量时的运费。

仓库 i 供应第 j 个客户全部需求量时的百分数满足: $\sum_{i=1}^{10} x_{ij} = 1$;

供应 20 个客户,则满足: $\sum_{j=1}^{20} x_{ij} \leq 20 y_i$。

则得混合整数规划模型:

$$\min z = \sum_{i=1}^{10}\sum_{j=1}^{20} c_{ij} x_{ij} + \sum_{i=1}^{10} d_i y_i$$

$$\text{s.t.} \begin{cases} \sum_{i=1}^{10} x_{ij} = 1, j=1\sim 20 \\ \sum_{j=1}^{20} x_{ij} \leq 20 y_i, i=1\sim 10 \end{cases}$$

$$x_{ij} \geq 0, i=1\sim 10, j=1\sim 20$$
$$y_i = 0, i=1\sim 10$$

在 LINGO 的运行窗口中输入如下代码:

```
Model:
Sets:              ! 定义集合;
CK/1..10/:y,d;  !10 个仓库,y 和 d 都是单下标变量,其中 y 是 0—1 变量,d 由下面数据给定;
KH/1..20/;         !20 个客户;
SS(CK,KH):x,c;  ! x 和 c 都是双下标变量,其中 x 表示供应百分数,c 表示全部供应的费用;
EndSets
Min=@Sum(SS(i,j):c(i,j)*x(i,j))+@Sum(CK(i):d(i)*y(i));
@For(CK(i):@Sum(KH(j):x(i,j))<20*y(i));! 若不建立某仓库,是没有物资的;
@For(KH(j):@Sum(CK(i):x(i,j))=1);! 每个客户需要供应的百分数之和都为 1;
@For(CK(i):@Bin(Y(i)));! y 是 0—1 变量;
Data:! 数据部分;
d=2 3 4 2 3 4 2 3 4 5;
c=
9 14 6 15 6 19 11 19 4 5 3 6 4 10 12 19 8 7 10 4
10 16 9 12 8 14 4 20 9 13 2 17 18 19 15 18 16 9 8 8
2 10 2 18 4 19 8 13 15 9 4 8 16 2 15 11 8 3 14
6 4 1 9 3 3 5 15 6 10 9 13 6 4 8 5 2 9 13 8
7 10 20 17 7 9 16 9 15 13 10 12 4 16 6 16 6 17
15 18 14 18 11 4 20 20 13 1 10 19 6 4 12 20 20 1 20 7
```

```
15 14 20 12 6 15 20 3 1 16 6 6 6 20 3 17 6 11 17 12
1 1 5 2 2 5 16 8 7 7 12 9 5 12 6 4 17 11 11 20
18 16 20 18 5 20 8 6 17 20 9 19 1 10 9 5 8 9 17 15
6 7 17 4 12 4 19 4 13 16 7 6 1 14 11 5 7 9 11 13;
Enddata
End
```

运行结果(仅保留非零变量)如下:

```
Global optimal solution found.
  Objective value:                              69.00000
  Extended solver steps:                              21
  Total solver iterations:                           309
```

Variable	Value	Reduced Cost
Y(1)	1.000000	2.000000
Y(3)	1.000000	4.000000
Y(4)	1.000000	2.000000
Y(6)	1.000000	4.000000
Y(7)	1.000000	2.000000
Y(8)	1.000000	3.000000
X(1, 11)	1.000000	0.000000
X(1, 12)	1.000000	0.000000
X(1, 13)	1.000000	0.000000
X(1, 20)	1.000000	0.000000
X(3, 14)	1.000000	0.000000
X(3, 19)	1.000000	0.000000
X(4, 3)	1.000000	0.000000
X(4, 6)	1.000000	0.000000
X(4, 7)	1.000000	0.000000
X(4, 17)	1.000000	0.000000
X(6, 10)	1.000000	0.000000
X(6, 18)	1.000000	0.000000
X(7, 8)	1.000000	0.000000
X(7, 9)	1.000000	0.000000
X(7, 15)	1.000000	0.000000
X(8, 1)	1.000000	0.000000
X(8, 2)	1.000000	0.000000
X(8, 4)	1.000000	0.000000
X(8, 5)	1.000000	0.000000
X(8, 16)	1.000000	0.000000

从以上结果可以看到,选择 1、3、4、6、7、8 号仓库可以满足所有客户需求并使总费用最小为 69。

第三节　WinQSB 软件及其应用

一、WinQSB 软件介绍

QSB 是 quantitative systems for business 的缩写,早期的版本在 Dos 操作系统下运行,WinQSB 在 Windows 操作系统下运行。WinQSB 是一种教学软件,对于非大型的问题一般都能计算,较小的问题还能演示中间的计算过程,特别适合多媒体课堂教学。

（一）安装与启动

安装 WinQSB 软件后,在系统程序中自动生成 WinQSB 应用程序,用户根据不同的问题选择子程序,操作简单方便,与一般 Windows 的应用程序操作相同。进入某个子程序后,第一项工作就是建立新问题或打开已有的数据文件。每一个子程序系统都提供了典型的例题数据文件,用户可先打开已有数据文件,观察数据输入格式,系统能够解决哪些问题,结果的输出格式等内容。例如,打开线性规划文件 LP.LPP,系统显示图 8-12 所示的界面。

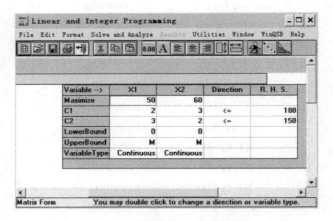

图 8-12　线性规划与整数规划窗口

该软件可应用于管理科学、决策科学、运筹学及生产运作管理等领域的求解问题,具体模块的说明如表 8-12 所示。

表 8-12　WinQSB 软件各功能模块及其说明

序号	程　序	缩写、文件名	名　称	应 用 范 围
1	Acceptance Sampling Analysis	ASA	抽样分析	各种抽样分析、抽样方案设计、假设分析

续表

序号	程　序	缩写、文件名	名　称	应用范围
2	Aggregate Planning	AP	综合计划编制	具有多时期正常、加班、分时、转包生产量、需求量、存储费用、生产费用等复杂的整体综合生产计划的编制方法。将问题归结到求解线性规划模型或运输模型
3	Decision Analysis	DA	决策分析	确定型与风险型决策,如贝叶斯决策、决策树、二人零和博弈、蒙特卡罗模拟
4	Dynamic Programming	DP	动态规划	最短路问题、背包问题、生产与存储问题
5	Facility Location and Layout	FLL	设备场地布局	设备场地设计、功能布局、线路均衡布局
6	Forecasting and Linear Regression	FC	预测与线性回归	简单平均、移动平均、加权移动平均、线性趋势移动平均、指数平滑、多元线性回归、Holt-Winters季节叠加与乘积算法
7	Goal Programming and Integer Linear Goal Programming	GP-IGP	目标规划与整数线性目标规划	多目标线性规划、线性目标规划,变量可取整、连续、0—1或无限制
8	Inventory Theory and Systems	ITS	存储论与存储控制系统	经济订货批量、批量折扣、单时期随机模型、多时期动态存储模型、存储控制系统(各种存储策略)
9	Job Scheduling	JOB	作业调度,编制工作进度表	机器加工排序、流水线车间加工排序
10	Linear Programming and Integer	LP-ILP	线性规划与整数线性规划	线性规划、整数规划、对偶问题、灵敏度分析、参数分析
11	MarKov Process	MKP	马尔可夫过程	转移概率、稳态概率
12	Material Requirements Planning	MRP	物料需求计划	物料需求计划的编制、成本核算
13	Network Modeling	Net	网络模型	运输、指派、最大流、最短路、最小支撑树、货郎担等问题
14	Non Linear Programming	NLP	非线性规划	有(无)条件约束、目标函数或约束条件非线性、目标函数与约束条件都是非线性规划的求解与分析
15	Project Scheduling	PERT-CPM	网络计划	关键路径法、计划评审技术、网络的优化、工程完工时间模拟,绘制甘特图与网络图

续表

序号	程序	缩写、文件名	名称	应用范围
16	Quadratic Programming	QP	二次规划	求解线性约束、目标函数是二次型的一种非线性规划问题,变量可以取整数
17	Queuing Analysis	QA	排队分析	各种排队模型的求解与性能分析、15种分布模型求解、灵敏度分析、服务能力分析、成本分析
18	Queuing System Simulation	QSS	排队系统模拟	未知到达和服务时间分布,一般排队系统模拟计算
19	Quality Control Charts	QCC	质量管理控制图	建立各种质量控制图和质量分析

（二）与 Office 文档交换数据

从 Excel 或 Word 文档中复制数据到 WinQSB:电子表中的数据可以复制到 WinQSB 中,方法是先选中要复制电子表中单元格的数据,单击"复制"按钮或按"Ctrl+C"键,然后在 WinQSB 的电子表格编辑状态下选中要粘贴的单元格,单击"粘贴"按钮或按"Ctrl+V"键完成复制。

注意:粘贴过程与在电子表中粘贴有区别,在 WinQSB 中选中的单元格应与在电子表中选中的单元格(行列数)相同,否则只能复制部分数据。

将 WinQSB 的数据复制到 Office 文档中:先清空剪贴板,选中 WinQSB 表格中要复制的单元格,选择"Edit→Copy"命令,然后粘贴到 Excel 或 Word 文档中。

将 WinQSB 的计算结果复制到 Office 文档中:问题求解后,先清空剪贴板,选择"File→Copy to clipboard"命令,就将结果复制到剪贴板中。

保存计算结果:问题求解后,选择"File→Save as"命令,系统以文本格式(*.txt)保存结果,用户可以编辑文本文件,然后复制到 Office 文档中。

二、应用举例

由于 WinQSB 是一种教学软件,对于小型的经典问题一般都能计算,而对于大型的、较复杂问题所得的计算结果并不可靠,所以对于较复杂的模型不建议大家直接使用该软件求解。但是,我们可以把复杂的模型分解为小型经典模型之后,应用 WinQSB 来辅助求解。下面就通过具体的例题来进行说明,并由此了解一下 WinQSB 软件的特点。

鲍摩-瓦尔夫模型是较复杂的模型,常用于确定物流设施最优位置,该位置需要全面考虑设施的可变成本以及运输、配送成本,同时能解决诸如工厂到配送中心以及配送中心到销售地的最优发货数量等问题。

对该模型常用的计算方法是逐次逼近算法,它可以将该模型的求解过程分解成若干次对小型的经典运输问题模型的求解。因此,在求解过程中可以利用 WinQSB 软件进行辅助,以简化其计算过程。

(一)逐次逼近算法求解鲍摩-瓦尔夫模型

【例 8-6】 某市有两家企业,用户分布在 8 个地方,计划建设仓库的备选地点为 5 个。假设仓库建设费用为固定值且很小,可以不予考虑。这时应建设哪一个仓库最合适?该企业生产能力和用户的需要量以及相互间的单位运输费用分别如表 8-13、表 8-14 所示。

表 8-13 工厂至仓库间的单位运费及工厂的生产能力

工厂(i)	仓库(j)					生产能力
	1	2	3	4	5	
1	7	7	8	12	11	40
2	14	12	9	6	8	50

表 8-14 仓库至用户间的单位发送费及用户的需要量

仓库(j)	用户(k)							
	1	2	3	4	5	6	7	8
1	5	11	3	8	5	10	11	11
2	14	16	8	9	4	7	4	4
3	10	11	3	5	2	5	9	5
4	15	13	9	6	7	2	10	2
5	9	7	3	2	6	5	12	8
需求量	10	10	10	15	5	15	10	15

设通过仓库 j 的运量为 W_j,则可按表 8-15 所示公式决定每单位运量的变动费用。

表 8-15 仓库的变动费用

仓库(j)	1	2	3	4	5
仓库的变动费用	$75\sqrt{W_1}$	$80\sqrt{W_2}$	$75\sqrt{W_3}$	$80\sqrt{W_4}$	$70\sqrt{W_5}$

注:此处取 $\theta=1/2$。

工厂与用户间的最小运输费率如表 8-16 所示。

表 8-16 工厂与用户间的最小运输费率 C_{ik}^1

工厂(i)	用户(k)								工厂生产能力
	1	2	3	4	5	6	7	8	
1	12①	18⑤	10①	13⑤	10③	13③	11②	11②	40
2	17⑤	15⑤	11⑤	10⑤	11③	8④	16④	8④	50
用户需求量	10	10	10	15	5	15	10	15	90

注:表中圆圈内数字表示所通过的仓库序号,下同。

将表 8-16 所示的问题作为运输问题,用表上作业法可求得初始解,如表 8-17 所示。

表 8-17 初始解(调运对象和调运量)

工厂(i)	用户(k)								工厂生产能力
	1	2	3	4	5	6	7	8	
1	10①		10①		5③		10②	5②	40
2		10⑤		15⑤		15④		10④	50
用户需求量	10	10	10	15	5	15	10	15	90

注：空格处表示不发生调运，下同。

根据表 8-17 对应的初始解汇总各仓库的货物通过量 $\{W_j^1\}$，并计算各仓库的变动费用和变动费用率 $v_j\theta(W_j^1)^{\theta-1}$，如表 8-18 所示。此处取 $\theta=1/2$。

表 8-18 初始解对应的仓库的货物通过量 $\{W_j^1\}$、仓库的变动费用和变动费用率

仓库(j)	1	2	3	4	5
货物通过量(W_j)	20	15	5	25	25
仓库的变动费用	336	310	168	400	350
仓库的变动费用率	8.4	10.3	16.8	8	7

因此，初始解对应的运输费用为 935(货币单位)，仓库变动费用为 1564(货币单位)，总费用为 2499(货币单位)。

二次解对应的工厂与用户间的最小运输费率 $C_{ik}^2 = \min_j (c_{ij} + h_{jk} + v_j\theta(W_j^1)^{\theta-1})$，计算结果如表 8-19 所示。

表 8-19 工厂与用户间的最小运输费率 C_{ik}^2

工厂(i)	用户(k)								工厂生产能力
	1	2	3	4	5	6	7	8	
1	20.4 ①	25 ⑤	18.4 ①	20 ⑤	20.4 ①	22 ④	21.3 ②	21.3 ②	40
2	24 ⑤	22 ⑤	18 ⑤	17 ⑤	21 ④⑤	16 ④	24 ④	16 ④	50
用户需求量	10	10	10	15	5	15	10	15	90

将表 8-19 所示的问题作为运输问题，用表上作业法可求得二次解，如表 8-20 所示。

表 8-20 二次解(调运对象和调运量)

工厂(i)	用户(k)								工厂生产能力
	1	2	3	4	5	6	7	8	
1	10①	5⑤	10①		5①		10②		40
2		5⑤		15⑤		15④		15④	50
用户需求量	10	10	10	15	5	15	10	15	90

根据表 8-20 对应的二次解汇总各仓库的货物通过量 $\{W_j^2\}$，并计算各仓库的变动费用和

变动费用率,如表 8-21 所示。

表 8-21 二次解对应的仓库的货物通过量$\{W_j^2\}$、仓库变动费用和仓库变动费用率

仓库(j)	1	2	3	4	5
货物通过量(W_j)	25	10	0	30	25
仓库的变动费用	375	253	0	438	350
仓库的变动费用率	7.5	12.6	无穷大	7.3	7

因此,初始解对应的运输费用为 945(货币单位),仓库变动费用为 1416(货币单位),总费用为 2361(货币单位)。从总费用可以看出,二次解比初始解有所改善。此时,第三号仓库通过量为零,不必建设。

三次解对应的工厂与用户间的最小运输费率 $C_{ik}^3 = \min_j (c_{ij} + h_{jk} + v_j \theta (W_j^2)^{\theta-1})$,计算结果如表 8-22 所示。

表 8-22 工厂与用户间的最小运输费率 C_{ik}^3

工厂(i)	用户(k)								工厂生产能力
	1	2	3	4	5	6	7	8	
1	19.5①	25⑤	17.5①	20⑤	19.5①	21.3④	23.6②	21.3④	40
2	24⑤	22⑤	18⑤	17⑤	20.3④	15.3④	23.3④	15.3④	50
用户需求量	10	10	10	15	5	15	10	15	90

将表 8-22 所示的问题作为运输问题,用表上作业法可求得三次解,如表 8-23 所示。

表 8-23 三次解(调运对象和调运量)

工厂(i)	用户(k)								工厂生产能力
	1	2	3	4	5	6	7	8	
1	10①	5⑤	10①		5⑤		10②		40
2		5⑤		15⑤		15④		15④	50
用户需求量	10	10	10	15	5	15	10	15	90

根据表 8-23 对应的三次解汇总各仓库的货物通过量$\{W_j^3\}$,并计算各仓库的变动费用和变动费用率,如表 8-24 所示。

表 8-24 三次解对应的仓库货物通过量$\{W_j^3\}$、仓库变动费用和仓库变动费用率

仓库(j)	1	2	3	4	5
货物通过量(W_j)	25	10	0	30	25
仓库的变动费用	375	253	0	438	350
仓库的变动费用率	7.5	12.6	无穷大	7.3	7

由于$\{W_j^2\} = \{W_j^3\}$,故而计算结束。本问题最优方案为建设第 1、2、4、5 号仓库。此时,运输费用为 945(货币单位),仓库变动费用为 1461(货币单位),总费用为 2361(货币单位)。

(二)利用 WinQSB 软件辅助求解鲍摩-瓦尔夫模型

下面对照例 8-6 对 WinQSB 软件辅助求解的过程进行详细说明。

(1) 首先在 Excel 中建立已知数据表,如图 8-13 所示。图中的表 1 数据为工厂到配送中心的单位运输费用,表 2 数据为配送中心到客户的单位配送费用。

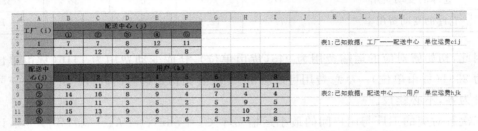

图 8-13　单位运费及单位配送费用已知数据表

(2) 根据已知数据,分别以每个配送中心为中介计算工厂到客户之间的单位运输配送成本,如图 8-14 所示。

图 8-14　从工厂至用户途经不同配送中心的单位运输配送成本

(3) 比较图 8-14 中 5 个表中的数据,对应于每个表的 2 行 8 列数据中相同位置者选择最小的数据构建出一个新的 2 行 8 列数据表,如图 8-15 所示,该表即为表 8-16。

35	min	1	2	3	4	5	6	7	8	供应量
36	1	12①	18①或⑤	10①	13③或⑤	10③	13③	11②	11②	40
37	2	17⑤	15⑤	11⑤	10⑤	11③	8④	16②或④	8④	50
38	需求量	10	10	10	15	5	15	10	15	90

图 8-15　工厂与用户间的最小运输费率 C'_{ik}

(4) 利用 WinQSB 软件对图 8-15 表格中的数据进行运输问题求解,以得到鲍摩-瓦尔夫模型的初始解,具体操作步骤如下。

① 启动程序。选择"开始→程序→WinQSB→Network Modeling"命令。

② 建立新问题。在图 8-16 中分别选择 Transportation Problem、Minimization、Spreadsheet Matrix Form,输入标题、产地数(为 2)和销地数(为 8)。

③ 输入图 8-15 中的数据到图 8-17 中的 Spreadsheet 表内,该表中产地的默认名为 Source,销地的默认名为 Destination,也可以重新命名产地和销地。

第八章
物流决策与优化中的软件应用

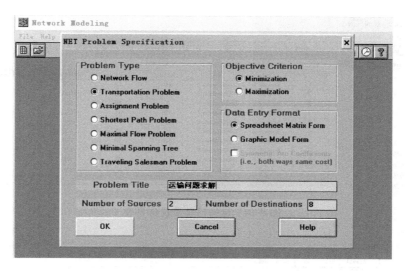

图 8-16　Network Modeling 问题设置界面

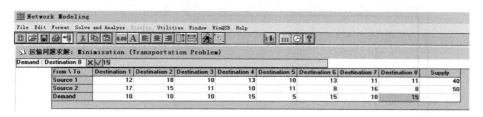

图 8-17　在 Network Modeling 中录入数据到 Spreadsheet 表中

④求解，单击菜单栏 Solve and Analyze，下拉菜单有四个选择求解方法：Solve the Problem（只求出最优解）、Solve the Display Steps——Network（网络图求解并显示迭代步骤）、Solve the Display Steps——Tableau（表格求解并显示迭代步骤）、Select Initial Solution Method(选择求初始解方法)。求初始解有八种方法选择：

- Row Minimum（RM）:逐行最小元素法；
- Modified Row Minimum（MRM）:修正的逐行最小元素法；
- Column Minimum（CM）:逐列最小元素法；
- Modified Column Minimum（MCM）:修正的逐列最小元素法；
- NorthWest Comer Method（NWC）:西北角法；
- Matrix Minimum（MM）:矩阵最小元素法，即最小元素法；
- Vogel's Approximation Method（VAM）Vogel:近似法；
- Russell's Approximation Method（RAM）Russell:近似法。

如果不选择，系统缺省方法是 RM。

该例题中，我们选择 Solve the Problem，得到最优方案表，如图 8-18 所示。

⑤显示图解结果。选择"Results→Graphic Solution"命令，系统以网络流的形式显示最优调运方案，如图 8-19 所示。

图 8-18 或图 8-19 显示的结果即为鲍摩-瓦尔夫模型的初始解（一次解），即表 8-17。

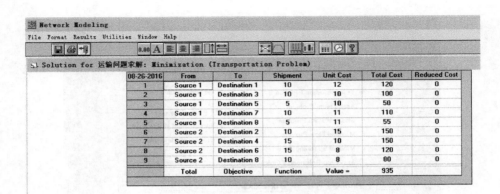

图 8-18 运输问题最优结果表

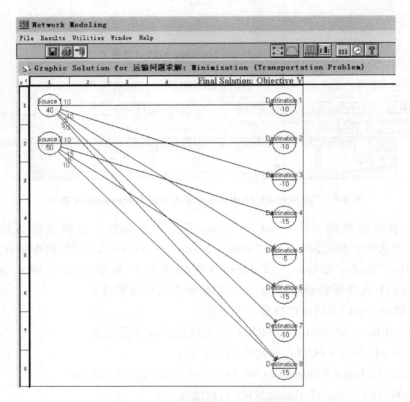

图 8-19 运输问题最优方案图解结果

(5) 根据初始解（一次解）的结果，可以汇总得到每个配送中心的通货量 W_j^1，并在此基础上计算得到表 8-18，输入到 Excel 中以方便下一步计算。

(6) 重新调整图 8-14 中所示的 5 个表，除了保留以每个配送中心为中介计算工厂到客户之间的单位运输配送成本，还要加上各配送中心的可变成本，更新后的 5 个表如图 8-21 所示。

(7) 比较图 8-21 中 5 个表中的数据，对应于每个表的 2 行 8 列数据中相同位置者选择最小的数据构建出一个新的 2 行 8 列数据表，如图 8-22 所示，该表即为表 8-19。

根据一次解的结果，可以汇总得到每个配送中心的通货量wj，并可以求得$V_j\theta(W_j)^{\theta-1}$

图 8-20 初始解对应的配送中心通货量及变动费用率

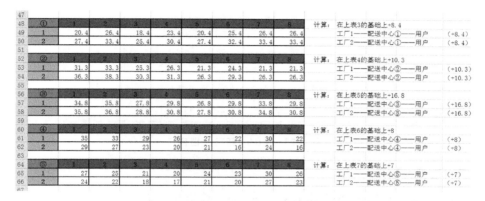

图 8-21 更新后考虑可变成本与运输配送成本的 5 个表

min	1	2	3	4	5	6	7	8	供应量
1	20.4①	25⑤	18.4①	20⑤	20.4①	22④	21.3②	21.3②	40
2	24⑤	22⑤	18⑤	17⑤	21④或⑤	16④	24④	16④	50
需求量	10	10	10	15	5	15	10	15	90

图 8-22 工厂与用户间的最小运输费率 C_{ik}^2

（8）再次利用 WinQSB 软件对图 8-22 中表格中的数据进行运输问题求解，以得到鲍摩-瓦尔夫模型的二次解，如图 8-22 所示。图 8-22 显示的结果即为鲍摩-瓦尔夫模型的二次解，即表 8-20。

（9）重复上述的（5）～（8）步骤，得到鲍摩-瓦尔夫模型的三次解，并根据该三次解汇总得到每个配送中心的通货量 W_j^3，由于 $\{W_j^2\}=\{W_j^3\}$，故而计算结束。

第四节 Yaahp 软件及其应用

一、Yaahp 软件介绍

Yaahp 是一款层次分析法辅助软件，为使用层次分析法的决策过程提供模型构造、计算和分析等方面的帮助。当在 Windows 下开始运行 Yaahp 时，会得到类似图 8-23 所示的窗口。

该软件的主要功能如下。

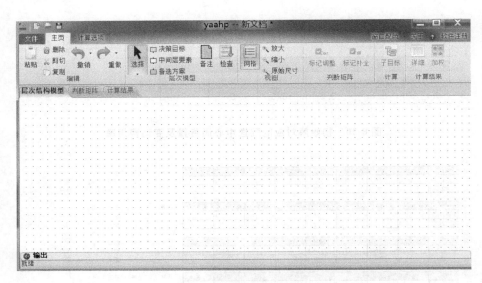

图 8-23 Yaahp 新建文档窗口

1. 层次模型绘制

使用 Yaahp 绘制层次模型非常直观方便,用户能够把注意力集中在决策问题上。通过便捷的模型编辑功能,用户可以方便地更改层次模型,为思路的整理提供帮助。如果需要撰写文档或报告讲解,还可以直接将层次模型导出,不再需要使用其他软件重新绘制层次结构图。

2. 判断矩阵生成及比较数据输入

确定层次模型后,软件将据此进行解析并生成判断矩阵。判断矩阵数据输入时可以选择多种输入方式,无论是判断矩阵形式输入还是文本描述形式输入都非常方便。在输入数据时,除了可以通过拖动滑动条来完成输入,也可以直接键入自定数据。

3. 判断矩阵一致性比例及排序权重计算

由于人的主观性以及客观事物的复杂性,在实际决策问题中,一次性就构造出满足一致性要求的判断矩阵很难实现,经常需要对判断矩阵进行多次调整修正才能达到一致性要求。使用 Yaahp 软件,在输入判断矩阵数据时,能根据数据变化实时显示判断矩阵的一致性比例,方便用户掌握情况做出调整。

4. 总目标/子目标排序权重计算

无论是备选方案对总目标的排序权重,还是备选方案对层次结构中其他非方案层要素的排序权重,都可以快速地计算完成,并且能够查看详细的判断矩阵数据、中间计算数据以及最终计算结果。

5. 根据总目标/子目标排序权重的加权分数计算

计算出总目标/子目标排序权重后,还可以进一步计算加权分数,也就是根据备选方案的权重和备选方案的实际得分,计算最终的加权得分。

6. 导出计算数据

为了方便用户对数据的进一步分析或撰写报告,可以将计算结果导出为 PDF、富文本、HTML、纯文本、Excel 格式的文件。

二、应用举例

下面以例 4-1 为例来演示如何用 Yaahp 软件完成层次分析法的相关步骤。

1. 建立层级结构

启动 Yaahp 后,在主界面的"层次结构模型"内容区,开始构建符合题意的层次结构模型,如图 8-24 所示。

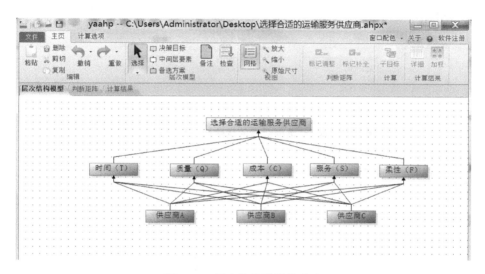

图 8-24　层次结构模型的建立

2. 构造判断矩阵

单击内容区的"判断矩阵",在左侧"层级结构"树形图中选择不同元素,即可为不同的判断矩阵录入相应的数据,如图 8-25~图 8-30 所示。图 8-25 中对应的是针对总目标准则的判断矩阵,即第四章中的表 4-3。图 8-26~图 8-30 对应的是三个供应商分别相对于时间、质量、成本、服务、柔性的 5 个判断矩阵。由于判断矩阵对角线两边的数据互为倒数,在 Yaahp 中只需要输入对角线以上三角部分的数据即可。如图 8-25~图 8-30 所示,软件会自动计算每个判断矩阵的一致性指标,提示用户是否通过一致性检验,并将结果直接显示出来。

3. 显示层次总排序的结果

单击内容区的"计算结果",即可显示层次总排序的最后结果,如图 8-31 所示。

此外,如果进一步单击图 8-31 中的"显示详细数据",则除了显示总排序结果,每一个判断矩阵及其计算过程中的特征值、特征向量、一致性检验指标等详细数据都会显示出来,如图 8-32 所示。

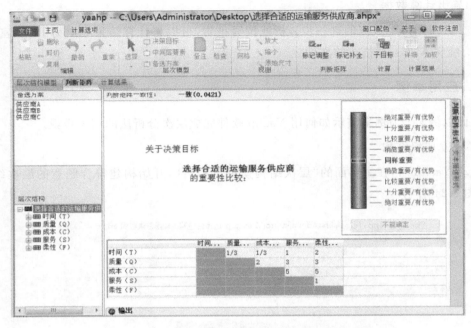

图 8-25　关于"选择合适的运输服务商"的判断矩阵

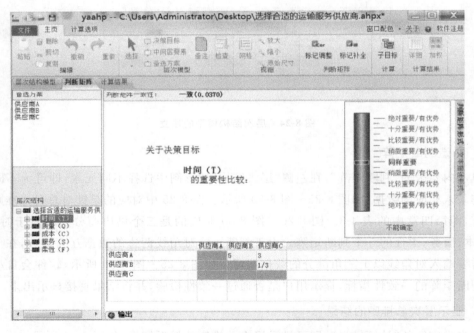

图 8-26　关于"时间"的判断矩阵

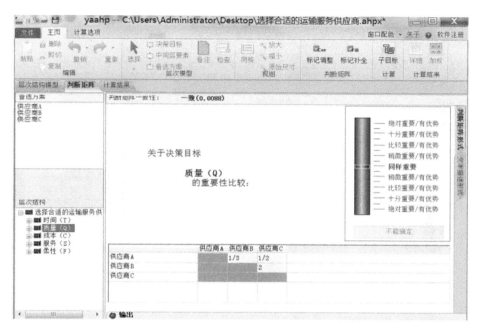

图 8-27 关于"质量"的判断矩阵

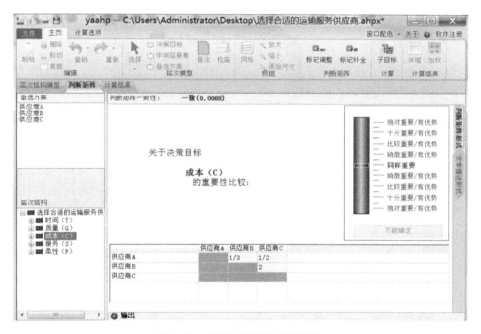

图 8-28 关于"成本"的判断矩阵

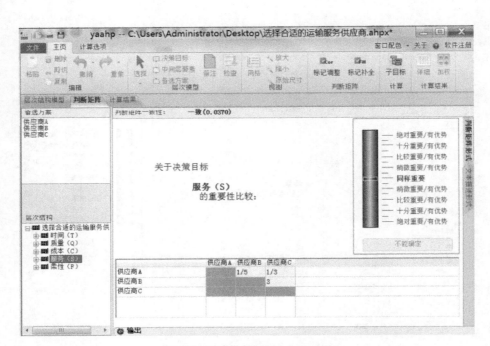

图 8-29　关于"服务"的判断矩阵

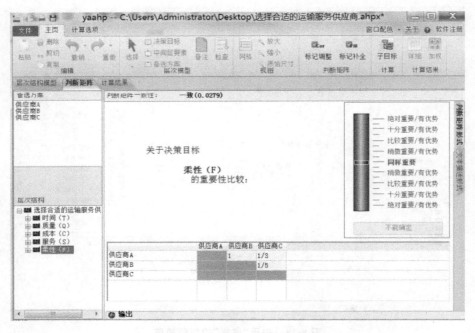

图 8-30　关于"柔性"的判断矩阵

第八章

物流决策与优化中的软件应用

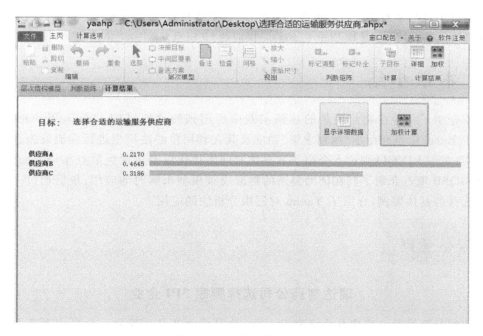

图 8-31 层次总排序结果

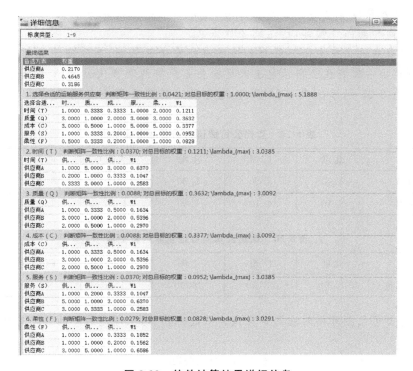

图 8-32 软件计算结果详细信息

需要注意的是,当单击"计算结果"页面时,Yaahp 会自动进行总排序计算结果的一致性检验。如果没有通过检验,则在输出窗口显示相关的错误信息;如果没有显示错误信息,则说

• 209 •

明层次总排序具有令人满意的一致性。显然，本例中的总排序结果通过了一致性检验。软件求解的最终结果是：供应商 B(权重 0.464)＞供应商 C(权重 0.319)＞供应商 A(权重 0.217)。

本章小结

本章介绍了几种在物流决策的建模实践中所用到的软件，如 LINGO、WinQSB、Excel 等。对于 Excel 重点介绍了"规划求解"功能及其在利用重心法模型进行物流设施选址决策时的应用；对于 LINGO 则重点介绍了其在物流网络优化以及多层级节点布局方面的应用；对于 WinQSB 重点介绍了其在辅助复杂的物流决策模型求解时的应用；最后通过一个运输服务商选择的具体案例，介绍了 Yaahp 对层次分析法的应用。

瑞达制药公司选择哪家 3PI 企业

瑞达制药公司是一家中外合资制药公司，总投资为 2 亿人民币。公司主要产品有心血管药品、神经系统药品、抗血栓药品、抗肿瘤药品和抗生素等处方药和少量非处方药，销售额近 3 个亿，销售人员近 300 名。公司在上海、北京、广州、重庆等多个城市设有办事处，公司的客户是医药商和药品经营部，已达到 200 多家。

公司以前是通过多家货代公司向各地办事处发送药品的，为了便于管理并且降低运输成本，公司决定由一家货代公司承包全部运输业务。有两家货代公司 A、B 给出了向各地运输的单价，如表 8-25 所示。表 8-26 所示的是瑞达制药公司全年向各地办事处发送药品数量。

表 8-25　货代公司提供的到各地运输单价　　　　　　　　　　单位：元/千克

	北京	广州	上海	沈阳	西安	重庆
货代公司 A	3.00	3.80	1.20	4.40	3.80	5.20
货代公司 B	3.10	4.10	1.40	4.20	3.60	4.80

表 8-26　瑞达公司向各地全年的发货量　　　　　　　　　　单位：千克

	北京	广州	上海	沈阳	西安	重庆
公司全年发货量	62000	53000	26000	51000	48000	60000

瑞达制药公司已经开始对这两家货代公司进行评估，以确定最终的总承包方，如表 8-27 所示。

表 8-27　货代公司评估

	北京	广州	上海	沈阳	西安	重庆	合计
全年发货量/千克	62000	53000	26000	51000	48000	6000	
货代公司 A 运输单价/元	3.00	3.80	1.20	4.40	3.80	5.20	

第八章

物流决策与优化中的软件应用

续表

	北京	广州	上海	沈阳	西安	重庆	合计
货代公司 B 运输单价/元	3.10	4.10	1.40	4.20	3.60	4.80	
货代公司 A 的全年运费							
货代公司 B 的全年运费							

案例讨论

1. 分别计算货代公司 A 和货代公司 B 的平均运输单价(列出计算过程,保留 2 位小数),如果只比较运输单价,你认为瑞达制药公司会选择哪一家货代公司?

2. 瑞达公司在评估运输商时,认为不应只考虑运输价格的因素,你认为瑞达公司还需要考虑哪些因素?

3. 你认为可以应用哪些软件来辅助公司进行决策?

练习与思考

一、简答题

1. 如何在 Excel 软件中增加规划求解加载宏?
2. 如何在 LINGO 软件中激活灵敏性分析功能?
3. 如何利用 WinQSB 软件求解库存控制问题?请简述具体操作步骤。

二、软件应用题

设某公司在国内有两家工厂 F_1、F_2,产品供应全国 10 个地区 D_1,…,D_{10},每个地区各有一个产品销售处,该公司以提高物流效率为目标而实行商流物流分离,目前国内有 5 个配送中心 W_1,…,W_5 候选地。已知 F_i 的产量、D_i 的需求量、F_i 到 W_j 及 W_j 到 D_k 的单位运输成本、W_j 的费用等,分别如表 8-28、8-29 所示,试选择合适的软件为该公司选择适当的配送中心。

表 8-28 工厂至配送中心的运输成本与工厂的生产能力   单位:百元/吨

工厂	配送中心候选点					工厂生产能力/t
	W_1	W_2	W_3	W_4	W_5	
F_1	10	5	15	30	34	140
F_2	25	36	18	10	7	240
配送中心变动费用	$200\sqrt{Z_1}$	$300\sqrt{Z_2}$	$600\sqrt{Z_3}$	$300\sqrt{Z_4}$	$250\sqrt{Z_5}$	

注:Z_i 是第 i 个配送中心的通过量。

表 8-29 配送中心至需货地间的配送成本与需要量   单位:百元/吨

配送中心候选地	需货地									
	D_1	D_2	D_3	D_4	D_5	D_6	D_7	D_8	D_9	D_{10}
W_1	12	5	13	22	30	46	25	50	83	80
W_2	50	13	5	10	17	16	43	41	59	63

续表

配送中心候选地	需货地									
	D_1	D_2	D_3	D_4	D_5	D_6	D_7	D_8	D_9	D_{10}
W_3	38	34	18	17	9	17	30	37	58	54
W_4	58	46	33	25	16	20	20	21	22	19
W_5	59	60	32	47	26	23	12	18	8	6
需求量/t	30	30	40	20	60	50	70	30	30	20

参考文献

[1] 王晶.物流优化技术与方法[M].北京:中国财富出版社,2013.
[2] 王道平,程肖冰.物流决策技术[M].北京:北京大学出版社,2013.
[3] 刘兆.现代物流案例与实践[M].北京:北京理工大学出版社,2011.
[4] 王长琼.物流系统工程(第三版)[M].北京:中国财富出版社,2014.
[5] 朱建平,靳刘蕊.经济预测与决策[M].厦门:厦门大学出版社,2012.
[6] 李宝仁.经济预测理论、方法及应用[M].北京:经济管理出版社,2005.
[7] 李工农,阮晓青,徐晨.经济预测与决策及其Matlab实现[M].北京:清华大学出版社,2007.
[8] 蒋长兵、白丽君.供应链理论技术与建模[M].北京:中国物资出版社,2009.
[9] 张文杰,张可明.物流系统分析[M].北京:高等教育出版社,2013.
[10] 孙焰.现代物流管理技术——建模理论及算法设计[M].上海:同济大学出版社,2005.
[11] 王长琼.供应链管理[M].北京:北京交通大学出版社,2013.
[12] 王皓,曾毅,刘钢.仓储管理[M].北京:电子工业出版社,2015.
[13] 徐杰,鞠颂东.采购管理(第三版)[M].北京:机械工业出版社,2014.
[14] 马士华,林勇.供应链管理(第四版)[M].北京:机械工业出版社,2014.
[15] 张浩.采购管理与库存控制[M].北京:北京大学出版社,2010.
[16] 杨明明.上汽通用五菱采购管理研究[D].南京:南京理工大学,2010.
[17] 李智忠.现代采购理论与实务[M].北京:国防工业出版社,2015.
[18] 甘卫华,马智胜,周业付.采购管理[M].南昌:江西高校出版社,2007.
[19] 董千里.采购管理[M].重庆:重庆大学出版社,2008.
[20] 邓莉.采购管理[M].重庆:重庆大学出版社,2013.
[21] 朱伟生.物流成本管理(第三版)[M].北京:机械工业出版社,2009.
[22] 易华,李伊松.物流成本管理(第三版)[M].北京:机械工业出版社,2014.
[23] 李安华.物流成本管理[M].成都:四川大学出版社,2008.
[24] 范学谦,曾艳丽.物流成本管理[M].天津:天津大学出版社,2013.
[25] 古全美,张述敬,童桂玲.物流成本管理[M].北京:北京理工大学出版社,2012.

[26] 董永茂.物流成本管理[M].杭州:浙江大学出版社,2011.
[27] 余艳琴.物流成本管理[M].武汉:武汉大学出版社,2008.
[28] 王欣兰.物流成本管理(第2版)[M].北京:清华大学、北京交通大学出版社,2015.
[29] "Excel 规划求解简介"[EB/OL].(2017-10-8) https://wenku.baidu.com/view/b80e7d6255270722192ef784.html.
[30] "Lingo 教程"[EB/OL].(2017-10-8).http://www.doc88.com/p-687602373597.html.
[31] 余胜威.Matlab 数学建模经典案例实战[M].北京:清华大学出版社,2015.
[32] 熊伟.运筹学(第2版)[M].北京:机械工业出版社,2009.
[33] "yaahp 软件的使用手册"[EB/OL].(2017-10-8).http://ahp.jeffzhang.cn/manual/summarize/.

教学支持说明

"全国高等院校物流管理与工程专业类应用型人才培养'十三五'规划精品教材"系华中科技大学出版社"十三五"规划重点教材。

为了改善教学效果，提高教材的使用效率，满足高校授课教师的教学需求，本套教材备有与纸质教材配套的教学课件（PPT电子教案、习题库和习题答案、案例库、教学录像或视频等）。

为保证本教学课件及相关教学资料仅为教材使用者所得，我们将向使用本套教材的高校授课教师和学生免费赠送教学课件或者相关教学资料，烦请授课教师和学生通过电话、邮件或加入"物流类人才培养与出版"QQ群等方式与我们联系，获取"教学课件资源申请表"文档并认真准确填写"教学课件资源申请表"发给我们，我们的联系方式说明如下。

地址：武汉市东湖新技术开发区华工科技园华工园六路华中科技大学出版社有限责任公司营销中心

邮编：430223

电话：027-81321902

传真：027-81321917

E-mail：yingxiaoke2007@163.com

物流类人才培养与出版QQ群号：487529221

教学课件资源申请表

填表时间：_____年___月___日

1. 以下内容请教师按实际情况写，★为必填项。
2. 学生根据个人情况如实填写，相关内容可以酌情调整提交。

★姓名		★性别	□男 □女	出生年月		★职务	
						★职称	□教授 □副教授 □讲师 □助教

★学校		★院/系	
★教研室		★专业	
★办公电话		家庭电话		★移动电话	
★E-mail（请填写清晰）		★QQ号/微信号	
★联系地址		★邮编	

★现在主授课程情况	学生人数	教材所属出版社	教材满意度
课程一			□满意 □一般 □不满意
课程二			□满意 □一般 □不满意
课程三			□满意 □一般 □不满意
其 他			□满意 □一般 □不满意

教 材 出 版 信 息					
方向一	□准备写	□写作中	□已成稿	□已出版待修订	□有讲义
方向二	□准备写	□写作中	□已成稿	□已出版待修订	□有讲义
方向三	□准备写	□写作中	□已成稿	□已出版待修订	□有讲义

请教师认真填写表格下列内容，提供索取课件配套教材的相关信息，我社根据每位教师/学生填表信息的完整性、授课情况与索取课件的相关性，以及教材使用的情况赠送教材的配套课件及相关教学资源。

ISBN（书号）	书名	作者	索取课件简要说明	学生人数（如选作教材）
			□教学 □参考	
			□教学 □参考	

★您对与课件配套的纸质教材的意见和建议，希望提供哪些配套教学资源：